PAR AMOUR DU STRESS

Notes sur l'auteure

Sonia Lupien détient un doctorat en neurosciences de l'Université de Montréal et elle est titulaire de la Chaire de recherche du Canada sur le stress humain. Professeure titulaire au département de psychiatrie de la faculté de médecine à l'Université de Montréal, elle a fait des études postdoctorales à l'Université de Californie, à San Diego, et à l'Université Rockefeller de New York.

Elle s'intéresse aux effets du stress au cours d'une vie. Elle a mené des études chez les enfants, les jeunes adultes et les personnes âgées. Très impliquée dans le transfert des connaissances scientifiques auprès du public québécois, Sonia Lupien a publié la première édition de *Par amour du stress* en 2010 et un second livre, *À chacun son stress,* en 2019. Ses livres visent à aider le public à mieux comprendre le stress tel qu'il est étudié depuis plus de 50 ans par les chercheurs de partout dans le monde.

Sonia Lupien, Ph. D.

Par amour du stress

EDITIONS
Va Savoir

EDITIONS Va Savoir

Éditions Va Savoir
Mont-Tremblant, Québec, Canada
www.editionsvasavoir.com
editeur@editionsvasavoir.com

Par amour du stress

Catalogage avant publication de Bibliothèque et Archives nationales du Québec et Bibliothèque et Archives Canada

Titre : Par amour du stress / Sonia Lupien, Ph. D.
Nom : Lupien, Sonia, 1965- auteure.
Description : Nouvelle édition. | Édition originale : [Montréal] : Éditions au Carré, 2010. | Comprend des références bibliographiques.
Identifiants : Canadiana 20200088807 | ISBN 9782981783950
Vedettes-matière : RVM : Stress—Ouvrages de vulgarisation. | RVM : Gestion du stress—Ouvrages de vulgarisation.
Classification : LCC RA785.L87 2020 | CDD 155.9/042—dc23

ISBN édition originale : 978-2-923335-25-4
ISBN nouvelle édition : 978-2-9817839-5-0
ISBN pour version ePub : 978-2-9817839-6-7

Dépôt légal –
Bibliothèque et Archives nationales du Québec, 2020.
Bibliothèque et Archives Canada, 2020

Auteure : Sonia Lupien
Édition vulgarisation scientifique : Audrey-Ann Journault, doctorante
Consultante en édition : Chantal Blanchette, de Mini Génie
Correction : Maryse Froment-Lebeau
Couverture et mise en pages : Anne-Marie Jacques
Photo de l'auteure : Sara Maude Ravenelle
Illustrations : Victoria Macht, Ph. D., Jason Blaichman, Audrey-Ann Journault et Les Affranchis
Licences achetées pour les images Shutterstock suivantes : 1182697867, 330758363, 367903514, 449787686, 23405866, 367903514

Table des matières

À mon père, qui m'a appris à chasser les mammouths
À mes enfants, pour qui je tuerais un mammouth à mains nues

Remerciements

Merci à vous.

Vous êtes souvent venus me voir après mes conférences pour me parler de votre stress. Vous m'avez permis de réaliser ce que vous saviez du stress et ce qui manquait encore à votre connaissance. Ce livre tente de répondre à l'ensemble des questions que vous me posez souvent.

Vous m'avez aussi écrit. Merci d'avoir pris le temps de me laisser savoir à quel point mes recherches et les activités de transfert des connaissances que je développe vous ont aidés. J'ai créé un dossier sur mon programme de courriel qui s'intitule : *À lire quand ça va mal*. J'y place tous les courriels de remerciements et d'encouragements que vous m'envoyez. Si j'ai une mauvaise journée ou que je me demande pourquoi je fais tout cela, j'entre dans ce dossier et je vais lire vos courriels. Chaque fois, je souris après la lecture de vos messages et je suis prête à poursuivre mes travaux :)

Merci aux professeurs qui lisent mes travaux, assistent aux formations scolaires que nous développons, et enseignent à leurs étudiants comment négocier* leur stress en utilisant l'approche scientifique. Vous êtes les meilleurs ambassadeurs qui soient et les jeunes vous sont reconnaissants de prendre ce temps nécessaire pour leur apprendre à contrôler leur stress. Je le sais, car ils me le disent quand je leur donne des conférences en milieu scolaire. Vous faites une différence énorme dans leur vie. Merci.

Merci aux psychologues et aux autres professionnels de la santé mentale qui intègrent dans leur pratique clinique les fondements

---

* Bien qu'en général, ce sont deux personnes qui négocient entre elles, j'utilise le terme « négocier » au sens large et profane où une personne peut négocier une situation, comme sa carrière, son avenir, etc. Quand je parle de « négocier le stress », je fais donc référence à l'interaction entre une personne et son stress.

scientifiques décrits dans ce livre. La science devrait toujours travailler de pair avec la clinique pour offrir les meilleurs services possibles à la population. Grâce à votre ouverture d'esprit sur la science du stress, vous contribuez à cet important maillage de connaissances, et ce faisant, vous aidez les gens à bien négocier leur stress.

Merci à mes étudiant(e)s qui passent leur temps à me courir après pour avoir une signature ici, lire un article là, discuter d'un projet un jour, organiser une conférence l'autre jour. Vous êtes patient(e)s. C'est à travers vous que la science du stress continuera de se développer dans les années à venir. Vous serez admirablement efficaces pour transférer vos connaissances auprès du public. J'en suis certaine :)

Enfin, merci à ceux qui vivent avec moi. Je n'ai qu'une seule chose à vous dire : vous avez une trèèèèèès bonne résistance au stress !

Introduction à la nouvelle édition
de *Par amour du stress*

J'ai complètement revampé ce livre !

Au début, quand je me suis assise pour travailler à la nouvelle édition de *Par amour du stress*, je me suis dit que je n'aurais qu'à mettre à jour la littérature scientifique derrière les concepts que je décris, ajouter quelques chapitres et le tour serait joué.

Toutefois, c'était mal évaluer mon perfectionnisme. Quand j'ai commencé à relire la première édition du bouquin, ce ne fut pas très long avant que je détecte ici une explication qui pourrait être mieux ficelée, là un concept qui pourrait être décrit de manière plus claire, ici encore une problématique qu'il serait bon d'expliquer au moyen d'une figure, et là, là et là des sections à ajouter pour mieux expliquer. Mieux expliquer, toujours mieux expliquer.

Cela ne sert à rien d'écrire, Sonia, si tu ne t'engages pas à être claire à 100 % : voilà la seule phrase qui me revenait en tête quand je me relisais. L'autre souvenir qui me revenait sans cesse était celui de ce journaliste qui m'avait dit un jour que mon livre était très bon mais qu'il était trop dense. Trop de texte, écrit trop petit, et pas assez de paragraphes et d'images pour expliquer le texte et l'alléger.

Les jambes commençaient à me gigoter en dessous de ma table de travail. C'est en général mauvais signe…

En me relisant, j'ai aussi réalisé que dans la première édition du livre, je ne vous expliquais pas vraiment comment le stress est associé au développement de l'anxiété, la dépression ou l'épuisement professionnel et quoi faire lorsque vous entrez dans ces tunnels noirs. *Mais voyons, Sonia ! C'est ce qui fait le plus peur aux gens quand tu leur parles de stress ! Il faut que tu travailles là-dessus. Tu as plein de chapitres à ajouter sur le lien entre stress* *et rumination*, l'anxiété, la dépression, l'épuisement professionnel et la surcharge mentale.*

Et que dire de toutes ces nouvelles données sur la rumination, les préconceptions de stress, les effets positifs du stress et les bonnes façons de stresser! Depuis la première parution du livre, une somme considérable de données scientifiques a été obtenue dans la science du stress. Il me fallait absolument ajouter ces informations à la nouvelle édition du livre.

De plus, les chapitres de la première édition de *Par amour du stress* étaient in-ter-mi-nables! Je m'énervais moi-même à me relire. C'est vous dire! Quand j'ai écrit la première version de ce livre en 2009, Instagram et SnapChat n'existaient pas encore et Facebook venait à peine de voir le jour. Depuis l'avènement des réseaux sociaux, on réalise que bien que les individus lisent beaucoup, ils lisent moins longtemps. La lectrice[†] moyenne préfère un chapitre court, qu'elle peut lire au complet avant de s'endormir le soir, à un chapitre interminable dont il faudra reprendre l'introduction chaque fois qu'on en reprend la lecture. Il me fallait retravailler cela.

Un matin que je revenais de ma promenade avec le chien[‡], j'ai décidé de modifier un seul chapitre (le premier), question de voir ce que cela donnerait. Reprends ton idée d'introduction, elle n'est pas claire. Cette section ici devrait aller en conclusion. Pourquoi parler de cela ici? Ça devrait aller au second chapitre. Reprends ce concept et clarifie-le avec un exemple. Parle à ta lectrice. Elle

---

* Vous savez, le petit hamster qui roule et roule dans votre tête…

† Puisque selon l'Office québécois de la langue française, le masculin est encore le genre générique utilisé pour désigner les personnes sans distinction de sexe (http://bdl.oqlf.gouv.qc.ca/bdl/gabarit_bdl.asp?id=4015), j'utiliserai le masculin dans l'ensemble des chapitres de ce livre. Toutefois, et puisque je suis un peu rebelle, je dérogerai à cette règle dans l'introduction du livre, écrite au féminin :)

‡ On ne s'en sortira jamais de celle-là :) Ceux qui me connaissent un peu comprendront que mes promenades de chien sont très fréquentes et servent entre autres à contrôler mes réponses de stress.

t'a déjà raconté son stress. Replace tes paragraphes pour qu'elle s'identifie au texte.

Et rendue au soir, j'avais défait le premier chapitre en morceaux, de la même manière que mon fils défaisait son Lego tranquillement, morceau par morceau, quand il était petit. *Il est bien meilleur, ce chapitre!* me dis-je. Alors le lendemain, j'ai défait le second chapitre en morceaux. Et le troisième aussi. Et le quatrième.

Et c'est ainsi que j'ai défait et refait ce livre au complet!

Si vous n'avez jamais lu la première édition de ce livre, pas de soucis! Je crois que vous apprécierez la clarté des concepts, les chapitres courts que l'on peut lire avant le dodo du soir, et le texte allégé accompagné de figures explicatives qui permettent de bien comprendre les résultats scientifiques présentés. Si vous avez lu et adoré la première édition de Par amour du stress, je peux sentir une petite réponse de stress à l'idée que j'ai peut-être dénaturé ce que vous avez aimé lors de votre première lecture. Je prends le pari que ce n'est pas le cas. La très grande majorité des informations contenues dans la première édition sont encore là. Mais elles sont plus claires, plus aérées, et j'ai ajouté beaucoup d'autres informations. Les deux-tiers du livre comprennent de nouvelles données sur le stress qui sont apparues dans la littérature scientifique au cours des dix dernières années. Vous apprécierez, j'en suis certaine.

J'ai aussi fait du ménage. J'ai enlevé les quelques chapitres que je jugeais maintenant moins importants pour illustrer mon propos. J'ai enlevé le chapitre sur la mesure du poids allostatique, car je le jugeais trop théorique. J'ai aussi enlevé le chapitre sur l'histoire du stress, car il était peu pertinent pour les gens souhaitant négocier leur stress. Toutefois, pour les gens intéressés à ces sujets, j'ai placé ces deux chapitres de la première édition dans la section «*Annexes et liens web référencés dans nos publications*» sur le site web des Éditions Va Savoir (https://editionsvasavoir.com/liens/). Vous pourrez ainsi les lire à votre convenance. J'ai aussi enlevé le chapitre sur le stress des adolescents, car je couvre maintenant ce sujet en détail dans mon second livre, *À chacun son stress*, publié en 2019 aux Éditions Va Savoir.

Enfin, j'ai enlevé les deux chapitres qui traitaient du stress chez les travailleurs*, car j'intégrerai une mise à jour de ces chapitres dans mon prochain livre qui traitera du stress au travail. J'écris tous les étés, donc vous aurez accès à ces informations sous peu :)

Si je me fie à vos questions posées lors de mes conférences, les nouveaux chapitres dans cette nouvelle édition de *Par amour du stress* sauront certainement vous intéresser. Vous y trouverez des chapitres sur la rumination, l'anxiété normale et anormale, les troubles de santé mentale liés au stress, les manières de trouver de l'aide, les préconceptions de stress, la résistance au stress, la perspective temporelle, comment bien stresser, les effets positifs du stress, un «guide d'instruction» pour contrôler un gros stress, et bien d'autres! Ouf :)

Pour être parfaitement honnête avec vous, j'ai ajouté trop de chapitres à cette nouvelle édition. La première édition de *Par amour du stress* comprenait 88 000 mots, tandis que celle-ci en comprend 109 000. Pendant des semaines, j'ai cherché à éliminer des chapitres, question de ramener le livre à sa longueur initiale. Puis, un jour que je dînais avec ma fille Jade maintenant âgée de 21 ans, je lui ai demandé son avis: «Dis-moi, si tu avais lu mon premier livre qui était d'une certaine longueur et que je t'offrais une nouvelle version avec plus de chapitres, ça te dérangerait ou pas?» Elle m'a répondu que non, car plus de chapitres voudrait dire pour elle «plus de trucs pour contrôler son stress». Bon point! La première fois que j'ai écrit ce livre, j'ai résumé quarante années d'études scientifiques sur le stress. Au cours des dix années qui sont passées depuis la parution de ce bouquin, beaucoup de nouvelles découvertes ont été faites et je ne peux qu'ajouter à ce qui a déjà été dit. J'ai donc décidé de rallonger le livre. J'écrirai une nouvelle édition de ce livre tous les dix ans. Alors si le bouquin se termine en «encyclopédie du stress», eh bien soit! J'aurai atteint mon but de vous résumer tout ce que je connais du stress :)

---

* Dans l'édition de 2010, ces chapitres sont le chapitre 10: «Votre statut social, votre stress», et le chapitre 14: «Agir sur le CINÉ des travailleurs adultes».

Vous verrez que je renvoie souvent la lectrice à mon second livre, *À chacun son stress*, et la raison en est simple. J'ai depuis longtemps décidé d'éviter de reprendre les mêmes concepts dans mes différents livres lorsque cela est possible. Il n'y a rien de plus frustrant que d'acheter deux livres d'une même auteure pour réaliser que certains chapitres semblent avoir été littéralement copiés et collés de l'un à l'autre. Ainsi, lorsque certains concepts ont été largement discutés dans un livre, je ne les reprends pas dans un autre ouvrage, mais renvoie la lectrice à la référence qui en discute. Je ne fais pas cela pour mousser la vente de mes livres mais pour me permettre de mettre le plus de concepts importants par livre. Lorsque je fais référence à un autre de mes livres, nul besoin de courir l'acheter si votre budget est serré. Empruntez-le à la bibliothèque du coin, et sachez qu'on peut maintenant y emprunter un livre en format électronique. Pour accéder à ce service, cliquez sur ce lien : www.pretnumerique.ca.

Les gens à qui je parlais dans mes conférences publiques me disaient souvent que le livre était très intéressant mais qu'ils auraient aimé avoir accès à des questionnaires leur permettant de mieux comprendre leur processus de pensée face au stress et aux troubles mentaux qui y sont associés. Dans la première édition du livre, je n'avais pas osé intégrer ce genre d'information, car très souvent, les questionnaires proposés sur internet pour mesurer tel ou tel concept (par exemple, l'anxiété, la dépression, etc.) ne sont pas validés scientifiquement et n'ont rien à voir avec ceux que l'on utilise en science. Toutefois, au cours des dix années qui se sont écoulées depuis la première parution de *Par amour du stress*, des sites web très bien faits ont été développés et vous donnent accès aux mêmes questionnaires que l'on utilise dans nos études pour évaluer divers concepts. Puisque ces questionnaires validés scientifiquement se trouvent maintenant sur le web, je vous donne le lien pour y accéder lorsqu'ils sont disponibles. Dans le but de vous faciliter la tâche, j'ai placé tous les liens web vous permettant d'accéder à ces questionnaires et à des tests de mémoire et d'attention dans la section «*Annexes et liens web référencés dans nos publications*» de la page web des Éditions Va Savoir (https://editionsvasavoir. com/liens/). Quand vous visitez cette section, vous n'avez qu'à cliquer sur le titre du livre que vous êtes en train de lire et vous aurez accès à tous les liens qui y sont présentés.

Au cours des 5 dernières années, *Par amour du stress* a commencé à être très utilisé par des professeurs* qui le font lire à leurs étudiants dans le but de leur permettre de comprendre ce qu'est le stress et diminuer leur anxiété. J'ai beaucoup jasé avec les jeunes au cours de mes conférences dans les écoles et j'ai compris que ceux-ci trouvent que les trucs pour diminuer le stress arrivent trop tard dans le livre. Voici un commentaire de Valérie L., laissé sur ma page Facebook : « Ce que je trouverais pertinent c'est d'avoir une liste de méthodes faciles d'accès en moment d'anxiété élevée au début du livre. Je trouvais que la section théorique prenait beaucoup de place avant d'avoir des techniques et je me suis lassée avant d'atteindre la fin du livre, mais il faut dire qu'à l'époque où j'ai commencé le livre j'étais à l'adolescence, j'étais tellement perdue dans mon anxiété. » Valérie a raison ! J'avais complètement oublié le fait que beaucoup de gens qui achètent mon livre le font parce qu'ils sont très stressés au moment de l'achat. Pas le temps de lire des pages et des pages avant d'avoir des trucs pour déstresser ! J'ai donc retravaillé le début du livre pour vous proposer, dès les premières pages, des manières faciles de faire cesser une réponse de stress *ici et maintenant*. Ainsi, vous pourrez commencer à lire le bouquin avec moins d'hormones de stress dans le cerveau, ce qui vous permettra de comprendre ce que vous lisez et de bien le mémoriser. Vous comprendrez cela en lisant les différents chapitres sur le stress et la mémoire :)

J'ai ajouté les références numérotées directement dans le texte pour que vous puissiez avoir accès à l'article scientifique auquel je fais référence si cela est d'intérêt pour vous. Ici, il est important de noter que pour alléger le texte, je n'ai mis que les références les plus récentes sur les sujets discutés et j'ai tenté de me limiter au résumé d'une seule étude par sujet abordé. Toutefois, sachez que des dizaines d'articles scientifiques ont été publiées sur chaque fait rapporté dans ce livre et que parfois, les données ne sont pas aussi claires et nettes que celles que je résume. Je clarifie donc les choses pour les rendre facilement compréhensibles, mais lorsque nécessaire, je souligne aussi l'importance d'obtenir plus de données avant

---

* Du secondaire à l'université.

de pouvoir conclure. La science est un processus d'itération* dans lequel chaque nouvelle découverte remet en question nos connaissances, et c'est cela qui rend les nouvelles éditions de livres de vulgarisation scientifique si importantes.

J'ai écrit la nouvelle édition du livre à l'été 2020, en pleine pandémie de la COVID-19. J'ai longtemps jonglé avec l'idée d'intégrer un chapitre sur « Stress et pandémie ». Après mûre réflexion, j'ai décidé de ne pas le faire pour que ce livre demeure intemporel. Je vois *Par amour du stress* comme un livre de référence sur le stress et je n'ai pas voulu lui donner une quelconque forme de temporalité. J'ai donc choisi de garder la thématique de « Stress et pandémie » pour une autre publication mais j'utilise des exemples de la pandémie de la COVID-19 dans le chapitre discutant de la résistance au stress, car cette pandémie aura permis de mettre en lumière de manière remarquable les différences individuelles dans la capacité des gens à résister au stress.

Ma plus grande fierté avec cette nouvelle édition de *Par amour du stress* est d'avoir refait en entier la dernière partie du livre qui vous propose une manière de négocier le stress. Dans la première édition, je vous présentais une « boîte à outils » dans laquelle vous pouviez piger pour contrôler vos réponses de stress. Toutefois, en jasant avec les gens dans mes conférences, j'ai compris que beaucoup d'entre vous ne savent pas par où commencer pour négocier un stress. Alors vous utilisez parfois des méthodes qui s'avèrent inefficaces car utilisées au mauvais moment. C'est comme si je vous donnais une boîte à outils comprenant un marteau et une clé à molette pour réparer un meuble sans d'abord vous dire lequel utiliser pour taper sur un clou ou défaire un écrou. Sans information, vous risquez d'utiliser le marteau pour défaire l'écrou, assurant ainsi l'échec de votre projet. Au cours des dix dernières années, j'ai compris que, sans information sur le rôle de chaque outil, l'accès à une boîte à outils n'a que peu d'efficacité pour négocier un stress. J'ai donc complètement modifié la dernière partie de ce livre et maintenant,

---

* On répète et on répète les expériences pour être certains de nos conclusions.

je vous prends par la main pour vous expliquer étape par étape comment on contrôle une réponse de stress.

Finalement, je suis très fière de publier cette nouvelle édition de *Par amour du stress* au sein de ma propre maison d'édition. En 2018, j'ai fondé les Éditions Va Savoir avec l'objectif de ne publier que des livres de vulgarisation scientifique écrits par des chercheurs et des cliniciens québécois. Pour vous offrir un endroit sécuritaire[*] où trouver de l'information sur le cerveau humain et ses mystères, je m'assure que chaque livre publié a été révisé par des chercheurs qui s'assurent que les auteurs ont fait un travail adéquat de vulgarisation scientifique. Seuls les livres qui sont évalués positivement par ce comité de chercheurs sont publiés aux Éditions Va Savoir. Ensuite, pour vous offrir une lecture compréhensible et exempte de jargon scientifique, je m'assure que chaque livre est révisé par un comité de lecteurs désignés composé de gens n'ayant aucune expertise en science. Ces gens ont pour mission de relever tous les endroits du livre où il est difficile de comprendre le concept présenté et les corrections nécessaires sont apportées par l'auteur. Par ce modèle, je m'assure que les livres publiés aux Éditions Va Savoir sont basés sur la science, mais écrits pour le public.

Je suis certaine que cette nouvelle édition de *Par amour du stress* est meilleure que la première.

Mais je me trompe peut-être.

À vous de me le dire !

---

[*] C'est-à-dire exempt de fausses nouvelles, de théories abracadabrantes et de recettes trop faciles pour atteindre le bonheur :)

PARTIE 1

Diminuer son stress, dès maintenant !

Beaucoup d'entre vous m'avez dit que si vous avez acheté
ce livre, ce n'est pas parce que vous trouviez que j'avais
une belle coupe de cheveux sur la couverture arrière
de ce dernier. C'est parce que vous êtes un peu
(beaucoup, extrêmement) stressé.

Et vous n'avez pas cinq heures devant vous pour apprendre
comment calmer la bête qui vous prend les entrailles.
C'est maintenant que vous voulez des trucs.
Pas après avoir lu 250 pages.
Alors, préparez-vous.
On part.

1

Vous vous reconnaissez?

Apposez un petit crochet à tous les « tchi-tchiks » qui s'appliquent à vous :)

Cela fait des semaines et même des mois que vous combattez ce sentiment de pression dans votre poitrine. Votre ventre se noue à la plus petite contrariété.

Tchi-tchik _____

Hier, vous avez perdu patience avec votre partenaire. Pour un rien. Il n'a fait que vous suggérer d'aller prendre un bain pour relaxer. « C'est quoi, là! Tu trouves que je suis trop stressé? T'es-tu regardé? Franchement! Pfff! On sait bien! »

Tchi-tchik _____

Et en plus, vous n'arrêtez pas de prendre du poids. Surtout autour de la bedaine. De toutes petites jambes, et ce bedon qui ne cesse de grossir.

Tchi-tchik _____

Le médecin vous a demandé si vous dormiez bien lors de votre dernière visite médicale. Vous lui avez dit la vérité. « Non, je ne dors pas bien. Dès que je place ma tête sur l'oreiller, le hamster dans ma tête part. Incapable de dormir. Je suis fatigué. »

Tchi-tchik _____

Il vous a demandé si vous aviez des idées négatives. Vous vous dites qu'il cherche à savoir si vous êtes déprimé ou en épuisement professionnel. Franchement, ça ne prend pas un doctorat pour s'apercevoir que vous êtes au bout du rouleau ! Il vous donne de la médication pour traiter la dépression. Ça aide un peu. Mais le hamster continue sa ronde infernale la nuit. Et ce bedon qui ne cesse de grossir.

Tchi-tchik _____

Vous avez décidé de prendre le taureau par les cornes.

Tchi-tchik _____

Il doit bien exister un livre quelque part qui peut vous expliquer ce qui vous arrive et surtout, surtout, vous aider à vous sortir de ce tunnel noir dans lequel vous vous trouvez.

Vous êtes allé à la librairie ou sur internet et vous avez acheté ce livre.

Tchi-tchik $\sqrt{}$

Quelques minutes ou quelques jours plus tard, vous avez enfin trouvé du temps pour l'ouvrir, et vous voici lisant ce premier chapitre.

Tchi-tchik $\sqrt{}$

Avez-vous coché beaucoup de tchi-tchiks ?

Si oui, laissez-moi vous dire une seule chose : si je ne vous donne pas tout de suite des trucs pour diminuer votre réponse de stress *ici et maintenant*, vous ne vous souviendrez jamais de ce que vous lirez.

Or, il est primordial que vous compreniez comment le stress fonctionne si vous voulez être en mesure de contrôler la bête dans les années à venir.

Alors, puisque je veux que vous ayez un bon retour sur votre investissement, je vais vous aider dès maintenant à diminuer votre réponse de stress *avant* que vous commenciez à apprendre plein de choses sur le stress en lisant ce bouquin.

Petites méthodes rapides.

Et il y en aura bien d'autres à travers ce livre.

Vous êtes prêt ?

2

Petits trucs hyper efficaces

«Je suis stressé!
Je suis stressé!
Je suis stressé!

Que dois-je faire?

Je suis stressé!
Je suis stressé!
Je suis stressé!»

OK, c'est beau!

D'abord, on arrête de dire[*] qu'on est stressé. C'est assez clair.

Soyez assuré que rendu là dans votre stress, tout votre entourage sait très bien que vous êtes stressé. Votre stress déborde sur eux depuis très longtemps déjà[†].

Plus vous vous direz que vous êtes stressé, plus vous enverrez le message à votre cerveau qu'il y a une menace dans l'environnement (le stresseur), et plus il continuera de vous faire produire une réponse de stress, croyant ainsi vous sauver la vie.

Donc, chaque fois que votre pensée se perd vers la phrase «Je suis stressé!», répétez-vous celle-ci: «OK, c'est beau, je le sais.»

---

[*] À soi et aux autres.

[†] Toutes les caractéristiques que j'ai décrites au chapitre intitulé «Vous vous reconnaissez?» et toutes les méthodes que je décris ici sont expliquées en détail dans l'ensemble du livre. Ainsi, en continuant votre lecture, vous apprendrez sur la «résonance de stress» et comprendrez comment votre stress peut déborder sur les gens qui vous côtoient.

Cela permettra à votre cerveau de diminuer sa détection de menaces et, ainsi, de cesser de vous faire produire une réponse de stress. Vous aurez déjà moins mal au ventre.

On respire

Je sais, je sais. On vous dit depuis des années de respirer pour vous calmer et vous n'y croyez pas vraiment.

Et en plus, vous avez déjà essayé de *respirer* en période de stress et cela n'a même pas fonctionné. Alors franchement, il faut proposer d'autres solutions ! Et pourtant, la respiration fonctionne admirablement bien... quand on la pratique correctement.

Petit cours accéléré de respiration... bedaine.

Prenez une grande (j'ai dit grande !) inspiration. Non, non ! Pas rapidement. Lentement. Comme si vous vouliez aspirer tout l'air devant vous. Pas besoin de fermer les yeux ou de prendre la position du lotus. Ne faites qu'inspirer. On peut faire cela n'importe où. Dans sa voiture, durant une dispute, au marché, etc.

Voici le truc : Au moment où l'air entre dans votre corps, il faut que votre bedon se gonfle. Le but : inspirer assez d'air pour faire *le plus gros bedon* possible.

Si vous êtes assis à une table dans un endroit public (salle de réunion, souper de famille etc.) et que vous craignez que quelqu'un vous voie, voici le petit truc que je fais tout le temps. Avancez votre chaise le plus près possible de la table, jusqu'à ce que votre bedon se trouve en dessous de la table. Comme cela, quand vous ferez votre gros bedon... personne ne verra à quel point vous êtes gonflé :)

Une fois que le bedon est gonflé au maximum, gardez la pose une ou deux secondes. Puis relâchez. Mais avant de relâcher, prenez un peu de temps pour évaluer ce que vous ressentez. Un petit relâchement général de la pression devrait vous habiter. Très subtil, mais très, très efficace, croyez-moi.

Vous faites ainsi de trois à quatre respirations bedaine, et la réponse de stress devrait diminuer.

Non, non. N'en faites pas douze en ligne. Vous vous évanouirez, car vous aurez hyperventilé.

Et ce n'est pas le but :)

Stresse, prie, déstresse

La respiration bedaine a un peu aidé, mais vous êtes loin d'être passé maître dans la technique de respiration et vous ressentez encore l'étau du stress qui vous entoure.

Alors priez.

Je ne blague pas.

Vous n'avez pas de prières sous la main ? Pas grave, il y a plein de sites internet qui vous proposent des prières en fonction de votre allégeance religieuse[*]. Le pape prie, le Dalaï-Lama médite, le yogi récite des mantras, etc.

Mais pourquoi une chercheure scientifique vous proposerait-elle de prier ?

Tout simplement parce que lorsqu'on prie… on fait de la respiration bedaine sans s'en rendre compte et cela a pour effet de faire cesser la réponse de stress.

Alors si la respiration bedaine vous est difficile, tentez la prière.

Vous risquez d'être exaucé.

---

[*] Vous pouvez même trouver des prières pour les athées sur internet :)

Chantez, maintenant !

Non. Non. Et non. Vous n'allez pas vous mettre à prier. C'est contre vos principes.

Alors chantez ! Ce que vous voulez. Du AC/DC, du Jacques Brel, du Justin Bieber, des chansons de Noël.

N'importe quoi fera l'affaire.

Pourquoi chanter fera diminuer votre réponse de stress ? Car lorsqu'on chante… on fait de la respiration bedaine. Essayez. Vous verrez. Allez sur internet chercher les paroles de vos chansons préférées et lancez-vous !

Je chante toujours lorsque je suis stressée. Cela fonctionne à merveille pour moi.

Ah, ah, ah, LOL !

Quatre tounes chantées, et rien encore. Toujours la boule au ventre. Besoin d'une autre technique.

Sortez votre tablette électronique ou votre cellulaire et allez visiter les sites web les plus drôles sur le marché. C'est le comportement humain qui me fait le plus marrer, alors quand je suis trop stressée, je vais sur internet chercher les vidéos de *fails*[*] et chaque fois, je ris à gorge déployée.

C'est bien drôle tout cela, mais pourquoi devrais-je rire quand je suis stressée ? Parce que lorsqu'on rit, on active une région du cerveau qui fait cesser la réponse de stress.

Merveilleuse machine.

---

[*] En français « échecs », mais vous trouverez ces vidéos en ligne en utilisant le terme anglais.

Les poilus

Nah ! Rien ne fonctionne encore. Rire pour ne pas prier, chanter à défaut de respirer, et le stress vous tenaille encore.

Si vous avez un chien, un chat, un lapin ou toute autre bête poilue dans votre maison, allez le chercher et prenez une quinzaine de minutes pour le flatter et profiter de la chaleur de son corps blotti tout près de vous.

Des études montrent que les animaux ont la propriété de faire diminuer notre réponse de stress. En plus, quand vous flattez vos compagnons poilus, vous diminuez aussi leur stress.

Deux pour un.

La la la pour bla bla bla

Vous n'avez pas d'animal de compagnie et ça continue dans votre tête.

« Je suis stressé !
Je suis stressé !
Je suis stressé ! »

Cette phrase qui ne cesse de débouler dans votre esprit, c'est votre hamster qui s'emballe parce que votre cerveau a détecté une menace.

Si le hamster continue sa ritournelle en dépit de votre respiration bedaine, du Notre-Père récité dix fois et du chien qui se sauve car fatigué d'être flatté, alors votre meilleure approche pour dormir en paix est de faire taire le hamster jusqu'à ce que vous soyez en mesure de l'écouter[*].

La meilleure manière de ne plus entendre son hamster, c'est... d'écouter de la musique. Si la musique choisie a des paroles, c'est

---

[*] Eh oui ! Il faudra bien écouter le hamster un jour ou l'autre si vous voulez cesser de stresser. Je vous en parle au chapitre 60.

encore mieux. Et si la pièce musicale choisie est nouvelle pour nous, c'est hyper efficace !

Pourquoi ? Parce que le cerveau a beaucoup de difficulté à faire deux tâches simultanément lorsque ces deux tâches nécessitent le même type de ressources. Or, votre hamster vous parle. Si vous écoutez de la musique avec des paroles, votre cerveau doit aussi traiter l'information verbale qui provient de la chanson. Votre cerveau aura de la difficulté à effectuer ces deux tâches verbales en même temps. Attiré par des paroles de chanson qu'il ne connaît pas[*], le cerveau portera majoritairement son attention sur ces dernières et cessera d'écouter le hamster qui jase.

Beaucoup d'athlètes utilisent cette méthode pour calmer leur hamster avant une compétition.

Les jeunes, essayez cela avant un examen.

Levez-vous !

« Pff, pff, pfff… Sonia, ça ne fonctionne pas, ta respiration bedaine et toutes tes techniques. Je respire trop vite. Je n'y arrive pas. Je suis trop stressé ! »

Oui, il est possible que votre stress soit si élevé au moment où vous lisez ces lignes que votre corps ait de la difficulté à respirer correctement et que rien ne fonctionne encore.

Il faut alors passer aux grands moyens.

Promettez-moi de lire le paragraphe ci-dessous et après, de fermer ce livre et de mettre en action ce qui est proposé. Même s'il est tard et que vous aviez prévu d'aller faire dodo dans quelques minutes. De toute façon, si vous vous couchez dans cet état, votre hamster va se mettre à vous faire ruminer et vous ne dormirez pas. Alors aussi bien passer à l'action dès maintenant :)

Levez-vous.

---

[*] Le cerveau est un curieux.

Mettez vos espadrilles ou vos pantoufles et faites l'une des actions suivantes[*] pendant quinze minutes :

- Faites un jogging ;
- Allez faire du vélo stationnaire ;
- Allez faire une marche ;
- Montez et descendez les escaliers de la maison ;
- Mettez des écouteurs et faites une danse endiablée sur *I Will Survive* et trois autres tounes que vous aimez ;
- Allez jouer dehors avec les enfants (non, on ne les regarde pas jouer, on joue[†] !) ;
- Demandez à votre conjoint ou vos enfants de vous faire une sérieuse séance de chatouilles ;
- Allez lancer la balle au chien en faisant une compétition pour savoir qui, entre lui et vous, attrape la balle en premier.

Bref… Bougez !

Vous n'avez aucune idée à quel point le fait de bouger peut diminuer votre stress. C'est <u>LA</u> méthode la plus efficace connue à ce jour pour faire cesser une réponse de stress.

Pourquoi ? Parce que lorsqu'on produit une réponse de stress, on mobilise de l'énergie. Lorsqu'on bouge, on perd l'énergie mobilisée. Cette perte d'énergie envoie le message à notre cerveau que la menace est disparue, et il se calme.

Aussi simple que cela.

Hyper, hyper efficace.

Bon… Vous me l'avez promis.

Fermez ce livre. Et bougez !

Amusez-vous bien :)

---

[*] Ou n'importe quelle autre action qui vous oblige à bouger.
[†] Je discute en détail de cette distinction dans mon second livre *À chacun son stress*, publié en 2019 aux Éditions Va Savoir.

3

Petits questionnaires de stress

Vous revoilà !

Alors, dites-moi… Avez-vous trouvé un petit truc qui fonctionne pour faire diminuer rapidement votre stress quand vous vivez un trop-plein ?

Lequel a été le plus efficace pour vous ? Écrivez-le sur la ligne ci-dessous. Ainsi, quand vous rouvrirez ce livre lors de votre prochaine période de grand stress (oui, il y en aura d'autres !), vous aurez déjà sous les yeux une technique qui fonctionne pour vous.

Ah oui ! C'est vrai ! Ça avait bien fonctionné pour moi, ce truc ! Et vous déposerez encore une fois ce livre pour mettre cette technique en action et diminuer votre stress.

Truc de diminution de stress qui fonctionne pour moi :

_____

Toutefois, sachez qu'il est possible qu'une technique fonctionne bien un jour mais ne fonctionne plus l'autre jour. Le cerveau adore jouer, et on croit de plus en plus que c'est la variété des techniques utilisées qui a le meilleur effet à long terme pour aider à contrôler la réponse de stress. Donc, n'hésitez jamais à utiliser un autre truc hyper efficace décrit ci-dessus quand l'un d'eux ne fonctionne pas.

Passons aux choses sérieuses

Les trucs que je vous ai donnés dans le chapitre précédent sont des solutions rapides qui font majoritairement appel au corps pour faire cesser une réponse biologique de stress.

Toutefois, les effets positifs de ces techniques sont à court terme. Ce n'est pas parce que vous faites de la respiration bedaine que la source de votre stresseur (par exemple, un collègue de travail qui vous stresse, une condition familiale stressante, les examens universitaires, etc.) disparaît magiquement.

Si vous n'utilisiez que ces techniques rapides de contrôle de la réponse de stress, il faudrait les utiliser chaque fois que le mal de ventre vous prend pour la négocier *ici et maintenant*. Ce serait fatigant à la longue.

La recherche montre que la meilleure manière de contrôler notre stress est de travailler le stresseur à sa source. On doit savoir ce qui nous stresse et comprendre pourquoi cela nous stresse.

Êtes-vous capable de reconnaître ce qui vous stresse ?

Dans la section qui suit, je vais vous poser cinq questions sur le stress. Il n'y a pas de bonne ou de mauvaise réponse à ces questions, mais vos réponses seront utilisées tout au long de ce livre pour vous aider à comprendre les sources de votre stress et la manière de contrôler tous ces maux de ventre qui vous assaillent.

Allons-y.

Section 1 : Votre stress

Question 1 : Décrivez le plus important stresseur que vous avez vécu au cours du dernier mois.

Question 2 : Pourquoi, selon vous, est-ce que cette situation / cet événement / cette personne / ce commentaire était stressant(e) ?

Question 3 : Comment avez-vous su que vous étiez stressé(e) ? Quels sont les indices qui vous ont mené à vous dire « je suis stressé(e) » à tel point que vous avez rapporté cet événement comme étant votre stresseur le plus important au cours du dernier mois ?

Question 4 : Qu'avez-vous fait pour gérer votre stress ?

Question 5 : Est-ce que votre méthode a fonctionné ? Si oui, comment le savez-vous ?

Section 2 : Le stress en général

Maintenant, veuillez indiquer à quel point vous êtes en accord ou en désaccord avec les affirmations ci-dessous[*].

Pour chaque question, choisissez entre les options suivantes :

> 0 : Complètement en désaccord
> 1 : En désaccord
> 2 : Ni en accord ni en désaccord
> 3 : En accord
> 4 : Complètement en accord

Score

1. Les effets du stress sont négatifs et on devrait toujours éviter d'être stressé _____

2. Le stress peut contribuer à diminuer la croissance personnelle. _____

3. Le stress a des effets négatifs sur la santé physique et mentale. _____

4. Le stress diminue l'apprentissage et la mémoire. _____

5. Le stress a des effets négatifs sur la performance (au travail, dans les sports, etc.). _____

Total des points _____

C'est fait ?

Voilà. Nous sommes maintenant prêts vous et moi à entrer dans le merveilleux monde du stress.

———————

[*] Questionnaire adapté de l'original développé par Crum, A.J., Salovey, P., Achor, S. (2013). Rethinking stress: the role of mindsets in determining the stress response. J Pers Soc Psychol. 104:716-733.

PARTIE 2

Qu'est-ce que le stress ?

a) Le stress n'est pas la pression du temps.
b) Le stress n'est pas la pression du temps.
c) Le stress n'est pas la pression du temps.
d) Toutes ces réponses.

4

Savez-vous ce qu'est le stress?

Un jour, j'ai demandé à mon équipe de recherche de m'accompagner à l'extérieur de notre laboratoire pour effectuer un sondage «sur le terrain». Nous nous sommes rendus un samedi midi dans un centre d'achats fort achalandé. Notre objectif était de poser 3 questions aux 100 premières personnes rencontrées pour étudier leurs réponses.

La première question posée était: «Savez-vous ce qu'est le stress?» Quatre-vingt-dix-neuf personnes ont dit «oui», la centième étant trop pressée d'aller magasiner pour répondre à notre question! La deuxième question posée était: «Qu'est-ce que le stress?» Les individus nous ont répondu que le stress, c'est la «pression du temps». On se sent stressé lorsqu'on n'a pas le temps de faire toutes les choses que l'on veut faire dans le laps de temps qu'on s'est alloué. La dernière question fut: «Quel groupe, selon vous, est le plus stressé: les personnes âgées, les enfants ou les adultes?» Les gens nous ont allégrement répondu: «Mais voyons! Ce sont les adultes!»

Le mythe de la pression du temps

Cette dernière réponse était très logique pour les gens du public. En effet, si le stress est la conséquence de la pression du temps, alors il est évident que les adultes constituent le groupe le plus stressé avec la pression de l'horaire, les 100 000 choses à faire, les enfants à aller chercher à la garderie, le travail qui n'en finit plus, les activités sportives des petits les soirs et les week-ends, les parents âgés dont on doit s'occuper, et j'en passe!

Cette réaction m'a rappelé les débuts de ma carrière de chercheure, alors que je travaillais sur le stress des personnes âgées. Beaucoup de gens me regardaient souvent d'un air sceptique quand je leur disais le sujet de ma thèse de doctorat. On me disait: «Ah bon! Tu travailles sur le stress des personnes âgées. Pas vraiment excitant comme projet de recherche. Tu devrais plutôt nous étudier, nous, adultes, avec nos jobs de fous, notre vie de parents stressés et tout ce qui vient avec ! »

Pourquoi ces gens avaient-ils l'impression que les personnes âgées étaient moins stressées qu'eux ? À cause, justement, de leur définition du stress comme étant la pression du temps. Puisque les personnes âgées sont à la retraite, elles ont tout le temps qu'elles veulent et ne peuvent donc pas être stressées par le temps. De plus, nous faisons parfois preuve d'âgisme face aux personnes âgées. En effet, on dit souvent des personnes âgées qu'elles ne marchent pas vite, qu'elles ne conduisent pas vite. Elles ne peuvent donc pas être pressées par le temps et, par extension, ne peuvent pas être plus stressées que nous.

De la même manière, nos enfants ne semblent pas subir la pression du temps. Ils n'ont pas de patron accablant, pas de comptes à payer d'urgence en fin de mois, pas de courses à faire à la hâte, et ils n'ont qu'à s'occuper de leurs amis et à se livrer à leurs activités favorites. Donc, eux non plus ne sauraient être stressés. Voici donc le premier mythe du stress qui apparaît chez le public. Parce que l'on considère que le stress est généré par la pression du temps, on pense que les personnes âgées et les enfants sont moins stressés que nous, adultes. C'est faux.

Les découvertes scientifiques des dernières décennies montrent qu'en fait, c'est l'inverse. Les personnes âgées et les enfants sont beaucoup plus vulnérables au stress que nous[2]. En fait, leur cerveau est beaucoup plus affecté par le stress que le nôtre[3]. Le cerveau des personnes âgées est très vulnérable au stress, car il vieillit et se dégénère lentement. Il a été démontré que le stress a la capacité d'accélérer le vieillissement du cerveau chez la personne âgée. Le cerveau des enfants est aussi très vulnérable au stress, car c'est un cerveau qui est en développement. Il a été démontré que le stress a la capacité de retarder le développement de certaines parties ou fonctions du cerveau[*].

---

[*] Pour plus d'informations sur les effets du stress sur le développement du cerveau de l'enfant, je vous renvoie à mon second livre *À chacun son stress*, publié aux Éditions Va Savoir, 2019.

Ainsi, on considère que le stress résulte de la pression du temps et que, parce que les adultes sont plus pressés par le temps que les aînés et les enfants, ils sont par extension plus stressés. Toutefois, une variante du mythe de la pression du temps, associée cette fois à l'enfant, est apparue au cours des dernières années. Cette croyance indique que les parents poussent constamment leurs enfants à se dépêcher pour effectuer toutes sortes d'activités, pour aller à l'école, faire leurs devoirs ou se livrer à des activités sportives ou parascolaires de manière fréquente au cours de la semaine et du week-end. Dans ce contexte, de plus en plus de journaux et magazines évoquent la possibilité que le nombre élevé d'activités sportives et culturelles auxquelles on inscrit nos jeunes le soir et les week-ends soit devenu une source de stress, puisque ces activités les pressent dans le temps. Et puisque le stress, c'est la pression du temps… Le lien est simple comme bonjour : les enfants aussi seraient stressés.

Mais est-ce vraiment la pression du temps qui va stresser nos enfants ? Les enfants sont des boules d'énergie et ces activités sportives remplacent bien souvent les quelques kilomètres que les enfants devaient marcher pour aller à l'école il y a de cela quelques décennies. Alors, avant de conclure que les activités sportives auxquelles on inscrit nos jeunes servent à les stresser parce qu'elles génèrent une pression du temps, vaut mieux être sûr de son coup !

Le stress n'est pas la pression du temps

Pour vous rassurer lors de la prochaine inscription au camp de hockey du petit dernier, permettez-moi de démolir le deuxième mythe concernant le stress. Le stress n'est pas généré par la pression du temps. Prenons l'approche par l'absurde.

Si le stress n'était que l'aboutissement de la pression du temps, alors comment expliquer qu'on peut être stressé lors d'une visite chez le dentiste, même si on le fait à l'occasion d'un jour de congé ? Dans un tel cas, le temps n'est pas un facteur, car vous êtes en congé. Et ce n'est pas la réceptionniste ou l'hygiéniste dentaire qui va vous bousculer, chronomètre en main, pour que vous vous précipitiez sur la chaise du dentiste ! Et pourtant, le commun des mortels est stressé par sa visite chez le dentiste et est soulagé à la sortie de son cabinet, même malgré une lourde facture.

Poussons l'exemple plus loin : comment expliquer, en pression du temps, l'immense stress subi lors de l'annonce d'une maladie grave chez vous ou chez un proche ? Ou par le fait que votre patron vous convoque sans préavis dans son bureau alors que sévit une restructuration majeure au sein de l'entreprise ? Ou le stress généré par l'apparition imprévue de votre belle-mère à la maison, un vendredi soir, vous annonçant qu'elle vient passer avec vous ce week-end de repos dont vous rêviez depuis des jours ?

Je suis certaine que dans toutes ces situations, vous constaterez une poussée de stress au moins aussi importante que si vous êtes en retard pour aller chercher les enfants à la garderie. Par contre, dans toutes ces situations, il n'y a aucune pression du temps. Donc, le stress n'est pas la résultante de la pression du temps.

Mais alors, qu'est donc le stress ?

5

Le stress, c'est du CINÉ

Très rapidement dans l'histoire de la science du stress, les chercheurs ont compris que ce n'est pas notre sensation subjective de stress qui est à la base des désordres physiques et mentaux associés au stress. Ce qui cause ces désordres est d'ordre physique et est lié à la production d'hormones de stress produites en réponse à une situation que notre cerveau détecte comme étant menaçante.

Comme nous le verrons dans les chapitres suivants, notre cerveau a un rôle primordial pour nous aider à survivre, soit de nous aider à détecter les menaces dans notre environnement. Lorsque le cerveau détecte une menace, il enclenche une série d'actions qui font en sorte que nous produisons des hormones de stress. Ces hormones nous permettent de faire les deux seules choses possibles devant une menace : combattre ou fuir. Dans les deux cas, nous avons besoin d'énergie. Ce sont ces hormones de stress qui vont nous donner l'énergie nécessaire pour combattre la menace ou la fuir si elle est trop importante[4].

C'est en fait cette superbe réponse de stress qui nous a permis de survivre aux mammouths de la préhistoire ou de les fuir avec succès lorsqu'ils étaient trop gros. C'est aussi cette réponse biologique qui fera en sorte qu'une mère de famille de petite stature réussira à combattre un ours polaire pour sauver la vie de son enfant[*].

Toutefois, la recherche a aussi démontré que lorsqu'elles sont produites, ces hormones ont la capacité de remonter au cerveau et d'agir sur des régions cérébrales qui sont impliquées dans l'apprentissage, la mémoire et le contrôle des émotions[5]. Ceci a permis

---

* Je vous en reparle au chapitre 59.

de comprendre comment le stress peut mener à certains troubles de santé mentale, comme l'anxiété, la dépression et l'épuisement professionnel[6].

Enfin, voici l'information la plus importante ayant émergé de la science du stress au cours du dernier siècle. Les chercheurs ont montré qu'une situation doit comporter au moins l'une de quatre caractéristiques pour induire une réponse de stress[7]. Ces quatre caractéristiques vont faire en sorte que peu importe qui vous êtes, peu importe votre sexe, votre âge ou votre travail, vous allez produire des hormones de stress, et ce, à tous les coups. Une situation ne doit pas nécessairement comporter les quatre caractéristiques pour induire une réponse de stress. Plus la situation comporte de ces caractéristiques, plus la production d'hormones de stress sera importante.

Ces quatre caractéristiques vous accompagneront tout au long de ce livre et se révéleront, je l'espère, un outil formidable pour diminuer votre stress.

La recette du stress

Pour qu'une situation génère une réponse biologique de stress, elle doit comporter l'une ou plusieurs des caractéristiques suivantes :

> **C**ontrôle faible
>
> **I**mprévisibilité
>
> **N**ouveauté
>
> **É**go menacé

Contrôle faible : Vous avez le sentiment que vous n'avez pas ou très peu de contrôle sur une situation. Ici, c'est vraiment le *sentiment* d'avoir le contrôle sur une situation qui est important. Ainsi, vous pouvez avoir le contrôle sur votre décision de divorcer ou non de votre conjoint, mais pour différentes raisons (les enfants, la sécurité financière, etc.), vous pouvez avoir le sentiment de ne pas avoir le contrôle sur cette décision. C'est ce sentiment de non-contrôle qui génère une réponse de stress.

Imprévisibilité : La situation est imprévue ou imprévisible, ou encore, vous n'arrivez pas à prévoir ce qui s'en vient. Par exemple, on vous annonce lundi matin que vous perdez votre emploi et que vous devrez avoir quitté le bureau d'ici vendredi. Vous deviez partir en voyage avec toute la famille et vous apprenez la veille du départ que votre sœur a eu un accident de voiture. Vous venez d'apprendre que votre partenaire a une maladie qui peut être mortelle.

Nouveauté : La situation est nouvelle, vous faites face à une situation que vous n'avez jamais expérimentée. Par exemple, vous venez d'obtenir un emploi et c'est votre première journée au travail. Ou encore, votre enfant entre à l'école secondaire, il n'a aucune idée de la manière dont il s'y prendra pour trouver les locaux de ses cours.

Égo menacé : Votre ego (personnalité) est menacé par la situation, vous avez le sentiment que l'on doute de vos capacités. Quelqu'un se moque de vos compétences sur la montagne de ski. Le sentiment de pincement au ventre que vous ressentez à cette occasion est une réponse de stress !

Ces caractéristiques forment l'acronyme *CINÉ*, une façon peut-être plus simple de vous les rappeler. Je vous mets au défi de trouver une situation qui vous stresse et que vous ne pouvez expliquer par l'une ou l'autre (ou plus) de ces caractéristiques. Depuis près de trente ans, j'essaie dans mon laboratoire d'en trouver une cinquième, sans aucun succès.

La différence entre la nouveauté et l'imprévisibilité

Dans mes conférences, beaucoup de gens me disent qu'ils ne voient pas la différence entre la nouveauté et l'imprévisibilité, et pourtant, il y en a une.

Une situation peut être nouvelle sans être imprévue ou imprévisible.
On croit souvent que chaque situation qui est nouvelle est par nature
imprévue. Or, ce n'est pas le cas.

- Par exemple, une première journée à l'école secondaire n'est
  pas imprévue, mais elle est nouvelle. L'adolescent sait depuis
  des mois qu'il entrera au secondaire à la fin du mois d'août
  (imprévisibilité faible), mais ceci n'enlève pas la nouveauté
  de cette situation.

- Après quatre années de fréquentation et beaucoup de discussions avec votre conjoint, vous décidez d'acheter une maison
  ensemble. La situation n'est pas imprévue (vous avez organisé
  cet achat après des mois de discussions), mais une fois installé
  dans votre nouvelle demeure avec votre conjoint, vous devez
  négocier la nouveauté d'avoir à partager votre espace avec
  l'être aimé.

Une situation peut être imprévue sans être nouvelle. Chaque fois
que vous faites face à un imprévu dans une situation à laquelle vous
êtes habitué, vous faites face à une situation qui est imprévue sans
être nouvelle.

- Par exemple, vous partez faire votre randonnée de vélo avec
  vos trois copines habituelles par un beau samedi après-midi et à
  la dernière minute, un autre groupe de six filles se joint à votre
  randonnée. Cet imprévu vous stresse au plus haut point.

- Vous partez au chalet avec votre partenaire de vie et les enfants
  et à mi-chemin, votre conjoint vous annonce que vous devez
  vous arrêter à la maison de ses parents chercher une pagaie
  pour le canot. Cette situation est imprévue sans être nouvelle
  (vous êtes allez très souvent chez les beaux-parents).

Beaucoup de situations peuvent comporter à la fois de la nouveauté et de l'imprévisibilité :

- Par exemple, votre conjoint vous annonce ce soir qu'il veut
  divorcer. C'est une situation nouvelle et imprévue.

- C'est votre anniversaire et votre amoureux vous amène les yeux bandés à un endroit spécial pour l'occasion. Quand il enlève le bandeau de vos yeux, vous réalisez que vous êtes à 175 mètres de hauteur sur une plateforme d'une compagnie qui se spécialise dans le saut à l'élastique. Votre cœur arrête de battre quelques secondes. Cette situation est nouvelle et imprévue (et imprévisible !).

Une note sur l'ego menacé

L'ego est ce qui caractérise notre personnalité par rapport à celle des autres. Si je vous demandais de vous décrire, vous sauriez quoi me dire. Vous pourriez par exemple me dire que vous êtes généreux, drôle et sportif. Chaque fois que l'on entre en interaction avec quelqu'un, il y a toujours un risque que notre ego soit menacé. Voici un exemple : vous êtes à la machine à café au travail et un collègue remet en question votre capacité à bien effectuer votre travail devant deux de vos patrons. Le petit sentiment que vous vivez lorsque vous revenez à votre bureau (crispation des mains, sentiment de chaleur et augmentation du rythme cardiaque), c'est une réponse de stress ! Comme je m'amuse souvent à le dire, la machine à café au travail peut parfois se révéler un outil dangereux pour se faire menacer l'ego !

Petit retour sur le questionnaire de stress

Maintenant, retournez à votre questionnaire de stress en début de livre et essayez de décortiquer[*] votre stresseur selon les caractéristiques CINÉ. Inscrivez de nouveau le stresseur décrit à la question 1 de votre questionnaire de stress dans le tableau ci-dessous et demandez-vous si cette situation est nouvelle, imprévisible, menaçante pour votre ego et si vous aviez l'impression d'avoir le contrôle sur la situation.

---

[*] À la fin du livre, quand vous serez devenu expert dans le contrôle du stress, on appellera cette façon de faire la *méthode de déconstruction et reconstruction du stresseur*.

Placez un X sous chaque caractéristique qui décrit la situation stressante que vous avez vécue au cours du dernier mois. Voilà. Vous savez pourquoi cette situation a été stressante pour vous !

Votre stresseur	Contrôle faible Vous avez l'impression de ne pas avoir le contrôle sur la situation	Imprévisibilité Quelque chose d'inattendu se produit	Nouveauté Quelque chose de nouveau que vous n'avez jamais expérimenté se produit	Ego menacé Vous avez l'impression que votre compétence et votre égo sont mis à l'épreuve

De plus, si vous regardez vos réponses à la question 2 du questionnaire de stress, vous verrez que beaucoup des causes de stress que vous avez écrites peuvent être placées dans l'une ou l'autre des caractéristiques du CINÉ.

En effectuant cet exercice, vous réaliserez que le CINÉ est, à des degrés et combinaisons divers, à la source même de votre réponse de stress.

Et la pression du temps, alors ?

Revenons à cette fameuse pression du temps que bien des gens pensent être LA responsable de leur stress. Quand on pousse l'analyse de nos stresseurs, on se rend compte que ce n'est pas la pression du temps qui est à l'origine de notre stress mais seulement *l'impression de perte de contrôle sur notre temps*.

Ainsi, vous pouvez avoir l'impression de perdre le contrôle de votre temps, de la même manière que vous pouvez avoir l'impression de perdre le contrôle de votre emploi, de votre famille, de votre santé. Ce sentiment de perte de contrôle, comme n'importe laquelle des trois autres caractéristiques d'un stresseur, est suffisant pour déclencher une réponse de stress. Notons néanmoins que je parle d'une «impression» de perte de contrôle, et non de la perte de contrôle en elle-même. Ainsi, vous n'avez pas besoin de perdre réellement le contrôle sur votre vie de couple pour avoir une réponse de stress. Vous pouvez seulement avoir l'impression de perdre le contrôle sur votre vie de couple (disputes plus fréquentes qu'à l'habitude, indifférence de la part du conjoint, etc.) pour produire des hormones de stress en bonne quantité.

La recette de votre stress

La chose qui me surprend le plus dans le cadre de mes recherches, c'est que lorsque je demande à tous les gens stressés que j'étudie de me donner l'origine de leur stress, plus des trois quarts d'entre eux ne savent absolument pas quoi me répondre. En d'autres termes, ils ressentent ce stress d'une manière chronique, parfois violente, mais ils sont incapables de définir ce qui en est la cause.

Une façon efficace de comprendre ce qui constitue un stresseur est de le déconstruire, de le décomposer. La méthode CINÉ permet de décortiquer le stresseur afin de déterminer les éléments qui nous font produire des hormones de stress.

Dans les chapitres suivants, je vous présente des exemples qui montreront que chaque personne est capable d'identifier sa propre recette du stress. Pour illustrer mon propos, je prends des exemples de personnes de différents âges face à des situations stressantes, et je décompose ensuite chaque situation en fonction des quatre caractéristiques du CINÉ. Nous verrons qu'une même situation pourra stresser deux personnes pour des raisons très différentes. Nous comprendrons aussi que peu importe l'âge des gens, le CINÉ caractérise toujours les stresseurs vécus.

PARTIE 3

Toujours la même recette de stress

Le cerveau ne sait pas quel âge vous avez.
Son travail est de détecter une menace pour assurer votre survie.
Pour faire cela, il utilisera la même recette,
que vous ayez 9, 45 ou 91 ans.

6

Chez les enfants

Très souvent, quand je décris la méthode CINÉ aux gens, on a tendance à me dire : « Oui, mais moi, ce n'est pas pareil ! Mon stress est différent ! » Ou encore, un parent me dira : « Oui, mais vous ne comprenez pas ! Mon enfant est très stressé et il n'y a pas de causes claires à cela ! »

Les exemples que je donnerai dans les quatre prochains chapitres montreront que chaque situation stressante peut trouver sa cause dans le CINÉ, et ce, peu importe l'âge de la personne. Nous verrons aussi qu'en fonction de la manière dont une même situation est gérée, elle pourra induire plus ou moins de stress en fonction du nombre de caractéristiques CINÉ qu'elle comporte.

Le stress des petits

Malgré le fait que le stress chez l'enfant puisse parfois se révéler relativement intense, il n'est pas toujours clairement exprimé ou visible. Les enfants en très jeune âge, par exemple, ont tendance à traduire leur stress par des maux physiques (maux de ventre, maux de tête, etc.). Les parents, qui les pensent parfois trop jeunes pour être affligés par le stress, ne comprennent pas toujours la signification de ces malaises. Néanmoins, ces symptômes nous permettent souvent de comprendre qu'il existe un stress réel pour l'enfant qui peut, s'il est chronique, se révéler délétère à son développement. Il est donc primordial d'être à l'écoute de nos enfants, et ce, dès leur plus jeune âge pour pouvoir les aider à décomposer leurs stresseurs[3].

Regardons ensemble comment une même situation peut induire une réaction de stress à différents degrés chez deux enfants, selon leur expérience de vie.

La situation

Prenons un stresseur potentiellement important chez les enfants de 5 à 7 ans : la séparation ou le divorce des parents. Nous allons voir que selon la manière dont le divorce s'amorce, les enfants peuvent vivre plus ou moins de stress.

Les acteurs et leur CINÉ

Jonathan, 5 ans et demi

Après des mois de mésententes et de disputes, les parents de Jonathan ont brusquement décidé de se séparer. Jonathan s'était un peu habitué aux disputes et il ne s'attendait pas à une telle décision. Sa mère, avec qui il passe désormais la semaine, a déménagé pour vivre à Québec, et son père, qu'il retrouve la fin de semaine, est resté à Montréal. Peu à peu, il se fait des amis au sein de sa nouvelle école à Québec. Par contre, il a le sentiment de rater des choses lorsqu'il se retrouve avec son père à Montréal les fins de semaine, car il est alors privé de ses amis à Québec et il a de la difficulté à se faire de nouveaux amis à Montréal. Depuis le divorce, Jonathan se plaint de violentes douleurs abdominales, et ce, plusieurs fois par semaine, particulièrement les jeudis et les vendredis.

Le CINÉ de Jonathan

Votre stresseur	Contrôle faible Vous avez l'impression de ne pas avoir le contrôle sur la situation	Imprévisibilité Quelque chose d'inattendu se produit	Nouveauté Quelque chose de nouveau que vous n'avez jamais expérimenté se produit	Ego menacé Vous avez l'impression que votre compétence et votre égo sont mis à l'épreuve
Divorce des parents	X	X	X	X

Jonathan est stressé, car la situation pour lui est radicalement nouvelle (il ne vivra plus avec ses deux parents, il change d'école et de ville). La rupture était pour lui totalement imprévisible, puisque ses parents ne lui en avaient jamais soufflé mot. De plus, à aucun moment, il n'a eu son mot à dire sur le déroulement des événements, ce qui lui donne le sentiment de ne pas avoir le contrôle sur la situation. Pour en ajouter, il a l'impression que ses nouveaux amis ne s'intéresseront plus à lui à cause de ses absences la fin de semaine :

la situation devient donc menaçante pour son ego. Ainsi, cette crise familiale réunit chez un seul individu les quatre caractéristiques du CINÉ et il est donc tout à fait normal qu'elle entraîne une forte réaction de stress chez Jonathan qui se manifeste par de violentes douleurs abdominales surtout les jeudis et vendredis.

Pourquoi les jeudis et vendredis? Car c'est à ce moment-là que Jonathan commence à anticiper le week-end à Montréal et la perte de ses amis. Cette anticipation génère donc une réponse de stress aussi importante que lorsque Jonathan vit le stress de la perte de ses amis le samedi et le dimanche. Nous verrons plus en détail les effets de l'anticipation sur la réponse de stress au chapitre 37.

Lida, 6 ans

Cela fait plusieurs mois que les parents de Lida ne s'entendent vraiment plus, et ils ont décidé de se séparer. Environ 3 mois avant la séparation, ils ont informé Lida de leur décision. Les parents se sont mis d'accord pour que leurs nouvelles maisons respectives soient situées à moins de cinq kilomètres de l'école de Lida, de façon à ce qu'elle puisse prendre la même ligne de bus pour aller à l'école selon qu'elle soit chez son père ou chez sa mère. Durant les trois premiers mois, Lida pourra décider avec lequel des parents elle passera la semaine. Les parents de Lida sont fort perplexes, car ils ont l'impression de ne pas déceler de stress chez la petite, stress qui serait normal étant donné la situation.

Le CINÉ de Lida

Votre stresseur	Contrôle faible Vous avez l'impression de ne pas avoir le contrôle sur la situation	Imprévisibilité Quelque chose d'inattendu se produit	Nouveauté Quelque chose de nouveau que vous n'avez jamais expérimenté se produit	Ego menacé Vous avez l'impression que votre compétence et votre égo sont mis à l'épreuve
Divorce des parents			X	

Au cours de cette crise, les parents de Lida ont bien géré la situation afin de diminuer les risques que cette période soit stressante pour elle. En effet, bien que la situation soit nouvelle, elle n'a pas été trop imprévisible pour Lida puisqu'elle a été mise au courant des mois avant que la séparation ne survienne. L'enfant a l'impression d'avoir du contrôle sur la situation puisqu'elle peut choisir chez lequel des deux parents elle peut passer la semaine. La situation n'est pas menaçante pour son ego, car Lida demeure dans la même école qu'auparavant et elle conserve donc tous ses amis et ses repères. Ainsi, il est tout à fait possible qu'un enfant vive un divorce sans pour autant que cela engendre une forte réaction de stress[3].

Comparaison des recettes de stress de Jonathan et Lida

Quand on compare les tableaux de déconstruction du CINÉ de Jonathan et de Lida, on observe que dans la même situation (divorce des parents), Jonathan fait face à un plus grand nombre de caractéristiques CINÉ que Lida.

Divorce des parents

Votre stresseur	Contrôle faible Vous avez l'impression de ne pas avoir le contrôle sur la situation	Imprévisibilité Quelque chose d'inattendu se produit	Nouveauté Quelque chose de nouveau que vous n'avez jamais expérimenté se produit	Ego menacé Vous avez l'impression que votre compétence et votre égo sont mis à l'épreuve
Jonathan	X	X	X	X
Lida			X	

Et ceci explique que Jonathan ressent un stress plus important que Lida.

7

Chez les adolescents

Le cerveau des adolescents connaît un essor extraordinaire de la 8ᵉ année de vie jusqu'à la fin de la vingtaine. Comme la plupart des parents le réalisent, les adolescents sont de grands dormeurs. Ceci s'explique en grande partie par ce développement important du cerveau et son besoin de recharger ses batteries la nuit venue... jusqu'à midi le lendemain !

Lorsque les hormones de stress atteignent le cerveau, elles ont pour effet d'affecter les régions du cerveau qui sont encore en plein développement, tels le lobe frontal et l'amygdale*. Le lobe frontal s'occupe entre autres de l'attention accordée aux informations provenant de l'environnement pour bien les mémoriser, tandis que l'amygdale a un important rôle à jouer dans la détection du danger et dans la régulation des émotions.

Il n'est donc pas surprenant de constater que lorsque les adolescents vivent un stress important, celui-ci se manifeste par des troubles du sommeil, un manque d'attention et de l'anxiété. Encore ici, l'apparition de ces symptômes chez l'adolescent peut être un indice important utilisé par les parents pour comprendre que leur jeune subit un stress[3].

Toutefois, il n'est pas nécessaire d'attendre de voir apparaître ces symptômes pour savoir que notre jeune subit un stress. Il suffit bien souvent de déconstruire la situation en son CINÉ pour comprendre

---

* L'amygdale dont je parle ici n'est pas la petite glande de la gorge qu'on doit parfois faire enlever chez nos enfants. Je parle ici de l'amygdale qui est une toute petite structure ayant la forme d'une amande et qui est située en plein milieu du cerveau. Cette amygdale du cerveau a un rôle important à jouer dans les comportements de peur et dans la régulation des émotions. Donc, on ne la fait pas enlever !

que celle-ci a un fort potentiel d'induire (ou non) un stress chez notre adolescent.

La situation

Prenons une situation qui peut générer énormément de stress chez les adolescents : la rentrée scolaire qui marque le passage de l'école primaire à l'école secondaire. Qui ne se rappelle pas le stress subi lors de cette étape décisive de la vie ? En effet, en quittant le primaire, nos enfants passent d'un univers relativement petit et familier pour se retrouver dans une grande école avec beaucoup d'élèves. Quand les jeunes sont en sixième année, ils ont l'impression d'avoir le contrôle sur leur situation, car ils connaissent tout le monde, ce sont eux qui sont les plus vieux de l'école, au sommet de la hiérarchie sociale, et leur ego se porte donc très bien. Toutefois, lorsqu'ils passent à l'école secondaire, il y a beaucoup plus de gens qu'ils ne connaissent pas, et ils sont les plus jeunes de l'école. Ces facteurs peuvent générer une réponse de stress[8], mais encore ici, nous verrons que l'ampleur de la réponse de stress dépend grandement de l'interaction ayant lieu entre l'adolescent et son environnement.

Les acteurs et leur CINÉ

Héloïse, 11 ans

Héloïse n'habite pas dans le quartier de sa nouvelle école secondaire et par conséquent, elle ne connaît personne à cette école. Elle n'a aucune idée du trajet qu'elle devra faire en autobus pour se rendre à cette école, et elle se demande comment elle fera pour trouver les salles de cours sans personne pour l'aider. Elle a bien demandé à ses parents de l'accompagner pour visiter l'école et mieux comprendre son fonctionnement, mais ils sont débordés avec les soins à donner à sa jeune sœur qui souffre d'une grave maladie chronique. Elle ne se sent pas à sa place, craint de ne pas pouvoir se faire d'amis, et d'être victime des moqueries de ses camarades plus âgés. Elle ressent une forte peur à l'idée d'entrer au secondaire. Depuis la fin du mois de juin, Héloïse a des problèmes de sommeil et est très irritable avec son frère et sa sœur.

Le CINÉ d'Héloïse

Votre stresseur	Contrôle faible Vous avez l'impression de ne pas avoir le contrôle sur la situation	Imprévisibilité Quelque chose d'inattendu se produit	Nouveauté Quelque chose de nouveau que vous n'avez jamais expérimenté se produit	Ego menacé Vous avez l'impression que votre compétence et votre égo sont mis à l'épreuve
Rentrée au secondaire	X	X	X	X

Pour Héloïse, la situation est nouvelle et imprévisible, car elle ne connaît rien de son école et de son fonctionnement. La situation est aussi hors de son contrôle, car elle n'a pas eu le choix de se retrouver à cette école, et ses parents sont trop occupés avec sa petite sœur malade pour aller lui faire visiter l'école et rencontrer les professeurs avant la rentrée scolaire. Enfin, la situation est menaçante pour son ego, car elle passe d'un milieu où elle était parmi les plus vieilles à une situation où elle est entourée de gens plus âgés qu'elle, et elle ne connaît personne à cette école. En réunissant les quatre caractéristiques du CINÉ, cette rentrée devient pour Héloïse un événement fortement stressant qui peut expliquer les troubles de sommeil qu'elle vit. En effet, ces troubles du sommeil ont débuté à la fin juin, moment où l'école primaire, source de réconfort, s'est terminée et où la jolie Héloïse a commencé à anticiper la rentrée au secondaire du mois de septembre.

Whalyd, 11 ans et demi

Whalyd habite dans le quartier de sa prochaine école secondaire depuis plusieurs années et il fréquentait l'école primaire tout près de chez lui. Il a donc de nombreux copains qui vont entrer au secondaire avec lui, et son grand frère Ali est déjà en 3ᵉ secondaire. Bien qu'il se dispute parfois avec Ali, il est certain que ce dernier saura le guider dans l'école quand viendra le temps de trouver une salle de classe. En plus, Ali joue au hockey et possède un physique très imposant. Si jamais les plus vieux de l'école secondaire font la vie dure à Whalyd, il sait qu'il pourra compter sur Ali pour le défendre. Il ressent quand même une légère appréhension à l'idée de passer à ce nouveau cycle d'éducation, mais il n'est pas certain si ce sentiment vient de l'excitation de vivre une nouvelle expérience, ou si c'est une réponse de stress.

Le CINÉ de Whalyd

Votre stresseur	Contrôle faible Vous avez l'impression de ne pas avoir le contrôle sur la situation	Imprévisibilité Quelque chose d'inattendu se produit	Nouveauté Quelque chose de nouveau que vous n'avez jamais expérimenté se produit	Ego menacé Vous avez l'impression que votre compétence et votre ego sont mis à l'épreuve
Rentrée au secondaire		X	X	

La légère appréhension vécue par Whalyd peut induire une légère réponse de stress, car la situation pour lui est nouvelle et imprévisible. En revanche, le fait d'avoir avec lui plusieurs de ses copains qui feront le saut au secondaire à la même école, et d'avoir son frère Ali pour le guider lui donne l'impression d'avoir le contrôle sur la situation. De plus, cela rassure en quelque sorte son ego, car il se sent moins vulnérable à l'idée de passer chez les plus grands. Le stress qu'il ressent est donc bien moins important que celui que peut ressentir Héloïse, pour qui la rentrée réunit les quatre caractéristiques du CINÉ.

Comparaison des recettes de stress d'Héloïse et de Whalyd

On voit encore une fois que lorsqu'on compare les tableaux de déconstruction du CINÉ d'Héloïse et de Whalyd, Héloïse doit faire face à un plus grand nombre de caractéristiques CINÉ que Whalyd.

Rentrée au secondaire

Votre stresseur	Contrôle faible Vous avez l'impression de ne pas avoir le contrôle sur la situation	Imprévisibilité Quelque chose d'inattendu se produit	Nouveauté Quelque chose de nouveau que vous n'avez jamais expérimenté se produit	Ego menacé Vous avez l'impression que votre compétence et votre ego sont mis à l'épreuve
Héloïse	X	X	X	X
Whalyd		X	X	

Et c'est ce qui explique qu'Héloïse est beaucoup plus stressée que Whalyd par la rentrée au secondaire.

8

Chez les adultes

Comme je l'ai mentionné précédemment, le cerveau des adultes est moins vulnérable aux effets des hormones de stress que le cerveau des jeunes et des personnes âgées[2]. Toutefois, cela ne veut pas dire que les adultes ne subissent pas de stress et qu'ils ne produisent pas d'hormones de stress pouvant affecter leur corps et leur cerveau.

En fait, les adultes exposés à un stresseur montrent souvent les mêmes symptômes que les enfants et les adolescents. Toutefois, il existe des différences individuelles notables quant à la manifestation des symptômes du stress chez l'adulte. Ainsi, un adulte stressé pourra souffrir de violentes crises de reflux gastrique, tandis qu'un autre développera une migraine ou des troubles importants du sommeil. L'irritabilité et l'anxiété font aussi partie des manifestations observées chez les adultes en état de stress. Comme nous le verrons ci-dessous, les caractéristiques qui mènent à une réponse de stress chez les enfants et les adolescents sont exactement les mêmes que celles qui mènent à une réponse de stress chez les adultes.

La situation

Dans une entreprise, un nouveau gestionnaire vient d'être nommé à la direction d'un service et il entend y effectuer une profonde restructuration. Il précise d'emblée aux «troupes» que bien qu'il n'ait pas l'intention de procéder à des mises à pied, cette décision dépendra de la performance de son groupe lors de l'évaluation du prochain trimestre. Il souligne que, pour pouvoir garder le cap sur le nouveau plan de développement de la compagnie, les employés devront mettre les bouchées doubles au travail. De par son discours, il est clair que les employés qui accepteront de faire des heures supplémentaires pour assurer le succès du plan seront ceux qui seront récompensés à la fin de la restructuration.

Les acteurs et leur CINÉ

Martin, 32 ans

Martin, célibataire et sans enfant, vient tout juste de se joindre à l'entreprise après avoir terminé son baccalauréat en économie. Il aime bien la nouvelle compagnie pour laquelle il travaille, mais il sait qu'il ne passera pas sa vie à travailler pour cet employeur. En effet, ce travail n'est pour lui qu'une étape dans sa carrière. Il s'est donné comme plan de carrière de travailler quelques années pour cette boîte très reconnue, et ce passage lui servira à obtenir un poste mieux rémunéré dans LA compagnie qui l'intéresse. N'ayant pas d'enfant à sa charge, il est prêt à travailler plus de 50 heures par semaine pour pouvoir garder son poste au sein de la compagnie et mettre cette ligne à son curriculum vitæ. Il voit cette nouvelle restructuration comme un défi et est fin prêt à le relever.

Le CINÉ de Martin

Votre stresseur	Contrôle faible Vous avez l'impression de ne pas avoir le contrôle sur la situation	Imprévisibilité Quelque chose d'inattendu se produit	Nouveauté Quelque chose de nouveau que vous n'avez jamais expérimenté se produit	Ego menacé Vous avez l'impression que votre compétence et votre égo sont mis à l'épreuve
Restructuration et heures supplémentaires			**X**	

Pour Martin, la situation est nouvelle, car il n'avait pas prévu cette restructuration majeure dans son plan de carrière. Il ne ressent pas vraiment d'imprévisibilité dans cette situation, car il était prêt dès son arrivée au sein de la compagnie à faire des heures supplémentaires pour atteindre ses objectifs de carrière. De plus, il a l'impression d'avoir le contrôle sur la situation, car étant célibataire, il n'a pas à s'occuper de personnes à charge et pourra donc gérer son temps au besoin. Enfin, la situation n'est pas menaçante pour son ego, car il la voit comme un défi qui, s'il peut le relever, sera un point positif à son curriculum vitæ. Martin vit donc peu de stress en réponse à cette restructuration.

Andrei, 41 ans

Père de deux enfants, Andrei vient de recevoir une promotion au sein du service et il en est très fier. En effet, il a travaillé pendant 10 ans pour obtenir cette promotion, et ce, bien souvent au détriment de sa vie familiale. Sa femme ne manque d'ailleurs aucune occasion de le lui souligner. De plus, son nouveau poste permet bien souvent de fermer le clapet de son beau-frère Yves lors des fêtes de famille au cours desquelles il s'amusait auparavant à le taquiner sur son job de «bas niveau». À la suite de la restructuration présentée par le nouveau gestionnaire, il a peur de perdre ce nouveau poste et d'être rétrogradé vers son ancien poste moins prestigieux, ce qui ne manquera pas de rouvrir le clapet du beau-frère Yves. De plus, il ne sait pas comment il annoncera à sa femme qu'il devra faire des heures supplémentaires sans se retrouver devant un divorce. Mais s'il ne fait pas les heures supplémentaires, il perdra probablement son nouveau poste. Il se sent stressé et pris au piège. La veille, il a perdu patience avec son jeune fils à qui il donnait le bain, et il s'est retrouvé à hurler à tue-tête après le petit. Le petit s'est mis à pleurer et s'est réfugié dans les bras de sa mère, qui a regardé Andrei avec des yeux noirs. Il déteste avoir ces sautes d'humeur avec le petit qu'il adore, mais elles semblent devenir de plus en plus fréquentes.

Le CINÉ d'Andrei

Votre stresseur	Contrôle faible Vous avez l'impression de ne pas avoir le contrôle sur la situation	Imprévisibilité Quelque chose d'inattendu se produit	Nouveauté Quelque chose de nouveau que vous n'avez jamais expérimenté se produit	Ego menacé Vous avez l'impression que votre compétence et votre égo sont mis à l'épreuve
Restructuration et heures supplémentaires	X	X	X	X

Pour Andrei comme pour beaucoup d'autres employés du bureau, la situation est nouvelle, car personne ne s'attendait vraiment à une restructuration du service. De plus, la situation est imprévisible pour Andrei, car il ne sait pas s'il perdra son nouveau poste à cause de la restructuration. Il a le sentiment qu'il n'a pas le contrôle sur la situation, car s'il veut pouvoir reprendre le contrôle sur son job, il devra faire des heures supplémentaires, mais ce, potentiellement au détriment de son mariage et de ses enfants qu'il adore. Enfin, la situation est très menaçante pour son ego, car ce nouveau poste était une source de reconnaissance sociale pour Andrei et il sait que s'il perd le poste, il devra subir encore une fois les mauvaises plaisanteries de certains membres de sa famille. La situation est donc très stressante pour Andrei, car elle comporte les quatre caractéristiques du CINÉ. Son irritabilité importante auprès de ses enfants fait en sorte que son stress déborde maintenant sur eux. Il est donc possible que les enfants aient aussi une réponse de stress, car c'est maintenant papa qui devient un élément d'imprévisibilité[3].

Monique, 45 ans

Monique est une mère monoparentale de trois enfants. Elle est une travailleuse non spécialisée arrivée dans l'entreprise il y a long-temps par le concours d'une vieille tante qui, depuis, a quitté cet emploi. Chaque jour, elle doit faire une heure d'autobus pour aller travailler et pour revenir à la maison. Avec le temps, elle avait réussi à convaincre l'ancienne gestionnaire de service de la laisser partir plus tôt pour avoir le temps d'aller chercher ses enfants à l'école et à la garderie. Elle terminait son travail le soir après le coucher des enfants et l'ancienne gestionnaire n'avait jamais rien eu à redire sur la qualité de son travail. Elle n'est pas certaine du tout qu'elle pourra réussir à convaincre le nouveau gestionnaire de la laisser partir tôt pour prendre soin des enfants. De plus, il sera tout simplement impossible pour elle de faire les heures supplémentaires demandées. Comment fera-t-elle pour prendre soin des petits si elle perd son travail ou qu'elle en trouve un nouveau moins bien rémunéré ? Elle se sent stressée et il lui est devenu difficile de s'endormir le soir. Elle rumine dans son lit jusqu'au petit matin et elle se réveille très fatiguée. Cela a un impact sur son travail et sur sa capacité de prendre soin des enfants. De plus, ses mains se sont mises à trembler à tout moment et son ventre se noue. Que va-t-il lui arriver ?

Le CINÉ de Monique

Votre stresseur	Contrôle faible Vous avez l'impression de ne pas avoir le contrôle sur la situation	Imprévisibilité Quelque chose d'inattendu se produit	Nouveauté Quelque chose de nouveau que vous n'avez jamais expérimenté se produit	Ego menacé Vous avez l'impression que votre compétence et votre égo sont mis à l'épreuve
Restructuration et heures supplémentaires	X	X	X	X

Bien sûr, pour Monique, la situation est nouvelle, car elle ne s'attendait pas à cette restructuration. De plus, la situation est totalement imprévisible, car elle ne sait pas si le nouveau gestionnaire acceptera de lui donner les mêmes conditions de travail que la gestionnaire précédente, ce qui aura un impact majeur sur sa capacité de s'occuper de ses enfants. Elle n'a pas l'impression d'avoir le contrôle sur la situation, car selon elle, il n'y a aucun moyen qu'elle puisse faire des heures supplémentaires, ce qui met en jeu son travail. Enfin, la situation est menaçante pour son ego, car elle sait très bien qu'elle a toujours été sous-formée pour faire ce travail et que si elle le perd, elle ne pourra jamais se trouver un emploi aussi bien rémunéré. Elle devra retourner à un travail au salaire minimum. Tout comme pour Andrei, la situation est très stressante pour Monique, car elle comporte les quatre caractéristiques du CINÉ. Le stress chronique vécu par Monique mène à de la rumination, ce qui l'empêche de trouver le sommeil le soir venu. Les maux de ventre sont aussi un signe clair qu'un stress chronique est en train de s'installer.

Comparaison des recettes de stress de Martin, Andrei et Monique

Restructuration et heures supplémentaires

Votre stresseur	Contrôle faible Vous avez l'impression de ne pas avoir le contrôle sur la situation	Imprévisibilité Quelque chose d'inattendu se produit	Nouveauté Quelque chose de nouveau que vous n'avez jamais expérimenté se produit	Ego menacé Vous avez l'impression que votre compétence et votre égo sont mis à l'épreuve
Martin			X	
Andrei	X	X	X	X
Monique	X	X	X	X

Encore une fois, le tableau comparatif du stress de Martin, Andrei et Monique montre qu'une même situation (ici, la restructuration de la compagnie et les heures supplémentaires qui seront exigées) peut mener à de faibles ou fortes réponses de stress en fonction du nombre de caractéristiques CINÉ qu'elle comporte pour chaque personne.

Comme Andrei, Monique vit une situation qui cumule les quatre caractéristiques du CINÉ. Ainsi, Monique risque de vivre un stress aussi important qu'Andrei, mais il se traduit de façon différente. Tandis que le stress d'Andrei déborde sur sa famille, celui de Monique la mène à ruminer soir après soir à propos de sa condition, lui causant des troubles du sommeil et de l'anxiété.

Pour sa part, Martin (qui est pourtant exposé à la même situation qu'Andrei et Monique) ne vit que très peu de stress en lien avec la restructuration de la compagnie.

En effet, pour Martin, cette situation est vécue comme un défi, et non comme un stress[*].

---

[*] Je discuterai plus avant de l'importante distinction entre un « défi » et un « stress » au chapitre 27.

9

Chez les personnes âgées

Les personnes âgées sont beaucoup plus vulnérables au stress que les adultes, car leur cerveau vieillit et il est plus sensible aux effets des hormones de stress qui sont produites en situation de stress.

À l'inverse des enfants et des adolescents, chez qui le stress peut se manifester par des troubles gastro-intestinaux et du sommeil, les personnes âgées vivent un stress qui est très souvent associé à des troubles de la mémoire et à de la confusion. Ceci s'explique par les effets des hormones du stress sur le cerveau déjà vieillissant.

Chez les personnes âgées aussi, il est donc essentiel de décomposer les événements stressants et déstabilisants de leurs vies, pour leur permettre de mieux affronter les éventuels stresseurs qui ne peuvent manquer de survenir dans leur environnement.

La situation

Après plus de 30 années passées dans leur maison, deux personnes âgées se retrouvent contraintes de déménager dans une maison de retraite, car les tâches et soins de tous les jours leur deviennent de plus en plus lourds[*].

---

[*] Ayant écrit cette nouvelle édition du livre à l'été 2020, donc en pleine pandémie de COVID-19, je tiens pour acquis que le stress vécu par les protagonistes âgés décrits dans mes exemples n'est pas dû à l'inquiétude de se retrouver en CHSLD (soins de longue durée), endroits très touchés par la pandémie au Québec. Bien sûr, si votre mère doit prendre la décision de déménager en maison de retraite après avoir lu les nouvelles sur les décès survenus dans les CHSLD à la suite de la pandémie, il est clair que ceci peut grandement augmenter son stress.

Les acteurs et leur CINÉ

Adrienne, 79 ans

Adrienne doit déménager à la fin de la semaine. Ses enfants ont décidé qu'elle ira dans une maison de retraite qui est à l'autre extrémité de la ville, car c'est plus près de la maison de sa fille Yvette qui prendra soin d'elle. Yvette est persuadée qu'en amenant sa mère vivre dans une maison de retraite près de chez elle, elle pose un geste positif, car elle pourra ainsi visiter sa mère plus souvent. À cette nouvelle maison de retraite, Adrienne ne connaît personne et elle abandonnera donc tout le réseau social que représentait son voisinage actuel. Depuis maintenant quelques semaines, Adrienne éprouve de nombreuses pertes de mémoire et Yvette se demande si sa mère sera capable de vivre dans cette maison de retraite pour personnes âgées autonomes.

Le CINÉ d'Adrienne

Votre stresseur	Contrôle faible Vous avez l'impression de ne pas avoir le contrôle sur la situation	Imprévisibilité Quelque chose d'inattendu se produit	Nouveauté Quelque chose de nouveau que vous n'avez jamais expérimenté se produit	Ego menacé Vous avez l'impression que votre compétence et votre égo sont mis à l'épreuve
Déménagement en maison de retraite	X	X	X	X

Pour Adrienne, la situation est nouvelle, car elle déménage dans un endroit qu'elle ne connaît absolument pas. N'ayant aucun repère à ce nouvel endroit, la situation pour elle est imprévisible, car elle peut la mener à se demander : *Qu'est-ce qui va m'arriver ? Où sera ma chambre ?* Ne connaissant personne là où elle doit se rendre, Adrienne trouve que la situation devient menaçante pour son ego, car elle a peur de rester seule si elle n'arrive pas à se faire de nouveaux amis. Enfin, la situation échappe à son contrôle, car la décision a été prise unilatéralement par ses enfants, *pour son bien*. Son cas réunit les quatre caractéristiques du CINÉ, et le stress vécu par Adrienne peut aisément expliquer les troubles de la mémoire qu'elle démontre depuis quelques semaines.

Gertrude, 82 ans

Gertrude doit déménager elle aussi à la fin de la semaine dans une maison de retraite. Par contre, ce n'est pas la première fois qu'elle s'y rend puisqu'elle a l'habitude d'y aller tous les samedis pour jouer au bridge avec ses deux amis, Paulette et Émile. Elle connaît bien plusieurs membres du personnel et aime bien l'ambiance de la maison. C'est d'ailleurs pour ces raisons qu'elle a décidé de s'y installer. Une autre raison qui a fait en sorte que Gertrude choisisse cet endroit en particulier est que le directeur de l'établissement lui permet d'y apporter sa chatte Élyse, qu'elle chérit et dont elle s'occupe tous les jours. Avec Élyse la chatte à ses côtés, la vie ne peut jamais être triste pour Gertrude. Ses deux enfants, Roger et Denis, vont venir la déménager samedi. Pendant le déménagement, ses belles-filles Lucille et Paule l'amèneront manger à son restaurant préféré et elles se rendront à la nouvelle demeure de Gertrude lorsque les hommes les appelleront pour leur faire savoir que tout est en place. Gertrude vit le déménagement comme étant une fête qu'elle partage avec les gens qu'elle aime. Elle a hâte de battre Paulette et Émile au bridge !

Le CINÉ de Gertrude

Votre stresseur	Contrôle faible Vous avez l'impression de ne pas avoir le contrôle sur la situation	Imprévisibilité Quelque chose d'inattendu se produit	Nouveauté Quelque chose de nouveau que vous n'avez jamais expérimenté se produit	Ego menacé Vous avez l'impression que votre compétence et votre égo sont mis à l'épreuve
Déménagement en maison de retraite				

Comme elle a visité périodiquement l'établissement où elle ira vivre, Gertrude ne perçoit pas la situation comme étant nouvelle ou imprévisible. Comme c'est elle qui a choisi cet endroit en toute connaissance de cause, elle ne voit pas la situation comme étant hors de son contrôle. Puisqu'elle est déjà connue et appréciée là-bas, elle ne ressent pas de menace pour son ego à l'idée d'avoir à se faire de nouveaux amis. Enfin, Gertrude bénéficie d'un excellent soutien familial qui a donné à cette situation potentiellement stressante des airs de fête. Contrairement à Adrienne, la situation n'engendre pratiquement aucun stress chez Gertrude, et les chances sont bonnes qu'elle puisse battre ses deux amis au bridge grâce à sa super mémoire !

Comparaison des recettes de stress d'Adrienne et de Gertrude

Déménagement en maison de retraite

Votre stresseur	Contrôle faible Vous avez l'impression de ne pas avoir le contrôle sur la situation	Imprévisibilité Quelque chose d'inattendu se produit	Nouveauté Quelque chose de nouveau que vous n'avez jamais expérimenté se produit	Ego menacé Vous avez l'impression que votre compétence et votre égo sont mis à l'épreuve
Adrienne	X	X	X	X
Gertrude				

Je crois bien que vous avez maintenant compris. En effet, quand on regarde le tableau comparatif du CINÉ d'Adrienne et de Gertrude, on voit que la même situation (déménagement en maison de retraite) génère un stress important pour Adrienne parce qu'elle fait face aux quatre caractéristiques CINÉ.

À l'inverse, cette même situation n'engendre aucun stress chez Gertrude, car elle ne comporte aucune des quatre caractéristiques.

Et pourtant… C'est la même situation !

10

Ce nécessaire stress

À travers les exercices effectués dans les quatre chapitres précédents, nous avons vu qu'une même situation peut causer un peu, beaucoup ou pas de stress en fonction de la présence ou non de l'une ou plusieurs des caractéristiques du CINÉ, et ce, de l'enfance à l'âge avancé. Ce sont ces quatre caractéristiques du CINÉ qui font en sorte que le cerveau détecte une menace et produit des hormones de stress.

On fait quoi, alors ?

Je serais d'accord avec vous si vous me disiez qu'on se sent totalement impuissant à lire ces exemples. En effet, qu'est-on censé faire dans ces situations pour aider ceux qu'on aime ? On ne peut quand même pas amener notre ex-conjoint devant le juge parce qu'il a déménagé à l'autre bout du Québec après un divorce et que cela affecte notre enfant ! On ne peut quand même pas s'empêcher d'inscrire notre adolescente dans la meilleure école secondaire privée de la ville sous prétexte qu'on doit la protéger du stress lié au changement ! On ne peut quand même pas faire la grève de la faim devant les bureaux de la compagnie parce qu'un nouveau gestionnaire fait la vie dure aux employés ! On ne peut quand même pas laisser notre vieille mère vivre dans sa maison quand elle est devenue incapable de s'en occuper et qu'elle pourrait se blesser !

Ai-je dit qu'on devait ?

Comme vous le verrez dans les chapitres suivants, on ne pourra *jamais* éradiquer les stresseurs de nos vies. Jamais. On ne pourra jamais empêcher les autres de prendre de mauvaises décisions, on ne pourra jamais protéger nos enfants contre tout changement de vie, on ne pourra jamais empêcher les gens en contrôle d'en abuser, et on ne pourra jamais ralentir le vieillissement de nos parents.

Et c'est très bien ainsi, car ce n'est pas en posant ces gestes qu'on pourra diminuer notre stress.

La raison en est simple. Sans réponse de stress, nous serions tous morts. C'est la réponse de stress qui a permis à nos ancêtres de survivre aux mammouths de la préhistoire en les chassant pour s'en nourrir.

Sans réponse de stress, ils n'auraient jamais pu les tuer et survivre. Je vous expliquerai pourquoi sous peu.

De la même façon, sans réponse de stress, nos enfants, nos adolescents, nos parents et nous-mêmes ne pourrions jamais avoir la vigilance nécessaire pour nous lever le matin, aller à l'école pour apprendre et nous développer, travailler toute la journée et subvenir aux besoins de notre famille, et jouer au bridge lorsque l'âge avancé nous donne le temps de le faire. Nous ne pourrions pas traverser la rue sans nous faire frapper par une voiture, nous ne pourrions pas faire de sport sans nous assurer de graves blessures, et nous n'aurions pas la capacité d'assurer la survie de nos enfants.

La réponse de stress est nécessaire à la vie.

Comme nous le verrons bientôt, la réponse de stress est une réponse extrêmement bien adaptée du corps qui nous permet de vivre, de survivre et de performer.

Il faut juste savoir doser :)

PARTIE 4

De stress et de mammouths

La première fonction du cerveau humain n'est pas de remplir un formulaire d'impôt, mais bien de détecter le danger pour que le corps, aiguillonné par une poussée d'adrénaline et de cortisol (les deux principales hormones de stress), puisse réagir efficacement.

Le hic, c'est que le cerveau humain ne distingue guère le danger suprême qui guettait l'homme préhistorique confronté à un mammouth qu'il devait chasser pour se nourrir par rapport à la menace que représente pour une personne l'évaluation annuelle que doit lui servir un patron plus ou moins sympathique.

Mammouth ou boss antipathique, pour le cerveau, c'est la même chose : il s'assure que le corps réagit à la menace.

11

Le stress aigu pour
nous aider à survivre

Selon la loi de Darwin sur l'évolution de l'espèce, tout ce qui ne sert à rien est éliminé au fil des ans. Ainsi, la question à 100 000 $ qui se pose est la suivante: *Pourquoi le stress existe-t-il encore?*

En effet, si le stress n'a que des effets néfastes sur le corps et le cerveau, les individus stressés auraient dû mourir plus vite que les autres et puisque morts, ils n'auraient pas eu de descendants. Au fil du temps, seuls les individus zen ou peu stressés auraient dû finir par peupler la terre.

Une seule excursion dans le trafic du lundi matin vers la ville nous prouve que cet énoncé est faux. Il reste encore beaucoup de gens stressés!

Pourquoi donc? Parce que la réponse de stress est nécessaire à la survie de l'espèce.

Cet effet «bon et mauvais à la fois» du stress existe pour bien d'autres fonctions du corps. Ainsi, le glucose n'est pas mauvais en soi, il est même nécessaire à la vie. Toutefois, si vous souffrez de diabète, le glucose peut devenir un sérieux problème pour vous. Doit-on en conclure que le glucose est néfaste pour le corps? Non. Le même raisonnement s'applique au stress.

Alors voilà... je me répète: la réponse de stress est nécessaire à la survie. Pour nous aider à survivre, notre cerveau détecte les menaces dans l'environnement et produit des hormones de stress qui nous permettent de répondre à la menace. C'est donc grâce à cette superbe réponse biologique de stress que nous pouvons assurer notre survie, et par extension, celle de nos descendants.

Voici comment le système fonctionne.

Étape 1 :
Le cerveau détecte une menace dans l'environnement

Tout d'abord, la chose la plus importante qu'il faut savoir est que votre cerveau est un «détecteur de menaces». Le cerveau n'a pas été créé pour remplir un formulaire X ou Y sur le coin d'une table. Oh! Il le fera! Mais ce, tant et aussi longtemps qu'il n'y a pas de menace dans l'environnement. Au moment où le cerveau détectera une menace, il cessera immédiatement de porter son attention sur la tâche en cours (ledit formulaire) pour se concentrer exclusivement sur la menace et, ainsi, activer la réponse biologique de stress qui lui permettra de survivre. La menace qui est détectée par le cerveau, c'est le *stresseur*.

Étape 2 : Activation de la réponse biologique de stress

Ce que l'on appelle le *stress* ou la *réponse de stress*, c'est l'activation de la réponse biologique qui mène à la production d'hormones de stress. La figure ci-dessous décrit les différentes structures du corps impliquées dans la réponse biologique de stress.

Lorsqu'il détecte une menace, le cerveau envoie un message à une toute petite région du cerveau appelée l'hypothalamus. Lorsqu'il reçoit l'information voulant qu'une menace soit présente dans l'environnement, l'hypothalamus produit une première substance appelée la corticolibérine.

Cette hormone va par la suite activer une autre glande située à la base du cerveau, la glande pituitaire. Lorsqu'arrive le message à cette glande, celle-ci se met à produire une hormone appelée adrénocorticotrophine. Cette hormone voyage alors dans le sang pour aller activer deux petites glandes situées sur les reins appelées les glandes surrénales.

Lorsqu'elles sont activées, il y a production des deux hormones de stress les plus importantes chez l'humain, l'adrénaline et le cortisol.

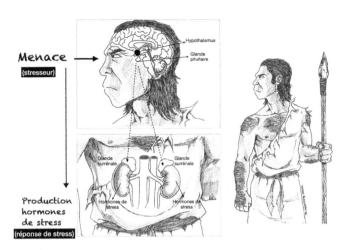

Ces deux hormones de stress vont vous permettre de faire les deux actions que vous pouvez entreprendre devant la menace, c'est-à-dire : combattre ou fuir. Dans les deux cas, vous n'avez besoin que d'une seule chose, de l'énergie. Ce sont donc ces deux hormones de stress qui vous ont donné l'énergie nécessaire pour combattre le mammouth de la préhistoire et le manger (assurant ainsi la survie de l'espèce) ou pour fuir si le mammouth était trop gros (demeurant ainsi disponible pour la prochaine chasse).

Geler face à un stress

Les études animales décrivent une troisième réponse possible devant la menace appelée le gel (*freeze*). En effet, un animal se trouvant devant une menace très importante (par exemple, un prédateur) peut « geler sur place », ne plus bouger et même presque cesser de respirer. Cette réponse drastique permet la survie de l'animal, car le prédateur, croyant l'animal mort, partira. Bien que démontrée chez l'animal, cette réponse de gel n'est généralement pas incluse dans les modèles de base de stress biologique chez l'humain, car si cette réponse de gel avait été la norme plutôt que l'exception, nous n'aurions pas survécu aux mammouths. En effet, avouez que ce n'est pas très pratique de « geler » devant un mammouth qui arrive à toute vitesse vers nous. Il est intéressant toutefois de noter qu'une réponse de gel peut aussi être observée chez l'humain dans des conditions de stress très intenses, c'est-à-dire lors de traumatismes.

Étape 3 : La préparation au combat

Le chemin à parcourir à partir du message initial envoyé par le cerveau jusqu'à la production des hormones de stress semble long, mais ce n'est pas le cas. En fait, devant une menace détectée, l'adrénaline est sécrétée rapidement — de quelques secondes à quelques minutes —, et le cortisol suit quelques minutes plus tard. Lorsque ces deux hormones de stress sont produites, vous êtes en état de stress aigu.

Cet état de stress aigu représente une formidable machine qui va vous aider à tuer le mammouth ou à fuir s'il est trop gros. En effet, l'adrénaline et le cortisol vont agir sur le corps pour lui permettre de mobiliser l'énergie nécessaire pour combattre ou fuir la menace, et vont agir sur votre cerveau pour vous permettre de porter toute votre attention sur celle-ci.

D'abord, tous vos sens vont s'aiguiser pour que vous puissiez devenir un supercombattant. Vos pupilles vont se dilater pour que vous puissiez mieux voir, et ce, même dans le noir (au cas où le mammouth vous attaque de soir !). Le sang va quitter les extrémités de vos membres (doigts, orteils, etc.) pour se diriger vers votre cœur. Celui-ci pourra ainsi pomper plus de sang. Ceci aura pour effet d'augmenter votre force musculaire. Quand vous avez une réponse de stress, vous êtes très fort ! Si, en période de stress intense, vous regardez vos doigts, ils auront tendance à avoir un aspect blanchâtre. C'est parce que le sang des extrémités est redirigé vers le cœur en cette période de grand besoin d'énergie. Le teint cireux des personnes en état de choc nerveux est d'ailleurs l'un des critères utilisés par les ambulanciers pour détecter un état de choc chez les victimes de traumatismes. Toutefois, ne vous y méprenez pas, vous n'avez pas besoin d'avoir un traumatisme pour avoir une réponse de stress qui affectera votre teint, mais il est clair que devant un stress non traumatique, vous aurez les mêmes réponses physiques, mais à un degré bien moindre.

Si, au moment où vous vivez un stress, vous regardez les poils sur vos bras et vos jambes, vous remarquerez qu'ils sont complètement dressés. Ce phénomène est particulièrement facile à voir chez un chat qui rencontre un chien. Le poil du chat menacé se dressera littéralement sur son dos. Quand vous avez une réponse de stress aigu, les poils de votre corps se dressent[*] pour vous rendre plus sensible au toucher, et aussi pour vous faire paraître plus gros et menaçant. Bien sûr, ceci est de loin plus efficace pour le chat que pour vous qui êtes moins poilu, mais rappelez-vous que l'homme préhistorique était presque aussi poilu que toutou. Donc, cette réponse était sûrement très efficace pour le chasseur souhaitant faire croire au mammouth qu'il était un humain gros et menaçant.

Pour vous permettre de réduire les pertes de sang si vous êtes blessé, les vaisseaux sanguins de votre peau se resserrent. Vous avez chaud. Vos glandes sudoripares s'activent pour faciliter la sudation et ainsi rafraîchir votre organisme. Pour ne pas que vous soyez troublé par la douleur lors de l'attaque du mammouth, votre cerveau produit des endorphines, une puissante substance analgésique. Gorgé du sang des extrémités des membres, votre cœur devient une super pompe. Ceci lui permet d'envoyer plus de sang vers vos muscles, question d'augmenter votre force musculaire et aussi vos chances de tuer le mammouth ou de fuir à toutes jambes s'il est trop gros. Pour aider votre cœur, vos artères se contractent, ce qui fait augmenter la pression sanguine, et donc, tout le sang qui parvient à vos muscles est pompé très rapidement. Enfin, vos veines se dilatent pour faciliter le retour du sang vers les poumons et leur permettre de se réoxygéner. Vous pourrez courir plus longtemps sans vous essouffler ! Vous respirez plus profondément, vous pouvez donc crier plus fort pour faire peur au mammouth et vous donner le courage de le combattre.

Le glucose que vous produisez de façon continue et que vous emmagasinez sous forme de glycogène pour pouvoir l'utiliser au besoin est tout de suite ressorti de sa cachette (le glycogène est converti en glucose), ce qui crée une source d'énergie instantanée (encore plus efficace qu'une boisson énergétique). Le gras entreposé dans vos cellules graisseuses est aussi métabolisé pour donner un surcroît

---

[*] Ce phénomène s'applique aux poils du corps qui sont localisés en bas du cou. Il n'est donc pas vrai que lorsqu'on est stressé ou apeuré, les cheveux nous dressent sur la tête :)

d'énergie. Les vaisseaux sanguins de vos reins et de votre système digestif se resserrent pour interrompre leur fonctionnement. En effet, devant un mammouth, ce n'est pas le temps d'utiliser de l'énergie pour digérer! On utilise cette énergie en surplus pour tuer la bête[*].

C'est parce que vos ancêtres ont eu cette merveilleuse réponse de stress qu'ils ont pu tuer les mammouths et s'en nourrir.

Mais pour survivre à long terme, il leur fallait un autre élément.

Il fallait que le stress vécu s'imprègne dans leur mémoire.

---

[*] C'est parce que le stress aigu fait ralentir la digestion que beaucoup de gens ressentent moins la faim — et perdent du poids — lorsqu'ils font face à une nouvelle situation stressante. Toutefois, comme nous le verrons au chapitre 17, l'exposition à un stress chronique a l'effet inverse. On mange alors davantage :)

12

Le stress dans le cerveau

En 1968, mon collègue et ami Bruce McEwen a fait l'une des plus importantes découvertes de la science du stress.

Il a montré que les mêmes hormones de stress que vous produisez pour vous donner assez d'énergie pour tuer le mammouth ou partir à courir s'il est trop gros ont la propriété d'accéder au cerveau. Et lorsque ces hormones de stress y accèdent, elles agissent sur des régions du cerveau qui sont impliquées dans l'attention, la mémoire et les émotions.

Auparavant, on pensait que les diverses hormones n'avaient leurs actions que sur le corps et qu'elles ne pouvaient pas influencer le cerveau. Toutefois, la découverte montrant que les hormones de stress pouvaient agir sur le cerveau a permis aux chercheurs de comprendre comment la réponse de stress permet à l'humain de survivre.

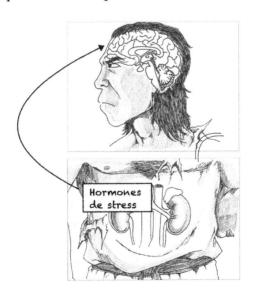

L'histoire de Bambi

Aux gens qui avaient de la difficulté à comprendre comment le stress peut nous aider à survivre en accédant au cerveau, Bruce donnait souvent l'exemple de Bambi, le petit chevreuil de l'histoire de Disney.

Admettons que vous êtes Bambi et que vous décidez demain matin d'aller vous promener en forêt. Soudain, vous arrivez face à face avec un ours. Pour survivre, vous devez faire deux choses. D'abord, vous devez produire assez d'hormones de stress pour avoir l'énergie de partir à courir à toutes jambes, pour ne pas que l'ours vous attrape. Ensuite, vous devez vous *souvenir* de ne plus jamais aller vous promener dans cette partie de la forêt, car il y a des ours.

Et ce sont ces hormones de stress qui, remontant à votre cerveau, vont vous permettre de vous rappeler les dangers environnants et de survivre.

Voici comment cela fonctionne

L'exposition à une menace augmente la mémoire de celle-ci, car le cortisol qui est produit accède au cerveau et active des récepteurs[*] qui sont localisés dans les régions impliquées dans la vigilance, l'attention, la mémoire et la régulation des émotions. À ce moment, votre cerveau est à son maximum de concentration et votre niveau de vigilance est maximal. Vous voyez nettement cet ours devant vous et le temps semble ralentir comme pour vous permettre de mieux analyser les mouvements de l'adversaire. Par contre, à ce moment, il vous sera impossible de penser à votre déjeuner du matin. Votre cerveau ne vous le permettra pas. C'est le temps de se concentrer sur cet ours menaçant et rien d'autre. Sinon, vous êtes mort.

Le moment que vous êtes en train de vivre va ensuite s'imprégner à tout jamais dans votre mémoire, et ce, pour assurer votre survie,

---

[*] Protéine localisée sur la membrane des cellules du cerveau qui servent à reconnaître différents neurotransmetteurs ou hormones. Ainsi, les hormones de stress peuvent agir sur le cerveau car ce dernier possède des récepteurs capables de les reconnaître.

encore une fois. En effet, en imprégnant cette situation stressante dans votre mémoire, votre cerveau s'assure que vous vous en souviendrez lors de la prochaine lutte, vous assurant ainsi un meilleur succès.

Le phénomène des souvenirs flash

Il est très facile de faire la preuve qu'un événement de stress aigu s'imprègne dans votre mémoire à tout jamais. Par exemple, si je vous demande : « Que faisiez-vous et avec qui étiez-vous le 23 février 2006 ? » vous me regarderez sûrement avec un drôle d'air en me disant que franchement, c'est impossible de se souvenir d'événements si lointains dans notre mémoire.

Si, par contre, je vous pose cette seconde question : « Que faisiez-vous et avec qui étiez-vous lorsque vous avez appris les événements du 11 septembre 2001 ? » Ah ! Ça, c'est facile ! Vous pourrez alors me décrire avec moult détails où vous étiez et avec qui vous étiez lorsque vous avez appris ces événements, et vous pourrez même me dire d'autres détails tels l'heure à laquelle vous avez appris la nouvelle, les autres personnes autour de vous, et même ce que vous portiez ce jour-là ! Pourtant, l'année 2001 est bien plus loin dans le temps que l'année 2006, mais vous vous souvenez de manière très claire des événements du 11 septembre 2001. La raison ? Survie de l'espèce.

En effet, rappelez-vous votre sensation physique lorsque vous avez appris les événements du 11 septembre 2001. Vous aviez chaud, vos mains tremblaient, vous vous disiez que cet événement allait changer le cours de l'histoire, et toute votre attention était portée sur les écrans de télévision ou la radio qui relataient les faits. Ces sensations n'étaient rien d'autre que le résultat de l'activation d'une forte réponse de stress qui s'était déclenchée au moment où vous avez appris les événements du 11 septembre 2001, car votre cerveau détectait alors une menace importante. Le cerveau a alors déclenché la réponse de stress et les hormones de stress qui ont réaccédé au cerveau après avoir été produites par les glandes surrénales ont imprégné à tout jamais votre mémoire de cet attentat, et celle de millions de gens autour de vous !

C'est comme si votre cerveau vous disait: *N'oublie jamais cet événement, car il est important pour ta survie.* Et vous voilà, des années plus tard, vous rappelant encore de façon très vivide ce 11 septembre 2001.

Vous voyez par cet exemple que le cerveau, en imprégnant votre mémoire des événements stressants, assure la survie de l'espèce. Avec ce superbe appareil en mode «ouvert», vos chances de tuer le mammouth et de survivre sont maximales. Vous comprenez aisément que la réponse de stress est absolument nécessaire à la vie et que sans cette réponse, nous serions morts depuis longtemps devant la menace.

13

Stress contemporain

« Bon… c'est bien beau tout ça… Mais il n'y a plus de mammouths »,
me direz-vous*.

« Et pourtant, nous souffrons encore autant de tout ce stress.

Pourquoi ? »

Pour comprendre pourquoi l'on souffre encore autant de stress
aujourd'hui alors qu'il n'y a plus de ces gros mammouths à chasser,
il est essentiel de distinguer les stresseurs absolus et les stresseurs
relatifs.

Stresseur absolu

Le stresseur absolu est une menace réelle pour la survie de l'individu.
Si, pendant que vous lisez tranquillement ce livre auprès de votre
épouse, quelqu'un entre dans votre maison en criant «Au feu ! »,
il est très peu probable que vous regardiez votre femme en lui disant :
«Ma chérie… crois-tu que l'on devrait sortir de la maison ou on
a le temps de terminer notre émission avant ? » Bien sûr, lorsque
cette menace absolue sera détectée par votre cerveau, celui-ci ne
vous laissera même pas le temps d'analyser la situation et en moins
de dix secondes, vous serez dehors suivi de votre épouse qui court
derrière vous. Devant ce stresseur absolu, votre cerveau a activé la
réponse biologique de stress qui vous a poussé à courir rapidement
vers l'extérieur, assurant ainsi votre survie.

Nos ancêtres préhistoriques faisaient face à une majorité de stresseurs
absolus. Le mammouth était alors une réelle menace à la survie, et la
formidable réponse de stress déployée par nos ancêtres leur a permis
de survivre.

---

* Et je vous répondrai que je le sais :)

De nos jours, nous faisons encore face à certains stresseurs absolus, bien que ces derniers soient moins fréquents. Voici quelques exemples ci-dessous.

Votre enfant joue dans la cour avec ses amis. Le ballon avec lequel les enfants jouent échappe à leur contrôle et roule doucement vers la rue. Votre enfant court après le ballon. Juste après avoir croisé la rangée de voitures stationnées sur le côté de la rue, le cerveau de votre enfant détecte en vision périphérique un mouvement vers la droite. Sans prendre le temps de comprendre ce qui est à l'origine de ce mouvement, le cerveau de votre enfant active une réponse de stress qui fait en sorte que le petit recule vivement vers le trottoir. Le chien du voisin passe alors devant lui, et votre enfant comprend que c'était lui qui était à l'origine du mouvement qu'il a vu en péri-phérie. Même si la réponse de stress produite par le petit n'a servi à rien lors de cette situation, elle aurait été salutaire si l'ombre vue en périphérie avait été une voiture. Survie de l'espèce.

Vous êtes père de deux enfants et vous roulez sur l'autoroute avec vos deux petits à l'arrière du véhicule. C'est l'hiver et vous ne voyez pas la plaque de verglas sur laquelle votre voiture va déraper. Après plusieurs tête-à-queue, votre véhicule s'immobilise sur le bord de la chaussée. Vous sortez de la voiture. À peine avez-vous commencé à reprendre vos esprits que vous constatez que l'arrière de la voiture (où sont toujours vos deux enfants) se trouve au milieu de la voie, et vous pouvez apercevoir au loin un camion qui ne pourra faire autrement que de le percuter. À ce moment précis, la dose d'hormones de stress qui est produite par votre corps est telle qu'elle va vous fournir assez d'énergie pour vous permettre de soulever l'arrière du véhicule et le déplacer de quelques mètres, sauvant ainsi vos enfants d'une mort certaine. Et pendant de nombreuses années, vous vous direz: *Je me demande encore comment j'ai pu faire ça!* Survie de l'espèce.

Vous êtes au travail et l'alarme de feu commence à produire un son strident. Cette foutue alarme de feu a la mauvaise habitude de s'activer pour un rien, et ce, plusieurs fois par mois. Vous ne vous inquiétez donc pas outre mesure et continuez à travailler tranquille-ment à votre ordinateur. Soudain, une odeur de fumée parvient à vos narines. Vous ne voyez pas de fumée, mais vous sentez cette odeur caractéristique des choses qui brûlent. Vous reniflez pour « vérifier », et ce faisant, l'air qui entre par vos narines va faire bouger les poils localisés à l'intérieur de votre nez et qui, lorsqu'en mouvement, activent des récepteurs qui enverront un message à votre cerveau qu'il y a une telle odeur dans l'environnement[*]. Lorsque le cerveau reçoit ce message et qu'il l'interprète comme étant menaçant (si vous aviez senti l'odeur de la tarte aux pommes, votre cerveau n'aurait pas détecté de menace), il produit une réponse biologique de stress qui fera en sorte qu'à l'intérieur de quelques secondes/minutes, vous serez dans la rue en compagnie de vos collègues de travail et bien vivant pour vous occuper de votre progéniture le soir venu. Survie de l'espèce.

Ainsi, chaque fois que le cerveau détecte un stresseur absolu, il active la réponse biologique de stress pour assurer la survie de l'espèce.

Stresseur relatif

À l'inverse du stresseur absolu, le stress relatif nécessite une interprétation (consciente ou inconsciente) de la part de l'individu pour pouvoir générer une réponse de stress.

Ainsi, notre cerveau va produire une réponse biologique de stress chaque fois qu'il fait face à une situation qui comporte l'une ou plusieurs des caractéristiques du CINÉ.

> **C**ontrôle faible
> **I**mprévisibilité
> **N**ouveauté
> **É**go menacé

De nos jours, nous faisons face à beaucoup de stresseurs relatifs. En voici quelques exemples.

Le professeur de mathématique de votre fille Maïka vient d'annoncer en classe que mercredi prochain, il y aura un examen qui comptera

---

[*] Vous n'auriez jamais pensé que ces désagréables poils de nez avaient une utilité, n'est-ce pas ?

pour 10 % de la note finale de la session. Maïka revient à la maison hyper stressée. Pendant toute la semaine, elle tente d'étudier ses mathématiques, mais l'examen la stresse tellement qu'elle en perd ses moyens. L'annonce imprévue du professeur a généré une forte réponse de stress chez Maïka et son faible sentiment de contrôle sur la situation continue de la stresser tout au long de la semaine. Cette réponse de stress n'est pas nécessaire à la survie de Maïka. Et pourtant, cela n'empêche pas votre fille de stresser.

Cela fait 24 ans que vous travaillez pour la même compagnie de fabrication d'outils en métal et vous connaissez votre travail sur le bout de vos doigts. Un jour, le patron organise une réunion au cours de laquelle il annonce que la vieille machine que vous utilisez depuis 20 ans sera bientôt remplacée par un nouvel appareil répondant aux récentes normes de haute technologie. Quelques semaines plus tard, l'appareil est installé et dès que vous tentez de le faire fonctionner, vous ressentez une forte réponse de stress. Plus vous essayez de comprendre son fonctionnement, plus vous sentez que votre stress augmente. Vous commencez soudainement à avoir peur que votre patron pense que vous êtes trop âgé pour gérer cette nouvelle technologie et que vous pourriez perdre votre emploi. Cette réponse de stress n'est pas nécessaire à votre survie. Et pourtant, cela ne vous empêche pas de stresser.

Votre mère de 81 ans joue au bridge depuis 11 ans avec ses trois voisines. La semaine dernière, un conflit a éclaté lors d'une joute particulièrement serrée et les quatre amies se sont quittées en mauvais termes. Depuis, personne n'a osé communiquer avec le groupe pour organiser la prochaine partie de bridge. Votre mère est très stressée par ce conflit et elle en perd le sommeil. Elle rumine constamment sur la nature du conflit qui a éclaté et le rôle qu'elle y a joué. Cette réponse de stress n'est pas nécessaire à la survie de votre mère. Et pourtant, cela ne l'empêche pas de stresser.

Voici donc la question qui tue : mais pourquoi stressons-nous pour des choses qui ne sont pas nécessaires à notre survie ?

La réponse est simple.

14

Le cerveau ne sait pas que l'on est au 21ᵉ siècle

En étudiant les effets du stress chez l'humain, une question majeure s'est posée parmi les chercheurs. *Pourquoi y a-t-il autant de gens stressés, de nos jours ? Pourquoi les taux d'obésité, de diabète, et la dépression* sont-ils si élevés ?*

Ces données ne semblent faire aucun sens, car de nos jours, nous ne sommes plus confrontés à beaucoup de stresseurs absolus. En effet, les mammouths ont disparu depuis fort longtemps, et nous ne vivons pas en zone de guerre où la menace à notre survie fait partie du quotidien. Nos sociétés contemporaines sont riches, éduquées, sécuritaires, et elles comportent donc bien moins de stresseurs absolus qu'au temps des mammouths.

Pourtant, près de 500 000 Canadiens sont absents du travail chaque semaine à cause de problèmes de santé reliés au stress, soit une hausse de 316 % depuis 1995. De plus, l'Organisation mondiale de la Santé rapporte que de 2005 à 2015, plus de 300 millions de personnes dans le monde ont reçu un diagnostic de dépression[9]. Mais où se trouve le problème, puisqu'il n'y a plus de mammouths et que nos vies sont de plus en plus sécuritaires ?

La réponse à cette question est d'une simplicité désarmante. Notre monde contemporain vit du stress, car notre cerveau ne sait pas que nous sommes au 21ᵉ siècle. En d'autres termes, notre cerveau ne fait pas la différence entre un stresseur absolu (qui menace notre survie) et un stresseur relatif (la collègue de travail qui menace notre ego

---

* Qui sont tous des désordres liés de près ou de loin au stress chronique, comme nous le verrons plus loin.

à la machine à café tous les mardis matin). Pour notre cerveau, la collègue qui menace notre ego, c'est la même chose qu'un mammouth au temps de la préhistoire[10].

C'est un peu comme si le cerveau se disait : *Hey ! Ne prends pas de risque ! Même si ce stresseur n'a pas l'air très important, il se peut que ce soit une plus grande menace que tu le crois, et donc, pour te protéger, je vais produire une réponse de stress aussi importante que si c'était un mammouth. Comme cela, si c'est vraiment un mammouth, tu seras blindé !* En ne faisant pas la distinction entre un stresseur absolu et un stresseur relatif, notre cerveau génère la même réponse de stress dans les deux cas.

De nos jours, et contrairement à l'ère des mammouths, notre société est en constant changement et la nouveauté, l'imprévisibilité sont devenues des constantes de la vie (nouvelles technologies à maîtriser, emplois de plus en plus précaires, situations maritales instables, etc.). L'ère des médias nous révèle chaque jour des événements sur lesquels nous n'avons aucun contrôle et qui pourraient affecter notre survie (krach boursier, violence, guerres, séismes, etc.). Les rapports sociaux sont beaucoup plus complexes et compétitifs qu'auparavant, ce qui augmente bien souvent la probabilité de voir apparaître une menace pour notre ego. Bref, nous vivons aujourd'hui entourés d'une panoplie de stresseurs relatifs et nous y réagissons constamment[10].

L'inexorabilité du temps

Quel superbe système, vous ne trouvez pas ? Un système parfait pour nous aider à survivre, mais qui ne s'est pas encore adapté à notre ère moderne.

Beaucoup de chercheurs* spécialisés dans la science du stress croient qu'au prochain siècle, l'homme aura su adapter sa réponse de stress à l'ère moderne. Je n'ai qu'à regarder à quel point les personnes âgées que j'étudie dans mon laboratoire sont différentes des jeunes adultes que je teste pour être d'accord avec cette théorie. Nous avons

---

* Et j'en fais partie.

découvert que le seul fait de venir au laboratoire pour la première fois (sans connaître au préalable son emplacement, comment s'y rendre, et les gens qui seront rencontrés) génère une énorme réponse de stress chez la personne âgée[11]. En fait, cette réponse est si importante qu'elle peut induire des troubles temporaires de la mémoire que nous attribuerions au vieil âge de la personne si nous n'étions pas si vigilants dans mon laboratoire face aux effets du stress sur la mémoire des personnes âgées.

À l'inverse, les jeunes n'ont aucune appréhension de se rendre au laboratoire, et s'ils se perdent en chemin, ils arrivent au labo très relaxes et se disent que nous les avons attendus pour commencer le protocole de recherche. Leur taux d'hormones de stress à leur arrivée est minimal. Pourtant, la personne âgée et le jeune adulte vivent tous deux au même siècle, à la même année. Mais leur âge diffère grandement et les jeunes adultes ont une longueur d'avance sur les personnes âgées quant à leur potentiel d'adaptation à l'ère moderne. Si c'est le cas, cela veut dire que le cerveau des jeunes des générations futures maîtrisera encore mieux la réponse de stress qui aura su, au fil des ans, s'adapter aux nouvelles réalités de notre temps.

Et c'est comme cela que la survie de l'espèce sera assurée.

15

Des mammouths dans le trafic du matin

Comme nous l'avons vu au chapitre précédent, les mammouths de la préhistoire étaient beaucoup moins fréquents dans la vie de l'homme préhistorique que les CINÉ de ce monde. Et parce que nous générons une réponse de stress aussi importante aux stresseurs relatifs qu'aux stresseurs absolus, et que les premiers sont plus fréquents de nos jours que les seconds, il s'ensuit que les stresseurs contemporains s'accumulent et génèrent un stress chronique qui peut nous être délétère.

Un petit exemple illustrera mon propos.

Imaginons d'abord que vous êtes un homme préhistorique et qu'un beau matin, vous regardez les membres de la tribu et vous dites qu'ils ont l'air d'avoir faim. Vous décidez alors de partir à la chasse au mammouth, question de pouvoir nourrir la tribu. Vous partez avec votre lance sous le bras, accompagné de vos guerriers les plus féroces. Au détour d'une vallée, vous tombez sur un mammouth de six tonnes. On s'entend pour dire que ceci constitue un stresseur absolu pour vous et vos hommes.

Maintenant, reportons-nous au 21ᵉ siècle. Il est 8 h 30 et vous êtes pris dans le trafic du matin pour vous rendre au travail. Ceci est un stresseur relatif, car selon que vous ayez ou non un rendez-vous à 9 h, vous pourrez ou non générer une réponse de stress (imprévisibilité, sens du contrôle). Dans votre cas, vous avez effectivement un rendez-vous à 9 h avec votre patron. Vous êtes donc exposé à un stresseur relatif.

Maintenant, tenons pour acquis que votre cerveau ne fait pas la différence entre un stresseur absolu (le mammouth) et un stresseur relatif (le trafic). Ainsi, dans les deux cas, votre cerveau détectera une menace et générera une forte réponse de stress qui vous permettra de mobiliser une dose massive d'énergie pour combattre ou fuir la menace.

Homme poilu de la préhistoire, vos pupilles se dilatent, vos poils se hérissent, vos muscles se tendent, votre respiration s'accélère et vos poumons se gonflent d'air pour vous permettre d'émettre un hurlement strident devant le mammouth. Homme semi-poilu de l'ère moderne au volant de votre voiture, vos pupilles se dilatent, vos poils se hérissent, vos muscles se tendent, votre respiration s'accélère et vos poumons se gonflent d'air pour crier mais… vous n'en faites rien. Pour l'homme préhistorique comme pour l'homme moderne, l'énergie est mobilisée au maximum pour être utilisée au combat ou pour fuir.

En homme préhistorique, vous avez effectivement perdu toute l'énergie mobilisée, car vous avez tué le mammouth ou vous êtes parti à courir pour vous enfuir s'il était trop gros. Vous conviendrez avec moi qu'il est assez difficile de courir dans sa voiture… Ainsi, l'homme de l'ère moderne a mobilisé une dose massive d'énergie qu'il n'a pas perdue. Le sentiment de crispation des mains sur le volant que vous vivez lorsque vous stressez dans le trafic, c'est de l'énergie mobilisée non dépensée. Et comme nous le verrons au chapitre portant sur le stress chronique, c'est cette énergie mobilisée non dépensée qui mène aux troubles physiques et mentaux associés au stress.

Combien de CINÉ avez-vous par jour ?

Dans les temps préhistoriques, lorsque nos ancêtres tuaient un mammouth, cela prenait plusieurs jours avant qu'ils aient terminé de manger la bête et retournent à la chasse s'exposer à un autre stresseur absolu. Ils avaient donc une petite pause de stress de quelques jours entre les expositions à la menace.

Maintenant, si vous regardez votre seule journée d'hier, à combien de caractéristiques CINÉ avez-vous été exposé ? Plus d'une, j'en suis certaine.

Or, si l'on tient pour acquis que votre cerveau ne sait pas que l'on est au 21e siècle et, donc, ne fait pas la différence entre un stresseur absolu et un stresseur relatif, cela veut dire que par jour, vous produisez une réponse de stress *chaque fois* que vous êtes exposé à l'une ou à plusieurs caractéristiques du CINÉ.

Et puisqu'il y a beaucoup de CINÉ dans notre monde contemporain, nous produisons plusieurs réponses de stress par jour.

Jour après jour.

Et c'est comme cela que le stress chronique s'installe[*].

---

[*] Continuez de lire… L'histoire finit bien ! :)

PARTIE 5

Quand le stress nous rentre dans le corps

Janvier : Stress. Je peux négocier cela.
Février : Stress. Je peux négocier cela.
Mars : Stress. Je négocie, je négocie.
Avril : Stress. Je négocie, je négocie.
Mai : Stress. Coudonc, est-ce que ça va finir ?
Juin : Stress. Il est où le chocolat ?
Juillet : Stress. Pourquoi ai-je des palpitations ?
Août : Stress. Bon… Mon niveau de cholestérol augmente.
Septembre : Stress. Pourrais-je devenir diabétique ?
Octobre : Stress. Je n'arrête pas d'attraper le rhume.
Novembre : Stress. Encore un rhume, et le cœur qui palpite.
Décembre : Stress. Je mange, je tousse et je m'essouffle.

16

Le corps tente de s'adapter

Maintenant que vous avez en main toutes les pièces qui constituent ce merveilleux monde qu'est celui du stress, regardons comment on peut devenir chroniquement stressé, au point d'en développer des troubles physiques ou mentaux.

La première chose à comprendre ici est que le stress chronique débute toujours par une réponse de stress aigu. Les gens ont souvent de la difficulté à comprendre ce qui distingue un stress aigu et un stress chronique. Je présente ci-dessous un tableau qui résume les caractéristiques de ces deux types de réponses de stress[*].

Stress aigu	Stress chronique
La réponse biologique de stress s'active en réaction à des événements qui se manifestent de façon occasionnelle.	La réponse biologique de stress se maintient dans le temps, car la personne fait face à des situations/événements qui se répètent dans le temps ou qui ne se règlent pas.
Les hormones de stress sont libérées pour permettre à la personne de combattre ou fuir devant la menace.	Les hormones de stress sont produites de manière constante devant la menace qui ne cesse d'être présente.

---

[*] Ce tableau a été développé par une équipe des Centres Jeunesse pour apprendre aux jeunes en difficulté et leurs parents à négocier le stress. RIVEST, Christine ; CAMIRÉ, Julie, MASSÉ, Sophie, PLUSQUELLEC, Pierrich et LUPIEN, Sonia (2020). Stress et Résilience : Atelier d'accompagnement parental. 1ère édition. Centre intégré universitaire en santé et services sociaux de la Mauricie et du Centre du Québec, Québec.

Les concentrations d'hormones de stress reviennent à la normale une fois que la menace disparaît.	Les concentrations d'hormones de stress demeurent élevées tant et aussi longtemps que le stresseur ne disparaît pas, et elles peuvent avoir des effets délétères sur le corps et le cerveau.

Le stress chronique peut résulter de l'exposition d'un individu à un même stresseur (par exemple, un divorce qui n'en finit plus de finir) ou à différents stresseurs (par exemple, un nouveau milieu de travail comportant beaucoup de CINÉ), et ce, de manière chronique.

Chaque fois que le cerveau fait face à un stress aigu, il ne sait pas que celui-ci deviendra chronique. Par conséquent, devant les premières instances de stress aigu, votre cerveau mettra en place un système complexe d'actions qui feront en sorte que vous pourrez vous rétablir de votre stress et ainsi survivre. Avec le temps, et si la réponse de stress se poursuit, ce mécanisme va se dérégler et produire une myriade d'effets sur votre corps et votre cerveau[12].

On travaille à rétablir l'équilibre après un stress aigu

Lorsqu'une personne est exposée à une menace (absolue ou relative), le cerveau va amorcer une réponse biologique qui se traduira par la production des hormones de stress permettant au corps de mobiliser assez d'énergie pour combattre ou fuir devant la menace.

Or, que l'individu décide de combattre la menace ou de fuir devant elle, il perdra beaucoup d'énergie. Le corps devra renflouer ses réserves d'énergie pour survivre, sinon il y a risque de mort.

Pour ce faire, les hormones de stress produites pour combattre la menace vont réaccéder au cerveau pour l'informer que le corps a perdu beaucoup d'énergie et qu'il doit chercher à se nourrir pour renflouer ses réserves. À ce moment, l'individu ressentira la faim qui le mènera encore une fois à partir à la recherche de nourriture pour renflouer l'énergie qu'il a perdue[13]. C'est ce qui faisait aux temps préhistoriques que nos ancêtres repartaient chasser le mammouth, et ce, même si l'idée d'une telle chasse pouvait leur être effrayante.

Cette boucle d'actions entre les hormones qui mobilisent l'énergie et ces mêmes hormones qui accèdent au cerveau pour entreprendre la recherche active de nourriture est un superbe mécanisme de survie de l'espèce, encore une fois assuré par les hormones de stress.

Toutefois, lorsque le stress devient chronique et que le corps et le cerveau sont exposés jour après jour à des conditions menaçantes (que cette menace soit absolue ou relative), deux choses importantes vont survenir. D'abord, les hormones de stress qui nous donnent l'énergie pour combattre ou fuir la menace vont commencer à se dérégler[14]. Dans un second temps, d'autres hormones et substances du corps qui sont reliées de près ou de loin aux hormones de stress vont aussi commencer à se dérégler pour s'adapter aux changements des hormones de stress. Lorsque ceci survient, le corps voit un déclin de ses systèmes de survie, ce qui peut mener à des troubles physiques ou mentaux[12].

Les hormones de stress se dérèglent en tentant de s'adapter

Votre cerveau produira des hormones de stress chaque fois qu'il rencontrera une menace. Le problème est que notre corps ne peut à long terme soutenir ces incessantes productions d'hormones de stress, sans à terme induire un dérèglement dans leur sécrétion. Nous appelons cela un dérèglement. Par contre, notre cerveau appelle cela une adaptation. C'est comme si notre cerveau se disait : *Ouf ! Il y a beaucoup de mammouths par chez vous ! OK... je vais m'adapter pour pouvoir t'aider à gérer ce troupeau de mammouths.*

Nous développons des désordres physiques et mentaux en étant exposés au stress chronique, car notre corps, tentant de s'adapter à la situation, génère un dérèglement des hormones de stress.

À ce jour, quatre types de dérèglements de l'hormone de stress cortisol ont été observés chez l'humain ressentant un stress chronique[6], mais deux d'entre eux sont particulièrement intéressants pour mieux comprendre les troubles physiques ou mentaux associés au stress chronique.

- Dans un premier scénario, le corps produit une <u>hyper</u>sécrétion de cortisol : il décide de répondre d'une manière prolongée aux menaces en produisant de manière constante de grandes concentrations de cortisol. Des concentrations anormalement élevées d'hormones de stress sont rapportées dans les cas d'hypercholestérolémie[15], de diabète de type 2[16] et de troubles cardiovasculaires[17,18].

- Dans l'autre cas, le corps tombe en <u>hypo</u>sécrétion de cortisol : il diminue de manière considérable la production de cette hormone de stress. Des concentrations anormalement faibles de cortisol sont observées chez des personnes souffrant de fibromyalgie[19,20], du syndrome de fatigue chronique[21], et de douleur pelvienne chronique[22].

Troubles physiques présentant une **hyper**production d'hormones de stress	Troubles physiques présentant une **hypo**production d'hormones de stress
– Hypercholestérolémie – Diabète de type 2 – Troubles cardiovasculaires	– Fibromyalgie – Syndrome de fatigue chronique – Douleur pelvienne chronique

Lorsque les premières études révélant la présence d'une hyposécrétion de cortisol dans divers troubles physiques apparurent, la plupart des scientifiques furent très sceptiques face à ces résultats. En effet, depuis les années 1930, on concevait que les hormones de stress ne pouvaient être néfastes que lorsqu'elles étaient produites en grande quantité[23]. Toutefois, les chercheurs suggèrent aujourd'hui que la baisse drastique de cette hormone de stress pourrait résulter d'une tentative du système de diminuer des concentrations préalablement trop élevées pour assurer la survie de l'individu[24].

Cette hypothèse a mené des chercheurs suisses à vérifier si l'administration de cortisol sous forme synthétique pourrait alléger les symptômes de fibromyalgie en ramenant les concentrations d'hormones de stress à la normale[25]. Bien que plusieurs sites web à but lucratif soutiennent que l'administration d'hormones de stress synthétiques peut aider à guérir la fibromyalgie, l'étude suisse n'a pas permis de déterminer d'effet positif du cortisol pour le traitement de la fibromyalgie et aucune autre étude n'a été entreprise dans ce domaine depuis 2005.

Il reste donc encore beaucoup de recherches à effectuer pour comprendre pourquoi le corps modifie sa production d'hormones de stress lorsqu'il fait face à des menaces répétées qui durent très longtemps.

17

Il est où le chocolat ?

Nous sommes donc à l'étape où l'hormone de stress cortisol commence à se dérégler à la hausse ou à la baisse.

Le corps humain produit une cinquantaine d'hormones, de lipides et de glucides qui sont tous liés les uns les autres par un système très complexe de boucles de rétroaction. Une hormone peut agir en augmentant la production d'une autre hormone ou en diminuant l'efficacité d'un autre. Voyez cela comme si toutes ces substances produites par le corps faisaient partie d'une famille tricotée très serrée. Ces substances sont comme des frères et sœurs qui sont très liés à leurs cousines et cousins, oncles et tantes. Puisque les membres de cette famille sont fortement liés entre eux, ils feront tout en leur pouvoir pour travailler de pair et s'adapter ensemble (travail d'équipe) devant un stress qui devient chronique.

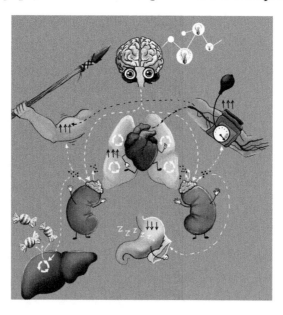

C'est un peu comme si le cerveau disait : *Pardi ! Il y a beaucoup de mammouths chez toi ! Il y en a tellement que les combattantes de front (les hormones de stress) ont commencé à se dérégler à force de tenter de s'adapter ! Bon. Pour aider, je vais commencer à faire travailler les autres hormones et substances du corps pour qu'elles s'adaptent à la situation.* Et en tentant de s'adapter à ce stress chronique, le corps va continuer à se dérégler.

C'est comme cela que notre stress chronique parvient, petit à petit, à dérégler nos autres mécanismes biologiques.

Miam miam

Pourquoi mangez-vous plus de chocolat et de croustilles quand vous êtes stressé ? Parce que lorsque vous avez une réponse de stress, les hormones produites accèdent au cerveau pour induire le sentiment de faim, question de renflouer les réserves d'énergie.

En effet, quand vous vous trouvez devant une menace, vous produisez des hormones de stress pour la combattre ou la fuir. Quand le cerveau active la production de ces hormones, il tient pour acquis que vous avez utilisé l'énergie fournie par ces dernières pour combattre ou fuir. Si vous avez effectivement combattu ou fui, vous avez perdu beaucoup d'énergie. Pour vous aider à survivre, les hormones de stress accéderont au cerveau pour lui dire : « Tu as faim. Tu dois chercher de la nourriture pour renflouer tes réserves d'énergie. » Et c'est par ce mécanisme que les hommes des cavernes retournaient tuer un autre mammouth, et ce, même s'ils auraient parfois préféré faire autre chose[13] !

C'est la même réponse qui survient aujourd'hui. Vous êtes pris dans le trafic du matin depuis 90 minutes. Vos mains sont crispées sur le volant, vous avez chaud et votre cœur bat la chamade. Votre cerveau vient de produire une forte concentration d'hormones de stress et tient pour acquis que vous avez utilisé l'énergie mobilisée[*] pour combattre ou fuir la menace. Or, vous n'en avez rien fait.

---

[*] L'énergie mobilisée ici se traduit par vos mains crispées sur le volant !

Vous chercherez donc à trouver de la nourriture pour renflouer les réserves d'énergie. C'est pourquoi une fois arrivé au bureau, vous vous dirigerez tout droit vers la machine distributrice pour y acheter des hydrates de carbone (bonbons, chips, etc.), car c'est exactement ce dont le corps a envie puisque les hydrates de carbone sont de l'énergie utilisable rapidement. Et puisque le cerveau tient pour acquis que vous avez perdu toute l'énergie que vous avez mobilisée en combattant la menace, il vous envoie le message que vous devez renflouer vos réserves d'énergie et vite ! Miam, miam le chocolat !

Dans le cas de l'homme préhistorique qui a perdu l'énergie mobilisée en tuant le mammouth ou en fuyant, il y a aura toujours un retour aux réserves initiales d'énergie puisque l'énergie mobilisée a été dépensée. Dans le cas de l'homme moderne qui n'a *pas* perdu l'énergie mobilisée en réponse de stress (on se rappellera… impossible de courir dans la voiture), il y a dépôt de gras… là où on n'en veut pas, c'est-à-dire au niveau de l'abdomen[26].

De pommes et de poires

Le premier des désordres reliés au stress chronique consiste en une augmentation de l'indice de la masse corporelle, qui va se traduire par une prise de poids dans la région de l'abdomen. Comme vous l'avez probablement déjà remarqué, il existe deux types d'obésité : une obésité totale, qui touche toutes les parties du corps, et une obésité partielle, qui ne touche que la partie centrale du corps, au niveau de l'abdomen. La recherche scientifique a montré qu'une prise de poids abdominale était bien souvent le symptôme de l'exposition de l'individu à un stress chronique[26,27].

Comment peut-on expliquer qu'un stress chronique soit à l'origine d'une obésité abdominale ? Encore une fois, la réponse se situe dans le fait que votre cerveau est vraiment votre meilleur allié et qu'il va tout faire pour vous aider à survivre. Votre cerveau ignore les canons de beauté diffusés par les magazines de mode qui exigent un ventre plat.

Pour avoir assez d'énergie pour combattre ou fuir la menace, le corps a besoin de lipides et de glucides. Ainsi, pour le cerveau qui reçoit, jour après jour, le même signal des hormones de stress qui réclament un apport important d'énergie, il devient difficile de trouver les lipides et les glucides nécessaires à cette surdose exigée d'énergie dans tous les endroits de votre corps.

Or, très rapidement, le cerveau comprend que s'il emmagasine au niveau de votre abdomen les lipides et les glucides dont vous avez besoin pour avoir l'énergie nécessaire pour combattre la menace, vous pouvez utiliser ces lipides et glucides plus rapidement ! Et puisque vous êtes un surutilisateur d'énergie parce que vous êtes en situation de stress chronique, votre cerveau vient de régler le problème. Il vient de trouver LA solution pour vous aider à survivre. En effet, en emmagasinant les lipides et les glucides au niveau de votre abdomen, le cerveau s'assure de pouvoir générer de l'énergie très rapidement lorsque la demande apparaît. Et puisque vous êtes en état de stress chronique et que vous exigez souvent de lui d'avoir de l'énergie pour combattre la menace, le cerveau s'assure de protéger votre survie en vous fournissant rapido presto ce dont vous avez besoin.

Mais attention, ce n'est pas parce que vous n'avez pas de surplus de poids que vous êtes exempté de ce phénomène. Votre poids peut être relativement normal, mais il est tout à fait possible que le seul endroit où votre gras se distribue, c'est au niveau de l'abdomen, créant un rapport taille-hanches (*waist-hip ratio*) élevé. Ainsi, il m'est déjà arrivé de voir une jeune femme de 50 kg, donc très mince, qui concentrait le peu de gras qu'elle avait sur le corps au niveau de son ventre. Le rapport taille-hanches est le rapport entre la circonférence de la taille et celle des hanches, et ce, sans prendre en compte le poids de la personne. Plus le ratio est élevé, plus l'obésité abdominale est importante.

Cet intrigant mécanisme mis en place par le cerveau pour négocier un stress chronique mène à une prédiction intéressante qui a été testée par ma collègue Elissa Epel auprès de femmes[28]. Elissa a suggéré que s'il est vrai que le cerveau distribue le gras autour de l'abdomen pour répondre au stress chronique, alors on devrait prédire que les personnes démontrant une obésité abdominale sont plus réactives au stress que celles ne démontrant pas cette forme d'obésité. Elle a donc exposé deux types de femmes à sept jours de stress consécutifs. Ces femmes avaient été groupées selon leur distribution de gras : d'un côté les femmes à la silhouette «pomme» (rapport taille-hanches élevé ; le gras se distribue majoritairement au niveau de l'abdomen), et de l'autre, les femmes à la silhouette «poire» (rapport taille-hanches faible ; le gras se distribue majoritairement au niveau des hanches).

En analysant leur taux d'hormone de stress au cours des sept jours où elle les a exposées à un stress psychologique, elle a constaté qu'en tout temps de l'étude, les femmes à morphologie «pomme» produisaient beaucoup plus d'hormone de stress que leurs homologues «poires». Elles étaient donc effectivement plus réactives au stress, comme l'avait prédit la chercheure. Quand même, quel résultat !

Messieurs, vous n'êtes pas immunisés contre cet effet. En effet, un collègue de Göteberg, en Europe, Dr Björntorp, a démontré à maintes reprises que l'obésité abdominale chez l'homme était aussi associée à des niveaux élevés d'hormones de stress[29].

Mais, messieurs, dames, ne paniquons pas. Il existe aussi d'autres causes à l'obésité abdominale qu'on doit prendre en compte dans cette équation. En effet, chez l'homme, l'une des causes fréquentes d'obésité abdominale est... la bière[*] ! Chez la femme, l'arrivée de la ménopause est très souvent associée à l'apparition d'un petit ventre, apparition qui est due à la diminution drastique des hormones estrogènes lors de la ménopause et non au stress chronique !

---

[*] Et chaque fois que je dis cela dans une conférence, les hommes s'exclament : «Ah voilà ! C'est ça la cause de mon bedon !»

18

De cœur, de gras et de sucre

De cœur

Comme vous le savez maintenant, lorsque le corps est en situation de stress, il produit de l'adrénaline. Or, l'adrénaline a un rôle essentiel à jouer pour le système cardiovasculaire. Cette hormone, sécrétée en réponse à une menace, entraîne une accélération du rythme cardiaque, une augmentation de la vitesse des contractions du cœur et une hausse de la pression artérielle. Ces réponses sont bien sûr salutaires en situation de stress aigu. Toutefois, lorsqu'on exige de notre corps qu'il active ces mécanismes de manière prolongée, les choses peuvent encore une fois se dérégler.

Beaucoup d'études ont montré le lien entre le stress chronique et la survenue de l'hypertension et les troubles cardiovasculaires[30]. Beaucoup de personnes lisant ce livre ont reçu de la part de leur médecin le conseil de travailler à diminuer leur stress dans le but de prévenir, ralentir ou traiter une pression artérielle trop élevée ou l'émergence d'un trouble cardiovasculaire. Il est en effet très important de diminuer le stress chronique lorsqu'on est sujet à des troubles cardiovasculaires.

Toutefois, d'autres facteurs peuvent expliquer une certaine part de la vulnérabilité à l'hypertension et aux troubles cardiovasculaires associés. Des études ont en effet montré que la propension à présenter une tension artérielle élevée apparaît parfois à un tout jeune âge[31]. En 2009, une équipe de chercheurs s'est demandé si la présence d'une pression artérielle élevée à un jeune âge pouvait être liée au fait d'avoir grandi dans une famille à haut niveau de stress. Ma collègue Teresa Seeman et ses collègues ont suivi 5000 jeunes adultes pendant plus de 15 ans. Chez tous les participants, ils ont mesuré le stress familial vécu dans l'enfance au moyen de divers facteurs que l'on sait être liés au stress[*]. Ils ont montré que ce sont les jeunes adultes ayant grandi dans des familles à haut niveau de stress qui présentent en général une pression artérielle élevée à un jeune âge. Grandir dans une famille à haut niveau de stress peut générer un stress chronique, et les chercheurs suggèrent que c'est ce stress vécu dans l'enfance qui peut déterminer en partie la plus grande vulnérabilité des individus aux maladies cardiovasculaires à l'âge adulte[32].

Des résultats allant dans ce sens ont récemment été fournis par une étude montrant que des expériences très stressantes durant l'enfance (comme la violence corporelle, l'abus de substances chez les parents, etc.) augmentent de manière plus importante le risque de troubles cardiovasculaires à l'âge adulte que les facteurs de risque classiques présents à l'âge adulte (comme le tabac, le manque d'exercice et le cholestérol élevé)[33].

De gras

Lors d'états de stress chronique, on peut observer une augmentation importante des taux de cholestérol chez l'humain. Comme nous le savons, le cortisol est l'une des premières hormones de stress à combattre au front pour nous aider à produire l'énergie nécessaire pour combattre ou fuir la menace. Or, pour produire du cortisol, on a besoin de cholestérol.

Par une série complexe d'étapes biochimiques, le cholestérol se modifie pour produire du cortisol. Ainsi, si vous demandez constamment à votre corps de produire du cortisol pour pouvoir combattre les menaces, il est tout à fait normal que votre taux de cholestérol augmente pour permettre la production accrue de cortisol nécessaire pour combattre la menace qui se présente à vous de manière chronique[15].

---

[*] Pour plus d'informations sur ces facteurs, je vous renvoie à mon second livre, *À chacun son stress*.

Une augmentation anormale des taux de cholestérol a été associée à l'apparition du syndrome métabolique qui se définit par le regroupement de dérèglements métaboliques du corps que je présente dans le tableau ci-dessous :

Syndrome métabolique
– Hyperglycémie[*]
– Augmentation des taux de cholestérol
– Diminution des taux du «bon» cholestérol[†]
– Augmentation de la pression sanguine

Le syndrome métabolique est généralement diagnostiqué lorsqu'on note trois dérèglements ou plus chez une même personne. De récents résultats d'études scientifiques montrent que les personnes présentant un syndrome métabolique ont aussi des taux anormalement élevés de cortisol[15].

De sucre

Comme je l'ai précisé dans la section précédente, lorsque nous sommes en stress aigu, le glucose emmagasiné dans notre corps se modifie pour créer une autre substance qui permet de fournir une source d'énergie instantanée. Ceci a pour effet d'augmenter le taux de glucose dans le sang.

Devant cette augmentation de glucose, l'insuline travaillera plus fort pour récupérer le glucose en excès et l'emmagasiner sous forme de glycogène (forme inactive de glucose à être gardée en réserve) dans le foie et les muscles. À long terme, ceci mènera à de la résistance à l'insuline. La résistance à l'insuline survient lorsque l'insuline devient moins efficace pour diminuer les taux de glucose dans le sang. Lorsque l'insuline perd de son efficacité, les taux de glucose augmentent encore et cela mène au développement d'un diabète de

---

[*] Taux anormalement élevés de glucose dans le sang.
[†] Le cholestérol lipoprotéinique de haute densité, ou HDL (*High Density Lipoprotein*).

type 2 (résistant à l'insuline). Des résultats récents montrent que le stress chronique est associé à un risque accru de développer un diabète de type 2[16].

Bien sûr, vous ne présenterez pas tous ces dérèglements en même temps si vous êtes en stress chronique. Toutefois, selon votre code génétique ou votre style de vie, vous pourrez en développer un ou plusieurs au cours de votre vie.

19

Encore un rhume

N'avez-vous jamais remarqué une chose étrange, mais qui ne manque jamais de se produire : lorsqu'arrive le week-end, le départ pour des vacances, le début d'un long congé, eh bien, c'est à ce moment qu'on tombe malade !

Je vous rassure, vous n'êtes pas affligé d'un mauvais sort ; il y a une explication tout à fait scientifique à cela, et elle se trouve dans les effets du stress chronique sur le système immunitaire. Lorsqu'un individu vit un stress chronique, il y a production accrue de cortisol. Lorsque le cortisol est produit pour de longues périodes de temps, il a pour effet d'amoindrir la capacité de notre système immunitaire de se défendre contre les attaques extérieures.

L'une des études les plus intrigantes sur le sujet a été produite par mon collègue Sheldon Cohen[34]. Sheldon a demandé à 276 adultes de remplir des questionnaires sur les événements stressants de leur vie. Par la suite, tous les participants ont été inoculés avec le virus du rhume. Les résultats de l'étude ont démontré que la présence de stresseurs aigus (étant apparus dans le dernier mois) n'était pas associée avec le fait d'attraper un rhume après l'inoculation. Toutefois, la présence de stresseurs chroniques (présents depuis un mois ou plus) était associée à une grande augmentation du risque de développer le rhume après l'inoculation. Les stresseurs chroniques vécus par les participants qui étaient les plus susceptibles d'augmenter le risque de développer le rhume étaient l'absence de travail (chômage) et la présence de difficultés interpersonnelles avec la famille et les amis.

Je ne sais pas si vous avez remarqué, mais il y a des hivers où on n'attrape aucun rhume, et d'autres hivers où on en attrape deux, trois et plus. Si vous amorcez la saison hivernale après avoir vécu un automne rempli de stresseurs, il est très probable que les effets de l'activation constante de votre réponse de stress sur votre système immunitaire vous mènent à être plus susceptible d'attraper un rhume à la première exposition au virus. Si, au contraire, vous sortez d'une période très calme et peu stressante à l'arrivée de l'hiver, il est très probable que votre immunité face aux virus présents à la saison hivernale soit forte et que vous n'attrapiez pas de rhume cet hiver-là. Comme je m'amuse souvent à le dire : *un automne plein de mammouths, c'est souvent un hiver plein de rhumes !*

Et les week-ends, et les vacances, alors ?

Belle explication, me direz-vous. Mais ceci n'explique en rien pourquoi nous avons tendance à tomber malades durant les week-ends ou au moment du départ vers nos vacances de rêve sur une plage ensoleillée de Cuba. Encore ici, nous tombons souvent malades les week-ends ou durant les vacances, car notre cerveau est notre meilleur allié et il fera tout en son pouvoir pour nous garder debout en période de stress chronique. La recherche scientifique portant sur les effets des hormones de stress sur le système immunitaire est l'un des domaines les plus compliqués à décrire, car des dizaines d'hormones sont impliquées dans la chaîne d'événements survenant lors d'un stress chronique. Toutefois, mon mentor et ami Bruce McEwen m'a un jour donné la meilleure image pour expliquer en termes simples les effets du stress chronique sur le système immunitaire. Je vous partage son explication.

Voyez le stress comme étant un haltère de 5 kg que vous portez sur vos épaules. On dit souvent du stress qu'il résulte d'un débalancement. Ce n'est pas le cas. En fait, le stress résulte d'un système qui est trop bien balancé et qui fait tout pour garder son équilibre pour assurer votre survie. Ainsi, si je place l'haltère de 5 kg sur vos épaules, que croyez-vous qu'il arrivera ? Croyez-vous que vous pencherez soudainement vers la gauche ou vers la droite ? Non. Vous allez rester bien droit, avec l'haltère placé correctement au centre de votre dos pour faire en sorte que le poids de celui-ci soit distribué de manière équivalente sur vos deux épaules. Vous négociez votre stress aigu.

Puis, la semaine suivante, je rajoute 5 kg à l'haltère précédent, votre stress commence à devenir chronique. Maintenant, vous avez

10 kg distribués sur vos deux épaules. Devant ce poids additionnel, que croyez-vous que vous ferez? Croyez-vous que vous pencherez soudainement vers la gauche ou la droite? Non. Vous allez encore rester bien droit, mais vos genoux vont commencer à plier sous ce poids additionnel. Puis, la semaine suivante, j'ajoute de nouveau 5 kg. Encore une fois, vous demeurez bien droit mais vos genoux plient un peu plus.

Ceci représente l'effort mis en place par votre système immunitaire pour répondre au stress qui devient chronique. Le système fait en sorte que vous êtes encore debout, bien équilibré, mais le prix à payer est un léger fléchissement des genoux. Reportons-nous maintenant à la 51e semaine de l'année, quelques jours avant LA semaine de vacances que vous vous êtes payé dans une villa cinq étoiles de Cuba. Le poids qui est maintenant sur vos épaules est faramineux (255 kg). Mais vous êtes encore debout, quoique très accroupi près du sol. Votre système immunitaire tient encore le coup, vous n'êtes pas encore tombé malade dû au stress chronique.

Alors vient le premier jour de vos vacances. J'arrive derrière vous (qui êtes encore accroupi tout près du sol avec vos 255 kg de stress sur les épaules) et tout d'un coup, je retire ce large poids de vos épaules (les vacances commencent). Que croyez-vous qu'il arrivera? Eh oui! Vous allez perdre l'équilibre et tomber à la renverse, car vous étiez tellement accroupi près du sol que le dégagement du poids vous a fait perdre l'équilibre.

C'est exactement ce qui se passe avec le système immunitaire. Durant la majeure partie de la période de stress chronique, le système immunitaire fera tout en son pouvoir pour vous permettre de fonctionner avec le poids du stress sur les épaules. Toutefois, lorsque vous ferez cesser ce stress et enlèverez ce poids de vos épaules, vous serez rendu trop loin pour prévenir la perte d'équilibre et le début de la maladie.

J'ai déjà entendu une jeune fille dans un ascenseur dire à sa copine: «Ah! Je suis tellement en santé que même en étant stressée, je ne tombe pas malade!» Si la politesse que mon père m'a appris à utiliser devant les étrangers ne m'avait pas arrêtée, je lui aurais répondu du tac au tac : «Attends ! Ça s'en vient ! N'arrête surtout pas de travailler et tu seras OK. Mais prends des vacances et on verra bien !»

Petits trucs

Il y a peu de choses que nous pouvons faire devant cet état de choses, sauf apprendre à éviter l'apparition du stress chronique, comme nous le verrons dans les dernières sections de ce livre.

Toutefois, il existe de petits trucs. En voici trois :

- Ne prenez plus jamais de vacances, et comme cela, vous ne tomberez plus jamais malade ! Je sais, je sais. Ce n'est pas un truc valide à long terme[*] ;

- À votre prochain congé, prenez deux semaines de vacances successives. La première, vous l'utiliserez pour tomber malade, et la seconde, vous l'utiliserez pour aller à Cuba ! Avouez que c'est mieux comme solution :)

- Cessez de prendre vos vacances après une période de stress intense ! En effet, nous avons souvent tendance à prendre nos vacances annuelles après une période de travail très intense. On se dit alors que c'est à ce moment-là que nous pourrons le mieux profiter du repos puisque nous sortirons d'une période difficile. Or, vous aurez compris que si vous persistez à prendre vos vacances après une période de grand stress, vous risquez de tomber malade pendant vos vacances, car votre système immunitaire aura tenté pendant des semaines ou des mois de résister au stress chronique, et lors de votre première journée de congé, vous serez encore une fois très près du sol avec des kilogrammes de poids sur les épaules. Le risque de tomber malade sera donc très élevé. Pour les années futures, essayez de prendre vos vacances durant une période de faible stress au travail. Vous verrez. La probabilité que vous tombiez malade les premiers jours de vos vacances sera grandement réduite !

---

[*] Mais avouez quand même que la logique scientifique de cette affirmation est implacable !

PARTIE 6

Quand le stress nous joue dans la tête

Depuis que vous avez commencé la lecture de ce livre, combien de fois votre esprit s'est-il égaré pour penser à des choses qui vous stressent?

20

Est-ce pertinent ?

Dans les chapitres précédents, nous avons vu à quel point un stress aigu peut nous aider à survivre en mobilisant l'énergie nécessaire pour combattre ou fuir, et comment un stress chronique peut gruger peu à peu notre santé et nous faire développer une variété de maladies physiques.

Toutefois, quiconque s'est un jour retrouvé devant une situation très stressante pour une courte ou une longue période de temps sait aussi que le stress peut grandement affecter la mémoire et les émotions. Voici quelques exemples dans lesquels vous pourrez peut-être vous reconnaître :

- C'est une grande période de stress pour vous, et vous avez oublié l'anniversaire de votre copine ;

- Vous commencez à lire un chapitre de ce livre et rendu au deuxième paragraphe, vous devez relire le premier, car vous ne vous souvenez plus de ce que vous avez lu ;

- Vous venez de péter les plombs avec votre petit dernier qui a échappé son verre de lait sur la table du salon ;

- Vous êtes en arrêt de travail pour cause de dépression ou d'épuisement professionnel ;

- Votre adolescente présente une grande anxiété de performance qui l'empêche de profiter au maximum de son année scolaire.

Comment expliquer que le stress aigu ou chronique puisse affecter de manière si importante notre mémoire et nos émotions ?

Rappelez-vous que les hormones de stress qui sont produites lorsque le cerveau détecte une menace ont la capacité d'accéder au cerveau. Or, ces hormones agissent sur des régions du cerveau qui sont impliquées dans l'attention, la mémoire et la régulation des émotions.

Tout comme le corps tente d'abord de s'adapter aux concentrations élevées d'hormones de stress qui sont produites lorsque l'on fait face à une menace qui devient chronique, le cerveau va tenter de répondre à la menace environnante en modifiant sa manière de traiter l'information. Tranquillement mais sûrement, notre manière de penser va changer et les choses qui n'étaient pas importantes aupa-ravant vont le devenir. À l'inverse, les choses qui auparavant étaient importantes pour nous le seront moins.

Voyons d'abord comment nous faisons, chaque jour, pour prêter attention aux choses qui sont importantes pour nous, dans le but de les mémoriser.

Êtes-vous réveillé ?

La première étape pour mettre une information en mémoire est d'être vigilant. Bref, vous devez être réveillé. Sans cette toute première étape, le processus de mémorisation ne peut s'effectuer.

Vous est-il déjà arrivé de vous réveiller après une soirée bien arrosée sans être capable de vous rappeler d'une bonne partie de la fête de la veille ? La raison en est simple : l'alcool diminue la vigilance, et sans cette vigilance, vous n'êtes tout simplement pas capable d'encoder quoi que ce soit. Le lendemain de la fête, n'essayez pas de vous rappeler ce qui s'est passé, ce sera impossible. Ceci survient, car l'information n'a tout simplement pas été emmagasinée dans votre mémoire à long terme. En effet, en diminuant votre vigilance, l'alcool a diminué votre capacité de prendre les informations dans l'environnement pour les encoder en mémoire. Vous n'avez donc pas oublié la fête de la veille. Elle ne s'est tout simplement pas gravée dans votre mémoire !

Le stress, ça réveille

Lorsque votre cerveau détecte une menace, les hormones de stress produites accèdent au cerveau pour augmenter votre vigilance.

À ce moment, votre cerveau est à son maximum de concentration et votre niveau de vigilance est au plus haut. Vous voyez nettement la menace devant vous et le temps semble ralentir, comme pour vous permettre de mieux analyser la situation. C'est parce que votre niveau de vigilance est au maximum face à la menace que vous pouvez si bien vous rappeler les événements de votre vie qui ont été très stressants, tels le 11 septembre 2001 ou l'accident de voiture que vous avez eu en février dernier.

Ainsi, en augmentant votre vigilance devant une menace, vos hormones de stress augmentent votre capacité de bien analyser la menace qui est devant vous pour y répondre de manière adéquate.

Êtes-vous attentif?

Lorsque vous êtes assez vigilant pour encoder une information, ce n'est que la première étape franchie avec succès. En effet, pour continuer de mémoriser l'information, vous devez maintenant être attentif, ce qui est différent d'être vigilant.

Pour vous en convaincre, imaginez-vous que vous êtes à la maison, il est tard, et une panne de courant survient. Vous attrapez votre lampe de poche, à la recherche de chandelles que vous savez être dans l'armoire de la salle de bain. En balayant les différents murs de la salle de bain au moyen de votre faisceau lumineux, vous êtes *vigilant*. Lorsque vous apercevez la porte de l'armoire où devraient se trouver les chandelles, toute votre attention se focalise sur cette partie de la salle de bain, vous cessez de balayer le faisceau lumineux pour le concentrer sur la porte de l'armoire. Vous devenez *attentif*.

L'attention dont vous avez besoin pour bien mémoriser une information s'appelle l'attention sélective. L'attention sélective se définit comme étant notre capacité à discriminer dans notre environnement les informations qui sont pertinentes des informations qui sont non pertinentes. Seules les informations qui sont pertinentes seront encodées et transférées en mémoire.

Sélectionner ce qui est pertinent

Cette capacité de discriminer les informations pertinentes des informations non pertinentes est indispensable, car si vous encodiez en mémoire toutes les informations qui se trouvent dans votre environnement, votre cerveau enregistrerait un trop-plein d'informations qui pourrait vous rendre semblable à Dustin Hoffman dans le film *Rain Man*. Pour les jeunes qui lisent ce bouquin et qui n'ont pas écouté ce classique du cinéma, Rain Man était un homme autiste de haut niveau qui mémorisait tout l'annuaire téléphonique, car il était incapable de discriminer ce qui était pertinent de ce qui ne l'était pas dans ce gros catalogue[*] !

Ainsi, à chaque jour de votre vie, vous détectez dans votre environnement (la majorité du temps sans vous en rendre compte) les informations qui sont pertinentes pour vous, et ce sont ces informations qui sont analysées par votre cerveau et envoyées en mémoire. Toutes les autres informations (non pertinentes) ne seront pas traitées par votre cerveau et donc, non transférées en mémoire.

C'est le phénomène d'attention sélective qui explique que deux personnes vivant la même expérience peuvent rapporter des informations complètement différentes sur ce qui s'est passé. Par exemple,

---

[*] Message à mes jeunes lecteurs : Un annuaire téléphonique était un énorme bouquin qui contenait le numéro de téléphone de tous les habitants d'une ville. Chaque année après la période de déménagement, on recevait notre nouveau bottin téléphonique et on jetait l'ancien. Les hommes forts gardaient toutefois le vieux bottin. Leur but était de pouvoir le déchirer en deux avec la seule force de leurs mains. Bien peu y sont parvenus :) Parce que je sais que vous aimez bien YouTube, je vous propose de visionner un petit film pour voir ces messieurs à l'œuvre. On visite https://editionsvasavoir.com/liens/ et on clique sur *Par amour du stress* puis sur **Hommes forts** dans la section à droite de la page.

deux personnes assistent au même spectacle de danse. Pour la première personne, l'information pertinente peut être liée au décor et à son aspect majestueux, tandis que pour la seconde personne, elle peut être liée aux danseurs et à leur grâce. Lorsque ces deux personnes raconteront ce dont elles se souviennent du spectacle, la première parlera majoritairement du décor, tandis que la seconde discutera des danseurs.

Cet exemple démontre que lorsque le cerveau porte majoritairement son attention sur ce qui est pertinent pour lui, il a aussi tendance à accorder moins d'attention à ce qui est non pertinent. La conséquence de cela est que l'information non pertinente ne sera pas détectée et donc non intégrée en mémoire.

Dans le but de vous démontrer cela, je vous invite à faire le petit test intitulé ***Test d'attention sélective*** à l'adresse suivante : https://editionsvasavoir.com/liens/. Vous cliquez ensuite sur *Par amour du stress* puis sur ***test d'attention sélective*** dans la section à droite de la page[*].

Je vous suggère fortement de prendre le temps de cliquer sur le lien ci-dessus pour faire le test ou d'aller chercher votre tablette ou votre cellulaire pour effectuer le test en ligne. Cela vaut la peine de prendre le temps et, de plus, j'ai deux autres tests à vous proposer dans les prochains chapitres. Alors, prenez le temps d'aller chercher vos appareils électroniques :)

Puisque la vidéo est en anglais, je vous explique ce que vous devez faire. Vous verrez à l'écran une jeune fille qui tient un jeu de cartes dans ses mains. Elle vous montrera une carte à la fois et vous devez compter et dire combien de cartes rouges (carreau ou cœur) vous ont été présentées à la fin du test. L'explication de ce test se trouve à la fin de ce chapitre[†].

---

[*] Vous pouvez aussi y accéder en visitant le www.editionsvasavoir.com et en cliquant sur la section en haut de page intitulée *Annexes et liens web référencés dans nos publications*. Vous sélectionnez *Par amour du stress* et vous y trouverez tous les tests et questionnaires à effectuer dans la section de droite.

[†] Non, non ! N'allez pas voir tout de suite. Allez ! Amusez-vous à jouer :)

Comment savoir ce qui est pertinent ?

Dans le test que vous venez d'effectuer, c'est la jeune fille à l'écran qui vous a dit ce qui est pertinent (les cartes à jouer). Toutefois, on ne vous dit pas toujours ce qui est pertinent et ce qui est non pertinent, et donc très souvent, votre cerveau doit prendre la décision par lui-même. Si la décision n'est pas la bonne, cela peut créer des problèmes !

Chaque année où je donne un cours universitaire, il y a invariablement un ou deux étudiants qui viennent me voir après l'examen pour me dire qu'ils ne comprennent absolument pas la mauvaise note qu'ils ont reçue. Ils me disent qu'ils ont pourtant énormément travaillé et qu'ils ne méritent pas un si mauvais résultat. Je les crois à tous les coups. Je suis certaine que ces étudiants ont étudié sans relâche toute la semaine. Toutefois, je leur dis alors qu'ils ont passé la semaine à étudier… l'information non pertinente ! Je leur explique qu'au moment de prendre les notes de cours, ils n'ont pas su faire la distinction entre ce qui était pertinent dans ce que je disais et ce qui ne l'était pas[*], et ils ont donc passé la semaine à étudier l'information non pertinente. Arrivés à l'examen où ils ont été testés sur l'information que *je* jugeais pertinente, ils ont échoué. C'est en fait pour cela que les étudiants adorent lorsqu'on leur dit de souligner trois fois telle ou telle information, car à ce moment, on leur dit ce qui est pertinent, et ceci leur facilite grandement la tâche.

De la même façon, on a souvent tendance à conclure que les enfants qui ont un trouble de l'attention ont aussi des problèmes de mémoire, puisque leurs notes en classe ne sont pas très élevées. Toutefois, ces enfants ont un trouble de l'attention, et non de mémoire. La faible performance que l'on voit chez certains de ces enfants dans des tests de mémoire n'est qu'une simple question de point de vue sur ce qui est, ou pas, pertinent. Pour la professeure, ce qui est pertinent sera ce qu'elle écrit au tableau. Pour l'enfant avec un déficit de l'attention, ce qui est pertinent peut être le cheveu qui se trouve par terre. Malheureusement pour l'enfant, la probabilité qu'il soit interrogé en examen sur ce cheveu est nulle. Alors,

---

[*] Et je vous dirai bientôt pourquoi ils n'ont pas été capables de faire cette distinction.

ses mauvaises notes ne sont souvent pas la conséquence de quelque problème de mémoire ; elles sont la conséquence d'une difficulté pour cet enfant de discriminer ce qui est pertinent (l'information que la professeure écrit au tableau) et ce qui est non pertinent (le cheveu par terre) dans son environnement, en raison de son déficit d'attention.

Explication du test d'attention sélective

La jeune fille à l'écran qui vous montre les cartes à jouer est l'information pertinente. Derrière la jeune fille qui montre les cartes à jouer, il y a quatre personnes assises à une table, et l'environnement d'arrière-plan comprend des cadres aux murs et des plantes.

Pour bien performer à la tâche, vous devez porter votre attention sur cette jeune fille (information pertinente) et tout le reste de l'information en arrière-plan devient moins pertinent.

Pendant que la jeune fille montre les cartes à jouer, il y a sept modifications de l'arrière-plan qui sont comme suit :

1. Une plante verte apparaît à la droite dans l'arrière-plan ;
2. Un luminaire à gauche à l'arrière-plan disparaît ;
3. La couleur du chandail de l'homme à gauche dans l'arrière-plan change de teinte ;
4. Une plante verte à gauche à l'arrière-plan disparaît ;
5. L'image dans le cadre au mur à droite en arrière-plan change ;
6. L'une des deux jeunes filles à droite en arrière-plan disparaît ;
7. Un nez de clown apparaît sur le visage des trois personnes restantes en arrière-plan.

Les avez-vous toutes détectées ? Si non, n'ayez crainte, vous n'êtes pas en train de devenir aveugle ou pathologiquement inattentif ! C'est votre cerveau qui fait son travail d'attention sélective :)

21

Ce qui est pertinent
est ce qui est menaçant

Pour assurer la survie de l'espèce, la première fonction du cerveau ne sera pas de mémoriser des notes de cours ou de discriminer ce qui est le plus pertinent entre un exposé de mathématiques et un cheveu par terre. La première fonction du cerveau sera de détecter les informations menaçantes dans l'environnement dans le but de nous aider à survivre.

> Pour un cerveau humain, ce qui est le plus pertinent
> est *toujours* ce qui est menaçant.

Si vous êtes actuellement dans un environnement sans menace, votre cerveau est calme et peut donc vous permettre de décider de prêter attention à ce que vous jugez pertinent, tel le prochain rendez-vous de votre petit dernier chez le dentiste. Toutefois, si une menace survient dans votre environnement, cette menace deviendra l'information la plus pertinente pour votre cerveau et c'est lui qui prendra le contrôle de la situation en activant la réponse de stress. Devant cette menace, vous n'accordez plus aucune attention au rendez-vous de fiston chez le dentiste.

Vous comprendrez donc ici que, pour le cerveau qui nous aide à survivre depuis l'ère des mammouths, l'information pertinente est toujours l'information menaçante. À l'inverse, l'information non pertinente est toujours l'information non menaçante. Votre cerveau ne vous laissera jamais modifier cette sélection de la menace, car s'il le faisait, vous ne pourriez survivre à long terme.

C'est ce qui explique que nous puissions nous souvenir en moult détails de notre localisation, des gens qui nous accompagnaient et même des vêtements que nous portions lorsque nous avons appris les événements du 11 septembre 2001. Le cerveau venait de détecter une menace et les hormones de stress produites, en remontant au cerveau, lui ont sommé de porter toute son attention sur cette information. Toutefois, vous aurez peut-être oublié ce jour-là que vous deviez remettre le dossier de restructuration de la compagnie à Sophie au bureau et la raison en est simple. À ce moment précis, cette information était devenue totalement non pertinente pour le cerveau puisqu'il tournait toute votre attention sur la menace des tours du World Trade Center qui s'écroulaient. Puisque l'information relative au dossier de restructuration de la compagnie n'était plus pertinente pour votre cerveau, il ne l'a tout simplement pas traitée.

Un autre exemple est ce que les chercheurs appellent le «phénomène de focus sur l'arme». Des policiers tentaient depuis longtemps de comprendre pourquoi, lorsqu'une personne est attaquée par un malfaiteur qui pointe une arme vers elle, cette dernière est presque capable de donner le numéro de série de l'arme, mais elle semble incapable de se souvenir de ce qu'avait l'air le malfaiteur l'ayant attaquée.

Le phénomène de focus sur l'arme s'explique par le fait que ce qui est le plus pertinent pour le cerveau est toujours ce qui est menaçant. Dans l'attaque du malfaiteur, c'est l'arme qui constitue la plus grande menace et c'est donc sur celle-ci que se portera toute l'attention de la personne. Et très souvent, rien autour de la menace ne sera encodé en mémoire, et ceci peut expliquer les problèmes de mémoire de beaucoup de victimes de traumatismes[*].

Les effets du stress sur l'attention sélective et la grande pertinence de la menace pour le cerveau en temps de stress aigu ont des implications majeures dans le monde du travail, dans le monde de l'éducation, et même pour l'économie d'un pays !

L'attention sélective au travail

Vous avez un employé qui s'est levé ce matin pour se rendre compte que son jeune enfant fait une fièvre aiguë. Cela stresse grandement le papa, car le petit a tendance à faire des crises d'épilepsie quand sa fièvre n'est pas contrôlée. Toutefois, il ne peut absolument pas rester à la maison avec son enfant, car il a une importante réunion de gestion avec vous et sa position précaire au sein de la compagnie exige qu'il soit présent à cette rencontre. Sa femme est en voyage d'affaires et la seule personne qui peut garder l'enfant est la voisine d'à côté que le père connaît peu. Bien sûr, devant la nécessité de garder son travail, le père confiera l'enfant à la voisine et se présentera au bureau pour la rencontre du comité de gestion.

Toutefois, je peux vous assurer que lors de la rencontre en question, ce père n'encodera qu'une infime partie des informations que vous lui fournirez. Pourquoi ? Parce que dès le matin, son cerveau a détecté une menace importante (la fièvre élevée du petit et le risque de crise d'épilepsie) et c'est *cette* information qui sera la plus pertinente pour le père, et ce, pour le reste de la journée. Tout le reste deviendra non pertinent. Le père ne fait pas cette discrimination entre l'information pertinente (la fièvre du petit) et l'information non pertinente (le comité de gestion) de manière consciente. C'est son cerveau qui, pour assurer sa survie et celle de sa progéniture, l'amènera à ne traiter que cette information. Le père se sera présenté à votre

---

[*] Le sujet des mémoires traumatiques, sujet de recherche fascinant, fera l'objet d'un nouveau livre aux Éditions Va Savoir.

rencontre, mais il n'y sera présent que de corps puisque son esprit sera à la maison aux côtés de son jeune enfant fiévreux.

Un jour que je donnais une conférence à un groupe de grands patrons de compagnies, l'un d'entre eux me demanda la meilleure manière d'augmenter la performance de ses employés en période de stress. Je lui répondis ce que vingt ans de recherche sur les effets du stress sur la mémoire humaine m'ont appris. Il n'y a aucune façon d'augmenter la performance des employés en période de stress en jouant sur la performance. Vous pouvez bien leur offrir tous les cours de gestion de temps, de gestion de la performance, de gestion de tout ce que vous voudrez, cela ne fonctionnera pas. Pourquoi ? Parce que le cerveau des employés ne vous le permettra pas. Vous créez un environnement de travail stressant ? Alors, le prix à payer est que les employés détecteront des menaces sur une base régulière et c'est cette information qui deviendra la plus pertinente pour leur cerveau et donc la seule qu'ils traiteront. Tout le reste deviendra non pertinent, y compris tout le travail que vous voulez qu'ils abattent. La seule façon d'augmenter la performance des employés en période de stress est de diminuer le stress. En diminuant le nombre de stresseurs au sein de la compagnie, on s'assure que le cerveau des employés ne passera pas la majeure partie du temps à détecter des menaces et à ne traiter que ces dernières. Puisqu'il n'y aura plus de menaces dans l'environnement, leur cerveau sera alors apte à traiter d'autres informations et à leur allouer la pertinence que vous désirez. Ce faisant, la performance des employés augmentera grandement... et vos profits aussi !

L'attention sélective à l'école

Vous êtes professeur à l'école du quartier et vous avez dans votre classe une jeune fille qui vit dans une famille dont les parents sont en instance de divorce et en conflits constants pour la séparation des biens et la garde des enfants. La petite ne sait pas ce qui va arriver d'elle et de ses frères et sœurs, et elle ne sait pas comment tout cela va finir. Elle fait face aux quatre caractéristiques du CINÉ. Pour son cerveau, c'est cette information et elle seule qui est la plus pertinente, car il y a une menace qui a été détectée (menace à son bien-être). Ne vous étonnez donc pas si, durant les heures de classe, la petite semble inattentive. Elle l'est sûrement. Pour son cerveau, l'information pertinente est celle liée au conflit entre ses parents et à son avenir incertain. Tout le reste, y compris l'information que vous tentez de lui faire mémoriser, devient non pertinent. Elle ne pourra pas la traiter de façon optimale comme elle l'aurait fait si ses parents filaient le parfait amour. Il faut donner la chance à cette enfant de trouver la source de son stress pour lui permettre d'augmenter son impression de contrôler certains aspects de cette situation. Je reparlerai des meilleures façons de faire cela dans les dernières parties du livre[*].

L'attention sélective à la Bourse

S'il y a un domaine dans lequel la capacité de détecter l'information pertinente est essentielle, c'est bien la Bourse. En effet, à tout moment de la journée, les courtiers doivent prendre une décision entre acheter ou vendre des actions et, pour ce faire, ils doivent être capables de discriminer ce qui est pertinent (actions X en baisse ou en hausse dans un marché instable) et ce qui est non pertinent (actions X en baisse ou en hausse dans un marché stable) avant de prendre une décision. Mais si un courtier est particulièrement stressé, est-ce que ceci aura un impact sur sa capacité de détecter l'information pertinente dans le marché et prendre la meilleure décision pour son client ?

Pour répondre à cette question, certains chercheurs ont commencé à évaluer les effets des hormones de stress sur le processus décisionnel des courtiers[35] et les résultats sont fascinants.

Une première étude effectuée en 2008 par deux chercheurs de l'Université Cambridge en Grande-Bretagne a mesuré les concentrations d'hormones de stress pendant huit jours de travail consécutifs chez des courtiers de la Bourse de Londres[36]. Les résultats ont montré que lorsque les courtiers font face à un marché instable et volatil,

---

[*] Oui, oui ! Vous pouvez aller lire cela tout de suite, c'est votre livre, après tout ! Mais je crois que vous comprendrez encore mieux les dernières parties de ce livre si vous continuez d'avancer tranquillement dans le bouquin :)

leur niveau de cortisol peut augmenter jusqu'à 400 % par rapport à son niveau de base initial[*]. Les chercheurs ont aussi rapporté que l'augmentation des concentrations de cortisol chez un courtier était associée à une augmentation de la variabilité de ses résultats commerciaux, ce qui avait un impact subséquent sur la volatilité du marché. Sur la base de ce premier résultat, les chercheurs ont suggéré que les niveaux élevés d'hormones de stress chez les courtiers pourraient à long terme modifier leurs préférences envers le risque et modifier leur capacité de faire des choix éclairés lorsque les marchés boursiers sont volatils.

Dans une seconde étude, le même groupe de chercheurs a administré des hormones de stress ou un placébo[†] à des hommes n'étant pas courtiers à la Bourse[37]. Tous les participants devaient ensuite effectuer une tâche mimant les échanges commerciaux à la Bourse et leur tendance ou aversion envers la prise de risque était évaluée. Les résultats ont montré que les hommes à qui on avait administré des hormones de stress prenaient bien plus de risques boursiers que ceux ayant reçu le placébo.

Sur la base de ces résultats, et compte tenu des effets bien connus du cortisol sur l'attention sélective[5], les chercheurs suggèrent que les hormones de stress (qui augmentent chez les courtiers en période d'instabilité des marchés[36]) pourraient jouer un rôle déstabilisant dans les marchés financiers en augmentant la prise de risque chez les courtiers[35,37].

Si effectivement les hormones de stress peuvent exagérer les mouvements de marchés financiers, alors il sera important dans le futur d'aider les courtiers à reconnaître et à contrôler leur stress, et ce, bien avant que celui-ci ait commencé à les empêcher de discriminer ce qui est pertinent et ce qui est non pertinent quand ils font des transactions commerciales.

Le retour sur l'investissement d'une telle action serait non négligeable !

---

[*] Chez un individu ne travaillant pas à la Bourse, le cortisol diminue de 40 % à la période testée par les chercheurs.

[†] Substance comprenant du sucre.

22

La difficulté du multitâche

On le sait maintenant, lorsqu'on est stressé, c'est l'information menaçante qui devient pertinente et tout le reste devient non pertinent.

Toutefois, quand le stress nous joue dans la tête, il a un second effet et c'est celui de nous empêcher de faire plusieurs tâches à la fois.

Pensez à ce que serait notre monde si le cerveau ne pouvait encoder qu'une seule information à la fois dans le but de la mémoriser. Vous seriez incapable de vous souvenir de la conversation que vous avez eue avec votre époux pendant que vous prépariez le repas du soir. Vos enfants seraient incapables de se souvenir d'aller prendre leur bain puisque lorsque vous leur avez demandé de le faire, ils étaient à écouter la télévision.

Notre cerveau est un outil fabuleux qui, au fil des millénaires, s'est développé pour nous permettre d'encoder plus d'une information à la fois. Cette capacité s'appelle l'attention divisée et réfère au fameux multitâche dont on parle tant dans les journaux et les magazines. L'attention divisée nous permet de pouvoir prêter attention à deux choses en même temps et de bien performer sur les deux tâches en cours.

Toutefois, il y a des limites à notre capacité de faire du multitâche. En effet, bien que notre cerveau soit capable de porter son attention sur deux choses en même temps, son succès dépend du type d'information qui est traité dans chacune des tâches.

Multitâche pour débutants

Pour vous démontrer cela, je vous invite à effectuer un premier test d'attention divisée en visitant le https://editionsvasavoir.com/liens/

et en cliquant sur **Multitâche pour débutants** dans la section de droite sous l'onglet *Par amour du stress.*

Encore une fois, je vous suggère fortement de prendre le temps de cliquer sur ce lien et d'aller faire le test, au lieu de poursuivre rapidement votre lecture. En vivant l'expérience de l'attention divisée au moyen du test, vous comprendrez sûrement mieux comment votre cerveau fonctionne et, surtout, comment le stress peut affecter votre performance.

Dans cette tâche, on vous présente différentes formes à l'écran et vous entendez différentes lettres de l'alphabet. Votre tâche est de taper sur vos cuisses chaque fois que vous voyez une forme de diamant de couleur verte ou que vous entendez la lettre *M*.

Tapez sur vos cuisses si vous :

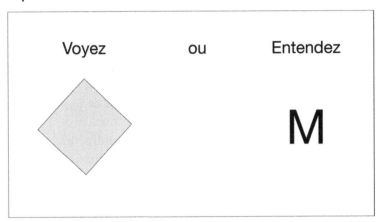

Il est possible que la première fois que vous effectuez la tâche, vous ayez un moment de panique à réaliser que vous vous mêlez un peu dans les instructions de la tâche. Si cela survient, n'hésitez pas à arrêter la vidéo et à recommencer. La tâche sera plus facile la deuxième fois !

Vous constaterez qu'il demeure quand même difficile d'effectuer cette tâche pourtant très simple. Cela survient, car dans cette tâche, on demande à votre cerveau de faire deux choses à la fois (ici : diviser son attention entre la détection visuelle d'une forme et la détection auditive d'un son). Si on avait divisé votre travail en deux étapes, la première consistant à détecter la forme de diamant et la seconde à détecter la lettre *M*, vous auriez effectué le tout sans aucune difficulté.

Pourtant, vous divisez votre attention entre deux tâches (ou plus) plusieurs fois par jour ! Et vous y parvenez, tant et aussi longtemps que les deux tâches que vous effectuez sont peu exigeantes. Toutefois, lorsque l'une des deux tâches exige plus d'attention de votre part, il devient difficile de faire les deux tâches de manière efficace. Voici quelques exemples :

- Vous tricotez pendant que vous écoutez la télévision. Tout va bien, jusqu'à ce que quelque chose d'inusité arrive dans l'émission télévisée que vous regardez, ce qui attire toute votre attention. Après quelques secondes à regarder l'événement à la télévision, vous vous rendez compte que vous avez manqué trois mailles de votre tricot ;

- Vous conduisez votre voiture pendant que vous avez une conversation avec votre époux. Vous êtes tout à fait capable de faire cela. Soudainement, la route se rétrécit considérablement à cause de travaux routiers et vous avez de la difficulté à faire passer votre voiture dans ce corridor étroit de la route. Si votre époux continue de vous raconter sa journée, il y a de bonnes chances pour que vous lui disiez d'attendre que vous soyez sortie de ces travaux routiers avant de continuer son histoire, car vous avez de la difficulté à écouter ce qu'il vous raconte.

Multitâche pour experts

Maintenant que l'on s'est pratiqué sur le niveau débutant du multitâche, essayons de voir si on pourra bien performer au niveau expert.

Pour notre prochain test, je vous invite à visiter encore une fois le https://editionsvasavoir.com/liens/ et à cliquer cette fois-ci sur **Multitâche pour experts** sous l'onglet *Par amour du stress*.

Pour ce test, vous allez lire une histoire présentée à l'écran pendant que vous en entendez une autre par le système audio de votre ordinateur, cellulaire ou tablette électronique. Les deux histoires sont présentées en même temps et vous devez tenter de bien diviser votre attention entre les deux, car à la fin, on vous pose des questions sur l'une ou l'autre des deux histoires. Votre tâche est de tenter d'avoir le plus haut score possible, et ce, sans reprendre la vidéo !

Je vous laisse essayer cela.

Difficile, n'est-ce pas ?

Les ressources limitées du cerveau

Ce petit exercice nous montre que, bien que l'on soit capable d'effectuer plusieurs tâches à la fois, notre cerveau a une capacité limitée. À un certain moment, si on exige trop de ressources de la part de notre cerveau, la performance sur l'une des tâches en cours diminuera considérablement.

Ceci survient, car même si votre cerveau est une fabuleuse machine, il a des ressources limitées. Et selon le type de ressources que vous utilisez quand vous faites du multitâche, vous dépasserez plus ou moins rapidement les capacités limitées de votre cerveau.

Imaginez les ressources de votre cerveau comme un espace divisé en trois « réservoirs » différents :

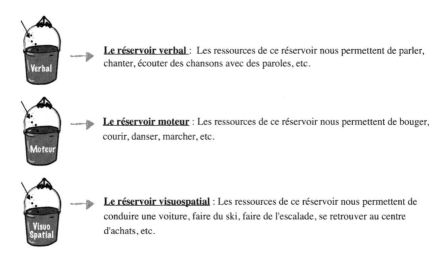

Le réservoir verbal : Les ressources de ce réservoir nous permettent de parler, chanter, écouter des chansons avec des paroles, etc.

Le réservoir moteur : Les ressources de ce réservoir nous permettent de bouger, courir, danser, marcher, etc.

Le réservoir visuospatial : Les ressources de ce réservoir nous permettent de conduire une voiture, faire du ski, faire de l'escalade, se retrouver au centre d'achats, etc.

Chaque fois que vous effectuez une tâche, vous prenez des ressources dans l'un de ces trois réservoirs. Par exemple, si vous parlez, lisez, chantez, écoutez quelqu'un parler ou chanter, vous allez piger dans les ressources de votre réservoir verbal. Bien que vous n'ayez pas vidé la totalité des ressources de votre réservoir verbal en parlant, il y reste quand même moins de ressources pour effectuer une autre tâche de nature verbale.

Dans le premier test que vous avez effectué dans ce chapitre, on vous a demandé de taper sur vos cuisses quand vous voyiez la forme de diamant et quand vous entendiez prononcer la lettre *M*. Ici, la détection du diamant prenait des ressources de votre réservoir visuospatial tandis que l'écoute du son de la lettre *M* exigeait des ressources de votre réservoir verbal. Puisque les deux tâches n'exigeaient pas de ressources du même réservoir, il restait au moins 50 % de ressources dans chaque réservoir.

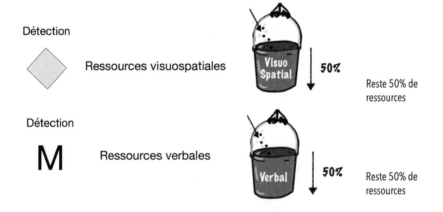

Dans le second test, on vous a demandé de lire une histoire tout en essayant d'en écouter une deuxième. Ici, la lecture de la première histoire prenait des ressources de votre réservoir verbal et l'écoute de la seconde histoire prenait *aussi* des ressources de votre réservoir verbal.

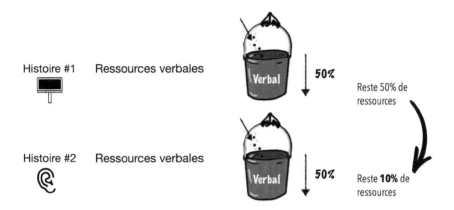

Puisque les deux tâches exigeaient des ressources provenant du même réservoir (verbal dans cet exemple), il n'y restait presque plus de ressources verbales pour vous permettre de bien effectuer la tâche, ce qui explique votre performance moindre à ce test.

Sur la base de ces résultats, vous conviendrez avec moi que ce n'est peut-être pas une bonne idée, lorsque vous êtes au travail, d'envoyer un courriel de quatre paragraphes (réservoir verbal) tout en discutant d'un dossier important avec un collègue de travail (réservoir verbal). Si vous tentez l'expérience, vous vous rendrez vite compte que la tâche est presque impossible et ainsi, vous attendrez d'avoir terminé votre appel avant de boucler le courriel.

Pffff ! Je ne fais jamais cela de toute façon !

Sur le site web qui m'a servi à monter la version française de la vidéo multitâche pour experts[*], les commentaires écrits par les internautes qui ont tenté de faire le test sont très intéressants à lire. En voici quelques exemples.

Malva écrit[†] : *La jeune fille qui parlait m'a tellement agacée ! Je me suis sentie comme lorsque je suis dans un avion en train de lire un*

---

[*] En fait, je n'ai rien fait de tout cela. C'est mon gentil fiston qui a fait la vidéo en version française. Merci fils :)
[†] J'ai traduit en français les commentaires écrits en anglais.

livre et que la personne à côté de moi ne cesse de me raconter sa vie. En faisant le test, je me sentais comme : TAIS-TOI ! J'ESSAIE DE LIRE UN LIVRE !

Ariel nous dit : *Je n'ai eu aucune bonne réponse, car j'étais tout simplement incapable de porter attention à l'une ou l'autre des deux histoires.*

Letitia poursuit : *On me demande quelle est la couleur du chapeau de Georges. MAIS QUI EST GEORGES ?*

On comprend de ces commentaires qu'il a été très difficile pour ces internautes d'effectuer la tâche d'attention divisée et que certains ont été incapables de concentrer leur attention, ne serait-ce qu'à quelques parcelles des deux histoires.

Et puis, imbriqué entre deux lignes, voici le commentaire savoureux de Maryam.

Elle écrit : *Je n'aurai jamais deux personnes qui me racontent une histoire en même temps, alors je n'aurai jamais besoin de cette habileté.*

Vraiment ?

23

Ce petit hamster qui jase sans cesse

Vous êtes à lire ce bouquin et vous me semblez bien concentré. En effet, vous n'êtes pas en train de faire le lavage de la semaine pendant que vous lisez, et vous n'êtes pas en train de vous disputer avec votre conjoint pendant que vous tournez les pages du bouquin.

Vous êtes 100 % concentré sur votre lecture. Je me dis que toute votre attention se porte sur celle-ci et que vous allez donc très bien encoder mon message.

Mais qu'est-ce qui me dit que c'est bien le cas ?

En effet, pendant que vous lisez ce livre, qu'est-ce qui me dit que vous n'êtes pas en train de vous demander dans votre tête si votre femme va vous quitter pour partir vivre avec le voisin ?

Qu'est-ce qui me dit que vous n'êtes pas en train de vous demander si votre petit dernier devrait aller voir le médecin pour ces plaques rouges sur son corps qui ne cessent de se développer ?

Ces pensées qui vous trottent sans cesse dans la tête sont verbales et elles utilisent beaucoup des ressources de votre réservoir verbal dont vous avez besoin pour lire ce livre.

Si vous avez dû à maintes reprises relire le premier paragraphe d'une page, car rendu au deuxième vous n'arriviez plus à vous souvenir du premier, c'est parce que depuis le début de votre lecture, vous êtes en attention divisée et vous tentez d'effectuer une tâche similaire à celle que l'on vient de faire dans la section *Multitâche pour experts*.

Vous lisez ce livre (réservoir verbal) pendant que vous vous parlez dans votre tête (réservoir verbal). Puisque vous prenez toutes les ressources de votre réservoir verbal, il vous est maintenant très difficile, voire impossible de comprendre ce que vous lisez.

Maryam n'a donc pas compris qu'en fait, son cerveau est très souvent en train de traiter deux histoires en même temps. Une première histoire, qui provient de ce qu'elle est en train de vivre dans son quotidien (ex. une conversation avec une amie), et une autre que son petit hamster* lui sert dans sa tête à tout moment.

D'où vient ce hamster ?

Ces pensées que vous avez en tête (*ma femme me quittera-t-elle pour le voisin ?, est-ce que le petit est malade ?*) proviennent d'une menace qui a été détectée par votre cerveau.

Comme je vous l'ai dit précédemment, <u>chaque fois</u> que le cerveau détecte une menace, celle-ci devient la chose la plus pertinente au monde. Donc tout le reste devient moins pertinent et toute votre attention sera portée sur la menace pour vous aider à la négocier.

Vous pouvez bien tenter de vous dire que vous allez cesser de penser à vos stresseurs et que tout sera parfait. Je suis désolée, mais ce n'est pas comme cela que la machine fonctionne. Ce n'est pas parce que vous prenez une classe de yoga ou que vous faites de la méditation en tentant de libérer votre esprit de tous vos stresseurs que votre cerveau va vous permettre d'y arriver. Il ne peut pas se le permettre, car sinon, votre survie est en danger.

---

* La petite voix qui nous parle souvent dans notre tête.

Pour le cerveau, tant et aussi longtemps que la menace détectée ne sera pas négociée, c'est cette menace qui deviendra la chose la plus pertinente. Le cerveau vous obligera à penser sans cesse à cette menace, dans le but de trouver une solution[*]. Ces pensées qui vous assaillent sans cesse, c'est votre hamster.

Vous travaillez toute la journée sur ce rapport hyper important à remettre au patron. Un collègue entre dans votre bureau et vous stresse en menaçant votre ego. Une fois le collègue sorti, vous demeurez assis à votre bureau à regarder le mur. Votre ventre se serre, vos poings aussi. Et soudain, une multitude de pensées vous traversent l'esprit. Le hamster vient de s'activer, car votre cerveau a détecté une menace. Vous ruminez pendant de longues minutes. Soudain, vous sortez de cette torpeur. Mais que faites-vous ? Vous n'avez aucune minute à perdre ! Il faut soumettre ce rapport dans quelques heures ! Vous reprenez votre travail. Vous parvenez à continuer d'écrire, mais à plusieurs reprises dans la journée lorsque vous cessez de travailler sur le dossier, le hamster s'active dans votre tête : *Il fait exprès pour m'*énerver. *C'est toujours la même chose avec lui. Comment faire pour ne plus travailler dans sa division ?* Et plus le hamster sera actif, plus difficile il vous sera de terminer votre travail.

Il vous sera plus difficile de vous concentrer sur votre travail, car ce discours incessant dans votre tête vous prendra un nombre important de ressources verbales et vous empêchera de faire votre autre tâche avec efficacité. Et chaque fois que l'autre tâche que vous êtes en train de faire pendant que votre hamster se déchaîne dans votre tête exige *aussi* des ressources verbales, comme lire une histoire à votre enfant le soir avant le coucher, il vous sera presque impossible de le faire.

« Maman ! Tu as déjà lu cette page !
– Ah, désolée mon amour ! Maman est fatiguée ce soir. »

---

[*] Et on utilisera cette fonction du cerveau pour faire de notre hamster un allié de taille pour nous aider à comprendre ce qui nous stresse ! Je vous en reparle au chapitre 60.

Quand le hamster se fâche

« Maman ! Je veux que tu me lises une autre histoire !
– Non, mon amour, il est tard.
– Non, maman ! Encore !
– J'ai dit non ! Mais qu'est-ce que tu ne comprends pas dans ce que maman dit ? Tu le fais exprès ou quoi ? Va te coucher, là ! Et ne te lève pas ou ça va mal aller ! »

Et vous sortez en claquant la porte. Le regret d'avoir perdu patience avec votre enfant vous assaille aussitôt.

> La colère spontanée est un signe très clair qu'un stress chronique est en train de s'installer. Une colère spontanée, c'est votre hamster qui se fâche, car une situation ou une personne interfère avec sa capacité de vous alarmer sur une menace non négociée.

Comme je l'ai dit précédemment, le travail du hamster est de vous alarmer pour une menace, et pour ce faire, il s'assure que celle-ci est la chose la plus pertinente au monde pour votre cerveau. Parce que toute votre attention est tournée vers la situation menaçante, vous devenez hypersensible à toute forme d'interférence. Toute situation ou personne qui viendra interférer avec votre travail de détection de menace induira une colère spontanée, car cela vous empêche de négocier le stresseur.

Deux de mes collègues, Seema Bathnager et Mary Dallman, de l'Université de la Californie, à San Francisco, ont montré que si on expose un rat à un même stresseur pendant plusieurs jours, la réponse biologique de stress produite par l'animal diminuera avec le temps. « Bonne nouvelle ! me direz-vous. On va finir par s'habituer à tout ce stress et on deviendra zen ! » Pas vraiment, dois-je vous répondre, car en poursuivant leurs études, Seema et Mary ont observé que bien que le rat montre une réponse biologique de stress moins élevée à la 4e ou 5e journée d'exposition au même stresseur, ce même rat devient beaucoup plus réactif et sensible à tout autre *nouveau* stresseur[26]. Le rat n'est bien sûr pas « fâché », il est hyper réactif à tout nouveau stresseur.

Ainsi, le prix à payer pour s'habituer à une menace chronique est une augmentation de notre réactivité à toute nouvelle menace. Or, un humain stressé, c'est très souvent un humain fâché. L'apparition de la colère spontanée chez l'humain est caractéristique d'une réactivité accrue au stress[38].

Problèmes de dodo ?

Lors d'une conférence, une dame m'a déjà dit : « Ton explication du hamster ne fonctionne pas, Sonia. Moi, quand je décide de cesser de penser à mes stresseurs et de les mettre en dessous du tapis, ça fonctionne toujours ! J'ai un stresseur durant la journée ? Et hop ! Stresseur sous le tapis ! Je n'y pense plus et je continue à travailler comme si de rien n'était. Et ça fonctionne toujours ! »

Ce à quoi j'ai répondu : « Dormez-vous bien, madame ? »

Son regard paniqué fut ma réponse.

Le hamster gagne toujours

Mais bien sûr que vous pouvez mettre tous les mammouths de votre journée sous le tapis et vous pouvez quand même continuer de travailler ! Votre cerveau est là pour vous aider ! Il va vous aider à bien performer, c'est certain. Si vous travaillez assez fort pour faire taire votre hamster durant la journée de travail, vous y arriverez.

Toutefois, sachez que le hamster gagne toujours. Survie de l'espèce oblige.

Avez-vous déjà remarqué que c'est surtout lorsque votre cerveau n'est pas stimulé par une foule d'activités que votre hamster s'active ? Vous travaillez toute la journée et vous pouvez contrôler votre hamster. Puis le soir venu, au moment où vous fermez la lumière pour vous endormir, le petit hamster s'active.

Comment expliquer cela? Votre cerveau déteste ne pas être stimulé. La preuve? Vous rêvez! Imaginez, même en période de sommeil, le cerveau génère des informations qui nous semblent parfois sorties tout droit d'un film rocambolesque.

En 2004, une équipe de chercheurs a évalué comment le cerveau réagit à une absence de stimulations. Ils ont demandé à des participants de porter un bandeau spécial qui bloquait toute forme de stimulation visuelle, et ce, pendant cinq jours. Les participants devaient dicter leur expérience dans un journal de bord tous les jours. Les résultats ont montré qu'après seulement une journée de port du bandeau, 77% des participants expérimentaient des hallucinations qui allaient de l'apparition soudaine de faisceaux lumineux à l'apparition de visages, de paysages complexes ou d'objets divers[39]. C'est comme si le cerveau, devant l'absence de stimulations, décidait de se faire ses propres films!

Ainsi, tant et aussi longtemps que votre cerveau est stimulé par une panoplie de choses, il s'amuse ferme et donc, il vous permettra de mettre vos stresseurs en dessous du tapis sans problème et votre hamster sera muet. Toutefois, dès que vous cesserez de stimuler votre cerveau (au coucher, dans le trafic du soir la radio fermée, pendant un souper de famille au cours duquel vous ne prêtez aucune attention aux conversations en cours), ce dernier réactivera vos stresseurs non négociés et votre hamster se réveillera pour vous inciter à prêter attention à cette menace.

Le hamster dort peu

Avez-vous déjà remarqué que lorsque vous allez vous coucher le soir, c'est souvent le premier (ou le seul) moment de la journée où votre cerveau n'est pas stimulé avec le travail, les enfants, la télévision, les téléphones à faire, le lavage à terminer, le rendez-vous du dentiste à prendre, etc.? Or, vous pensez sincèrement qu'un cerveau qui s'ennuie et dont la première fonction est d'assurer la survie de l'espèce va vous laisser vous endormir sans aller voir s'il ne traînerait pas quelques stresseurs sous le tapis?

Jamais.

Vous tentez de vous endormir. Votre corps se détend. Et soudainement, pop ! Voici que ce collègue qui vous a stressé aujourd'hui au bureau va apparaître à votre esprit. Vous commencez à ruminer sur ce qui s'est passé. Ce que vous auriez pu dire ou faire pour lui clouer le bec. Ce que vous lui direz demain, la semaine prochaine, dans un mois.

Et vous passerez ainsi les quelques prochaines heures à écouter votre hamster qui est en pleine forme et qui se tape un jogging endiablé sur la roue de vos stresseurs.

Méchante machine, vous ne trouvez pas[*] ?

---

[*] Oui, oui ! On continue de lire ! Ça finit bien je vous dis ! :)

PARTIE 7

Quand l'esprit s'emballe

Les ruminations peuvent créer un cercle vicieux
dans lequel on peut se perdre.

24

La pensée qui vagabonde

Vous êtes au travail et vous mettez la touche finale au projet qui vous occupe depuis des semaines. Soudainement, votre esprit s'éloigne de la tâche en cours et vous vous mettez à penser à la nouvelle décoration de votre salon. *Mmmmh. Quel sofa acheter? Le rouge ou le beige? Beige, c'est plus intemporel. Mais rouge, que c'est beau!* En se détachant de la tâche en cours, votre pensée s'est mise à vagabonder vers d'autres sujets. C'est ce que les chercheurs appellent la «pensée vagabonde».

Des recherches ont estimé que les pensées vagabondes peuvent occuper jusqu'à 50% de notre temps et font partie de notre réalité quotidienne. En 2010, une équipe de chercheurs a utilisé une application mobile pour questionner à divers moments de la journée des participants[40]. Chaque fois qu'un participant était appelé, il devait répondre à deux questions:

– **Ici et maintenant, avez-vous des pensées vagabondes?**
   OUI _____   NON _____

– **Ici et maintenant, êtes-vous heureux?**
   OUI _____   NON _____

Les résultats ont montré que plus une personne rapporte expérimenter des pensées vagabondes au cours de la journée, moins elle rapporte être heureuse. Ces résultats ont mené les chercheurs à suggérer que les pensées vagabondes contribuaient à l'humeur négative des gens.

Toutefois, d'autres résultats obtenus par la suite ont montré que cette conclusion était beaucoup trop simple. En effet, beaucoup de nos pensées vagabondes sont positives (par exemple, le choix de la couleur du sofa de notre salon redécoré), et on voit mal comment le fait de penser à des choses positives pourrait contribuer à augmenter notre sentiment de mal-être.

Positif ou négatif ?

Les chercheurs ont ainsi entrepris d'autres recherches dans lesquelles ils posaient une question additionnelle aux gens. Après leur avoir posé les deux questions ci-dessus, ils leur ont demandé si les pensées vagabondes qu'ils avaient étaient positives ou négatives. Les résultats ont montré que ce sont *seulement* les pensées vagabondes de nature négative qui augmentent le mal-être des gens[41]. C'est à ce moment que les chercheurs ont commencé à faire la distinction très importante entre la pensée vagabonde et la rumination.

La différence entre la pensée vagabonde et la rumination

La journée au travail est presque terminée, vous avez eu de très bons échanges avec vos collègues et soudainement, quinze minutes avant l'heure de votre départ, votre patron débarque dans votre bureau pour vous dire que vous n'avez pas bien ficelé le dernier projet et qu'il est déçu de vous. Vous vous excusez pour ce travail bâclé (selon le patron !) et lui dites que vous tenterez de faire mieux la prochaine fois. Il quitte votre bureau sans rien dire, en hochant la tête. Vous vous habillez pour partir et, dès votre sortie du bureau, c'est parti. Une panoplie d'idées négatives commencent à vous habiter. Et vous finissez la soirée à ruminer sur tout ce que votre patron vous a dit. *Il n'est pas correct, le patron. J'ai pourtant fait de mon mieux pour ce travail. Il y a aussi Pierre qui n'avait pas fait le travail et pourtant, le patron ne lui a rien dit, à lui. On sait bien... il préfère Pierre...*

Pensée vagabonde   Rumination

Encore ici, vos pensées se sont détachées de la tâche en cours et elles se sont mises à vagabonder vers d'autres sujets. Toutefois, à la différence de la pensée vagabonde, vos pensées sont maintenant exclusivement tournées vers du négatif. C'est ce que les chercheurs appellent la rumination. La majorité du temps, quand les gens me parlent de leur hamster, ils décrivent des pensées de rumination, et non des pensées vagabondes. Le tableau ci-dessous montre les similarités et les différences importantes existant entre la pensée vagabonde et la rumination[42].

PENSÉE VAGABONDE	RUMINATION
Similarités	
– Pensée autogénérée	– Pensée autogénérée
– Pensée non liée à la tâche en cours	– Pensée non liée à la tâche en cours
Différences	
– Courte durée	– Longue durée
– Idées positives, neutres ou négatives	– Idées négatives
– Pensée ne persiste pas dans le temps	– Pensée persiste dans le temps
– Pensée non récurrente	– Pensée récurrente
– Pensée non rigide	– Pensée rigide
– Pensée flexible	– Pensée inflexible
– Pensée sans thème précis	– Pensée ayant un thème précis (menace)
– Pensée dirigée vers un but	– Pensée dirigée vers un problème
– Pensée pouvant être contrôlée par la volonté	– Pensée difficile à contrôler

Comment savoir que l'on rumine ?

Les chercheurs définissent la rumination comme étant une pensée centrée sur le soi et qui implique des pensées répétitives et intrusives qui sont la majorité du temps de nature négative. Dans la rumination, les pensées sont circulaires (on tourne en rond dans sa tête), stériles (on n'arrive à aucune solution) et répétitives (elles reviennent sans cesse dès que notre cerveau n'est pas stimulé).

> – La pensée vagabonde peut être neutre, positive ou négative.
> – La rumination est une pensée qui est toujours négative.

Les études scientifiques effectuées au cours de la dernière décennie montrent que plus vous avez tendance à ruminer de cette manière, plus vous risquez de produire de fortes concentrations d'hormones de stress ou de souffrir d'un trouble mental lié au stress chronique[43]. À l'inverse, dans la pensée vagabonde, on observe rarement une augmentation des hormones de stress[43].

Le but du hamster n'est pas de vous faire ruminer

À travers mes nombreuses conversations avec les gens, j'ai compris que beaucoup de personnes associent *hamster* à *rumination*, et ceci pourrait expliquer pourquoi les gens ont si peur de leur hamster quand celui-ci s'active. Toutefois, il y a une différence fondamentale entre l'arrivée du hamster et la survenue de la rumination.

Comme je l'ai mentionné précédemment, lorsque le cerveau détecte une menace non négociée, il produit des hormones de stress qui accèdent au cerveau et activent notre hamster intérieur. Comme le décrit la figure ci-dessous, le but premier de l'activation du hamster est de nous avertir qu'une menace est présente dans l'environnement et qu'elle n'a pas été réglée.

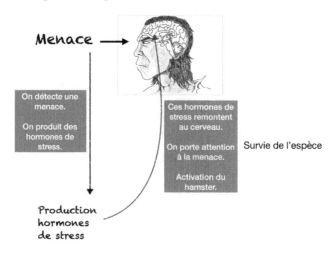

Ce qui définit la rumination, c'est ce que l'on fait avec cette information *après* que notre hamster se soit activé pour nous alarmer. Lorsqu'on ne sait pas quoi faire avec le hamster qui vient d'être activé par une menace, on risque de commencer à ruminer et on tourne en rond dans notre tête.

Ainsi, le hamster qui s'active est l'équivalent du système d'alarme dans notre maison qui nous avertit lorsqu'un intrus y pénètre (ce que certains chercheurs appellent le principe du détecteur de fumée[44]). L'alarme ne fait que nous avertir qu'une action est requise (par exemple, appeler la police), mais elle ne règle pas le problème. En effet, bien que l'alarme puisse apeurer le voleur et le mener à quitter les lieux, il est tout à fait possible qu'avant de partir, il vide notre coffre à bijoux. L'activation de l'alarme n'a donc pas réglé la totalité du problème. Pour régler mon problème de vol, je vais devoir intervenir. Je pourrais décider de m'acheter un chien de garde, mettre des barreaux aux fenêtres ou des caméras à l'entrée de ma propriété. Pour choisir la meilleure action à poser pour éviter que la menace revienne, je vais devoir évaluer le problème, cerner ses problématiques, évaluer mes options et choisir la meilleure solution.

Je vais donc devoir *réfléchir*.

Or, la recherche montre que les gens n'aiment pas réfléchir…

25

On réfléchit ou on rumine ?

Ce qui nous distingue des animaux est entre autres notre capacité à réfléchir de manière consciente. La pensée consciente fait référence à la capacité que l'on a de choisir de penser consciemment à quelque chose (par exemple, je m'assois et je décide de penser à mes prochaines vacances), et elle s'oppose à la pensée inconsciente, qui fait référence aux pensées vagabondes et à la rumination, ces pensées qui vont et viennent dans notre tête à toute heure du jour sans qu'on le veuille vraiment. Ainsi, la pensée consciente exige de porter notre attention entière sur le problème à régler et à organiser notre pensée.

Dans un article publié en 2014[45], une équipe de chercheurs a rapporté des résultats très intrigants montrant à quel point... les gens n'aiment pas penser ! Les chercheurs ont demandé à des participants de tous âges de s'asseoir confortablement dans une salle en laissant livres, cellulaires et tout ce qui pourrait les déranger dans un casier personnel, et de tout simplement penser pendant quinze minutes[*]. Après cette période passée à penser, les chercheurs ont évalué à quel point les participants avaient aimé leur expérience.

Les résultats sont tout simplement fascinants :

- **57,5 %** des gens ont dit que c'était très difficile de se concentrer et de penser ;
- **89 %** ont dit que leurs pensées se sont mises à vagabonder et qu'il leur était très difficile de penser consciemment et volontairement à quelque chose, et ce, même s'il n'y avait rien autour d'eux qui entrait en compétition avec leurs pensées ;
- **49 %** des gens ont dit ne pas avoir aimé l'expérience.

---

[*] Les participants avaient deux règles à suivre ici : rester assis sur la chaise et ne pas dormir !

Faire n'importe quoi, mais ne pas penser

Dans une seconde expérience, les chercheurs ont demandé à un groupe de participants de s'asseoir et de penser, tandis qu'ils ont laissé le choix à un second groupe de faire une activité comme lire, écouter de la musique ou aller sur internet (sans communiquer avec d'autres personnes). Voici les résultats :

- Les gens préfèrent faire une activité plutôt que de s'asseoir et penser ;
- Quand les gens font une activité au lieu de penser, ils rapportent moins de pensées vagabondes et de rumination.

On réalise ici que, bien que contrairement à l'animal, l'humain a la capacité de penser de manière consciente, ceci ne constitue pas une activité qui lui procure une grande satisfaction.

Jusqu'où peuvent aller les gens pour éviter de penser ?

Si c'est le cas, jusqu'où les gens sont-ils prêts à aller pour éviter de penser ? Pour répondre à cette question, les chercheurs ont demandé à des participants de s'asseoir et de penser pendant quinze minutes. Toutefois, ils leur ont dit que durant cette période, ils pourraient s'autoadministrer de petits chocs s'ils le désiraient. Un petit essai avec le choc avant le début de l'expérience avait permis aux participants de réaliser que ce dernier était assez douloureux, et la majorité des gens ont dit ne pas avoir aimé l'expérience. Les chercheurs ont répété plus d'une fois aux participants qu'ils n'avaient *pas* à peser sur le bouton pour s'administrer des chocs et que le but ultime de l'expérience était de s'asseoir pendant quinze minutes et de penser[45]. Voici les résultats ;)

- **67 %** des hommes ont préféré s'autoadministrer des chocs électriques plutôt que de penser ;
- **25 %** des femmes ont préféré s'autoadministrer des chocs électriques plutôt que de penser ;
- Un homme s'est autoadministré 190 chocs en quinze minutes !

Or, on se souviendra que la très grande majorité de ces personnes avaient mentionné précédemment qu'elles ne voulaient pas s'auto-administrer de chocs électriques. Avec cette expérience, les chercheurs ont montré que pour beaucoup de gens, le seul fait de penser est une expérience tellement désagréable qu'ils préfèrent s'autoadministrer des chocs plutôt que d'avoir à vivre cela !

La différence entre réfléchir et ruminer ?

«Arrête de ruminer !» vous lance votre époux du bout de la table. «Je ne rumine pas ! Je réfléchis», lui répondez-vous du tac au tac. Mais est-ce bien le cas ?

Puisque le point de départ d'une rumination est presque toujours une interrogation sur un problème, beaucoup de gens vont penser *réfléchir* quand en fait, ils *ruminent*. Pour certaines personnes, il est très difficile de savoir si elles réfléchissent ou elles ruminent.

Christophe André, un psychiatre très connu en France et qui a travaillé sur le sujet, propose de se poser trois questions pour savoir si on réfléchit ou si on rumine. Les voici :

– **Depuis que je suis en train de réfléchir à ce sujet, est-ce que je me sens mieux ?**

OUI _____   NON _____

– **Est-ce que ça m'a rapproché d'une solution ?**

OUI _____   NON _____

– **Si ça ne m'a pas rapproché d'une solution, est-ce que je vois plus clair ?**

OUI _____   NON _____

Si on répond non à la majorité des questions… c'est qu'on rumine !

Bien sûr, il peut parfois être essentiel de réfléchir très longtemps à un problème avant d'arriver à une solution, mais à la différence de la réflexion, la rumination induit toujours des émotions négatives, et à long terme, elle peut faire très mal à notre cerveau.

Pourquoi est-ce si difficile de réfléchir ?

Les résultats obtenus à ce jour suggèrent que si les gens sont si peu enclins à réfléchir, c'est peut-être parce que lorsqu'ils le font, ils craignent que cela se change en rumination[46].

C'est un peu comme si les gens ne savaient pas quoi faire avec toutes ces idées qui les assaillent et qu'ils craignaient qu'à force d'y accorder de l'attention, ils se mettent à broyer du noir. On évite alors de penser aux choses qui nous stressent, comme cela elles disparaîtront peut-être.

Or, la recherche démontre que c'est *parce que* les gens n'aiment pas réfléchir qu'ils se mettent à ruminer.

Laissez aller votre hamster qui vient de s'activer sans tenter de le calmer en réfléchissant au problème qui l'a réveillé, et il se mettra à courir à toute allure sur sa roue.

Et bye-bye dodo…

26

Petit hamster déchaîné

Revenons à mon exemple du système d'alarme. Le hamster qui s'active dans notre tête lorsque l'on a un stresseur non négocié est l'équivalent du système d'alarme qui commence à émettre un son strident quand un intrus pénètre dans notre maison.

Si, lors du déclenchement de l'alarme de ma maison, je ne fais rien pour faire cesser le mécanisme ayant déclenché l'alarme, celle-ci continuera d'émettre son bruit strident et le son continuera… Et il continuera. Et il continuera. Puis, à un certain moment, je ne m'en occuperai plus, car j'y serai devenue habituée. Mais à force d'émettre un tel niveau de décibels, le son aura commencé à affecter mon oreille interne et après plusieurs années, je développerai un problème de surdité précoce.

La même analogie s'applique au hamster. Quand votre hamster s'active, c'est le système d'alarme du cerveau qui s'enclenche pour vous avertir que vous avez un stresseur non négocié. Si vous ne faites rien pour négocier le stresseur ayant activé le hamster, ce dernier va continuer d'être activé. Et il continuera. Et il continuera. Puis, à un certain moment, vous n'entendrez plus le hamster, car vous vous serez habitué à son verbiage. Mais tout comme le son du système d'alarme, il continuera d'être présent. Et la petite voix du hamster, à force d'être présente dans votre tête jour après jour, semaine après semaine, mois après mois, prendra la forme d'une rumination.

On rumine. On rumine. On rumine. Et à la longue, avec les mois et les années, la rumination commencera à nous faire mal. En effet, un nombre important d'études montrent que la rumination, lorsqu'elle persiste dans le temps, comporte trois dangers.

La rumination diminue notre capacité de négocier les problèmes de la vie

Lorsqu'on rumine, toute notre attention est portée sur le problème qui nous occupe l'esprit. Parce qu'on ne réfléchit pas nécessairement bien à ce qui pose problème[*], on perd beaucoup d'énergie et de temps à ruminer. Tout ce temps perdu peut affecter notre capacité à nous occuper des autres défis de notre existence qui nécessitent notre attention.

Par exemple, une étude publiée en 2006 par une chercheure californienne a montré que les femmes qui montraient une forte tendance à ruminer et qui avaient trouvé une bosse sur un sein avaient attendu deux mois de plus que les femmes n'ayant pas tendance à ruminer avant d'appeler pour prendre un rendez-vous avec leur médecin[47].

Ainsi, pendant que les femmes ruminaient sur la bosse détectée sur leur sein et tentaient de négocier ces pensées négatives, elles ne mettaient pas en place les stratégies (par exemple, prendre rapidement rendez-vous avec son médecin de famille) qui leur permettraient de bien négocier la menace. Ceci a eu un impact très clair sur leur probabilité de survie.

La rumination augmente les hormones de stress

Les recherches montrent que les personnes qui ont tendance à ruminer sont non seulement plus réactives au stress (elles produisent beaucoup plus d'hormones de stress quand elles sont exposées à un stresseur), mais elles prennent aussi plus de temps à cesser la production des hormones de stress lorsque le stresseur cesse[43]. En d'autres mots, ces personnes continuent de produire de fortes concentrations d'hormones de stress même lorsque le stresseur n'est plus là.

À cause de cela, ceux qui ruminent sont exposés pendant de plus longues périodes de temps à des concentrations élevées d'hormones de stress que les gens qui n'ont pas tendance à ruminer. À long terme,

---

[*] Je vous montrerai comment bien réfléchir pour négocier un stresseur aux chapitres 61 et 62 :)

l'exposition chronique à ces concentrations élevées d'hormones de stress a des effets délétères sur la santé physique ou mentale[2].

La rumination augmente la probabilité de souffrir d'un trouble mental

Comme on l'a vu précédemment, produire pendant trop longtemps des hormones de stress fait en sorte que le corps tente de s'adapter, et ce faisant, les hormones de stress commencent à dévier de la normale. Dans certains cas, les gens se mettent à produire de trop fortes concentrations de cortisol, tandis que dans d'autres, ils n'en produisent plus assez.

Cet effet est aussi observé dans les quatre désordres mentaux les plus fortement associés au stress chronique, soit l'anxiété[48], la dépression[49], l'épuisement professionnel[50] et le désordre d'origine post-traumatique[51].

- Dans un premier scénario, le cerveau induit une <u>hyper</u>sécrétion de cortisol : il décide de répondre d'une manière prolongée aux menaces environnantes en produisant de manière constante un fort taux d'hormones, un phénomène que l'on observe dans l'anxiété et la dépression. Une proportion importante de gens anxieux[48] ou déprimés[49] présente une hyperproduction des hormones de stress ;

- Dans l'autre cas, le cerveau tombe en <u>hypo</u>sécrétion de cortisol : il cesse de produire la réponse adéquate au stress et la personne produit moins d'hormones de stress que la majorité des gens. C'est le phénomène que l'on observe dans le syndrome de l'épuisement professionnel[50] et dans le désordre d'origine post-traumatique[51].

À ce jour, on ne connaît pas la cause exacte de ces différences de production d'hormones de stress dans ces troubles mentaux et on ne sait pas pourquoi certaines personnes commencent à produire de trop grandes quantités d'hormones de stress, tandis que d'autres n'en produisent plus assez.

Toutefois, certains de mes collègues scientifiques en Europe tentent de déterminer si l'administration de cortisone (cortisol synthétique) pourrait rétablir les niveaux déficitaires de cortisol dans le désordre d'origine post-traumatique et avoir des effets positifs sur les symptômes. À ce jour, les résultats sont encourageants[52], mais le traitement n'est pas encore offert en clinique.

En ce qui concerne l'épuisement professionnel, et bien que plusieurs médecins suggèrent que ce désordre résulte d'une fatigue surrénalienne (*adrenal fatigue* en anglais) et que l'administration de cortisol synthétique pourrait aider les patients, aucune étude clinique n'a encore été effectuée sur le sujet, et il est donc impossible de savoir avec certitude si un tel traitement est efficace[53].

D'autres essais cliniques qui ont tenté de diminuer les hormones de stress en trop fortes concentrations dans la dépression se sont avérés efficaces à la fin des années 1990, particulièrement chez les patients ne répondant pas bien aux antidépresseurs classiques[54,55,56]. Toutefois, des études plus récentes ont montré que la diminution des hormones de stress chez les patients déprimés ne permet pas de traiter la dépression de manière efficace[57,58]. Il faudra donc attendre encore quelques années pour déterminer le potentiel thérapeutique des traitements visant à augmenter ou diminuer les hormones de stress dans les désordres associés au stress chronique.

Toutefois, même si la recherche scientifique n'a pas encore trouvé le remède miracle pour guérir les troubles mentaux liés au stress chronique, des études ont commencé à comprendre comment le stress est impliqué dans la genèse de ces troubles.

PARTIE 8

Le stress qui fait parfois mal

À force d'être exposé au stress de façon chronique,
le cerveau modifie sa manière d'interpréter son environnement.
Dans un cas, tout peut devenir menaçant. C'est l'anxiété qui
s'installe. Dans un autre, plus rien ne devient menaçant.
C'est la dépression ou l'épuisement professionnel qui se
développent. Mais le cerveau ne développe pas ces troubles pour
nous faire du mal. Encore ici, il le fait pour nous aider à survivre.
C'est l'immense paradoxe du stress.

27

L'anxiété normale

Si je vous disais qu'il est parfois normal et même bénéfique d'être anxieux, vous me croiriez ? J'espère que oui, car c'est bel et bien le cas.

Bien que certaines personnes semblent terrorisées à l'idée d'être anxieuses, il est important de comprendre que le cerveau n'a pas développé l'anxiété pour nous faire la vie dure. Si le cerveau développe parfois des états anxieux, c'est d'abord et avant tout pour nous aider. Mais pour comprendre cela, on doit d'abord réaliser ce qui différencie le stress et l'anxiété.

La différence entre stress et anxiété

En jasant avec les gens, je me rends compte que beaucoup de personnes ont de la difficulté à comprendre ce qui distingue le stress de l'anxiété. Parce qu'on croit que ces deux termes renvoient à la même condition, on dira souvent d'une personne stressée qu'elle est anxieuse, alors que souvent, ce n'est pas le cas.

La meilleure réponse que je peux donner à quiconque me demande de dire quelle est la différence entre le stress et l'anxiété, c'est la suivante : la différence majeure entre le stress et l'anxiété, c'est la localisation du mammouth !

- Dans le stress, le mammouth est là, devant vous, prêt à vous attaquer.

- Dans l'anxiété, le mammouth est dans votre tête.

- Mais pour votre cerveau, que le mammouth soit devant vous ou dans votre tête, c'est la même chose : il détecte une menace et il active la réponse de stress.

Ainsi, pour faire preuve d'anxiété, il est essentiel que l'on se projette dans le futur, et ce, dans le but de détecter la présence potentielle-on-ne-sait-jamais-mieux-vaut-prévenir-que-guérir d'une menace :) Et c'est parce que l'anxiété nous mène à nous projeter dans le futur qu'elle peut parfois augmenter notre performance[*] et même nos chances de survie.

Il y a deux conditions dans lesquelles l'anxiété est tout à fait normale et contribue à augmenter notre efficacité.

La personnalité anxieuse

On peut avoir une personnalité anxieuse, au même titre qu'on peut avoir une personnalité consciencieuse ou une personnalité hostile. Certaines personnes présentent donc ce « trait anxieux » qui fait partie de leur nature. Ce sont des personnes qui ont naturellement tendance à s'en faire avec des riens.

Les gens qui ont une personnalité de type anxieux présentent deux caractéristiques intéressantes en matière de stress. D'abord, ils ont tendance à produire un peu plus d'hormones de stress lorsqu'ils sont dans leur environnement normal. Dans une étude publiée en 2011, un groupe de chercheurs hollandais a mesuré les quantités d'hormones de stress produites quand les gens sont à la maison, ce qui constitue une mesure de « stress basal » qui correspond aux concentrations d'hormones de stress que l'on produit dans notre quotidien, et ce, sans être exposé à un stresseur particulier. L'étude a été effectuée chez 2981 participants qui avaient été préalablement classés selon qu'ils présentaient ou non une personnalité de type anxieux. Les résultats ont montré que les personnes ayant une personnalité anxieuse présentent un niveau de stress basal plus élevé que les personnes n'ayant pas un tel type de personnalité[59]. Aujourd'hui, on croit que les personnes ayant une personnalité de type anxieux produisent plus d'hormones de stress dans leur quotidien, car elles ont plus tendance à interpréter des situations journalières comme

---

[*] Je vous entends déjà me dire « Mais que fais-tu de l'anxiété de performance, Sonia ? » J'y arrive, j'y arrive. Au prochain chapitre :)

étant menaçantes (*ma journée de travail sera difficile, mon conjoint va encore me faire la vie dure,* etc.), menant à une production accrue de cortisol.

La seconde caractéristique des personnes ayant une personnalité de type anxieux est qu'elles ont tendance à produire plus d'hormones de stress lorsqu'elles sont exposées à un « stress réactif », c'est-à-dire une situation menaçante[60]. Nous voyons souvent ce genre de résultats dans mon laboratoire. Lorsque nous exposons des gens à des conditions de stress en laboratoire, nous leur laissons toujours un peu de temps pour anticiper la condition à venir, question de mesurer les effets de l'anticipation d'un stresseur sur la production de cortisol. Nous voyons alors fréquemment des gens avec une personnalité de type anxieux produire autant d'hormones de stress durant l'anticipation du stress que lorsqu'ils sont exposés au stresseur[61] !

Parce qu'elles ont tendance à détecter beaucoup de menaces actuelles et à venir, les personnalités de type anxieux présentent une forte propension à vouloir contrôler tous les aspects de leur environnement dans le but de répondre au mieux à toutes ces menaces qui s'en viennent. Bien que les personnalités anxieuses puissent être un peu dérangeantes pour l'environnement, car elles ne cessent d'évaluer toutes les choses qui pourraient mal tourner dans les jours ou semaines à venir, cela ne fait pas d'elles des personnes souffrant d'un trouble mental. J'entends souvent des gens autour de moi se définir comme étant « anxieuses », comme s'ils décidaient eux-mêmes de s'affubler d'un diagnostic psychiatrique grave. Très souvent, en jasant avec ces personnes, je me rends compte qu'elles présentent une personnalité anxieuse mais qu'elles n'ont pas de trouble d'anxiété généralisée.

Je rêve du jour où les gens qui présentent une personnalité anxieuse cesseront de s'excuser de cela. J'adore travailler avec les personnalités anxieuses, et sachez que la majorité des personnes que j'emploie dans mon laboratoire sont engagées sur la base... de leur personnalité anxieuse :) La raison en est simple : les personnalités anxieuses sont hyper efficaces ! Parce qu'elles ont tendance à se projeter dans le futur pour détecter toute menace potentielle, elles ont la capacité de répondre très rapidement aux défis qui leur sont posés. Envoyez un courriel à une personnalité anxieuse, et il vous reviendra dans la minute qui suit ! Maintenant, tentez d'envoyer un courriel à une personne ayant une personnalité de type « chercheur de sensations fortes » et vous aurez une réponse dans un mois :)

Beaucoup de chercheurs considèrent que, si la personnalité anxieuse a survécu à travers les siècles, c'est que cette personnalité a des avantages pour la survie de l'espèce[1].

Si c'est le cas, alors on devrait prédire que les personnalités anxieuses auront tendance à éviter les circonstances dangereuses de la vie et à être plus sensibles aux différents dangers qui se présentent. Ceci devrait faire en sorte que la probabilité de survivre à des accidents est plus grande chez les gens qui ont une personnalité anxieuse par rapport à ceux qui ne présentent aucun trait anxieux.

Une étude publiée par un groupe de chercheurs britanniques en 2006 a confirmé cette hypothèse. Les chercheurs ont suivi 4070 hommes et femmes durant toute leur vie. Lorsque les participants avaient entre 13 et 16 ans, les chercheurs ont mesuré leur personnalité pour déterminer si elle était de type anxieux ou non. Ensuite, ils ont mesuré le nombre d'accidents mortels et non mortels chez l'ensemble des participants. Les résultats ont montré que les participants ayant une personnalité anxieuse présentaient beaucoup moins d'accidents mortels 25 ans plus tard que les gens n'ayant pas de personnalité anxieuse[62]. Le taux de survie des personnalités anxieuses était donc plus élevé que celui des personnalités non anxieuses. Ces résultats sont fascinants, car ils confirment que si la personnalité anxieuse existe encore aujourd'hui, c'est qu'elle a des avantages très clairs pour la survie de l'espèce !

L'état anxieux

Vous n'avez pas nécessairement une personnalité de type anxieux, mais l'année dernière, vous avez décidé de suivre un cours à l'université en dépit de votre horaire chargé au travail, et ce, dans le but d'obtenir une importante promotion. Vous voilà en fin de session et l'examen final est demain. Bien que ce ne soit que demain que vous serez exposé au stresseur qu'est l'examen, vous avez déjà les mains moites et votre cœur bat la chamade à la seule idée de l'examen à venir. Vous êtes dans un *état* anxieux et c'est tout à fait normal. En fait, cet état anxieux est même nécessaire pour que vous ayez une bonne note !

En effet, parce qu'il fait augmenter vos hormones de stress, cet état passager d'anxiété vous permet de bien performer. C'est pour cela qu'il existe, en fait. Des années de recherche ont montré qu'il existe une courbe en U inversé entre la quantité d'hormones de stress produites et leurs effets sur le corps et le cerveau[63]. Un peu de stress permet au cerveau de voir la situation comme étant un défi et de mobiliser l'énergie nécessaire pour y faire face.

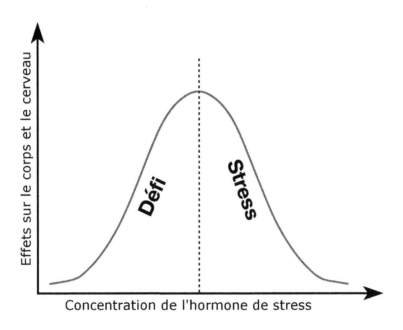

Ainsi, la réponse biologique de stress produite lors d'un état anxieux fait augmenter notre vigilance et nous aide à trouver des solutions aux problèmes qui se présentent[64]. J'ai étudié les effets du stress sur la mémoire pendant une bonne douzaine d'années et j'ai systématiquement montré qu'un peu de stress est extrêmement bénéfique pour la mémoire[65] ! C'est l'excès de stress — quand on passe du côté droit de la courbe en U inversé — qui est néfaste pour la performance, car lorsque trop d'hormones de stress sont produites, cela mène le cerveau à voir la situation comme étant un stress insoluble au lieu d'un défi.

S'il y a un domaine dans lequel on a bien compris les avantages d'un état anxieux sur la performance, c'est bien le sport. Les entraîneurs sportifs comprennent bien l'impact qu'un état anxieux bien négocié peut avoir sur la performance. Par exemple, une étude récente effectuée auprès de lutteurs a montré qu'une augmentation de l'état anxieux avant une compétition menait à une augmentation modérée des hormones de stress* et à des succès plus fréquents aux compétitions[66]. À l'inverse, l'étude a montré que les lutteurs ayant produit de fortes concentrations d'hormones de stress† en réponse à un état anxieux trop important avaient tendance à perdre plus fréquemment les luttes dans lesquelles ils s'engageaient.

Des résultats similaires ont été obtenus auprès d'athlètes pratiquant le judo. Ici, les chercheurs ont montré que les gagnants de la compétition avaient sécrété plus d'hormones de stress que les perdants lors de l'anticipation du match important[67]. Toutefois, les gagnants avaient sécrété juste assez d'hormones pour tomber du côté gauche de la courbe en U inversé et profiter du stress généré par la compétition.

J'ai un jour parlé à une comédienne qui m'a dit que la seule fois où elle n'avait pas eu le trac avant une représentation était celle où elle avait eu une performance médiocre. Elle avait réalisé que, bien que très désagréable à vivre, le trac qu'elle ressentait avant chaque représentation avait pour effet d'augmenter sa vigilance et d'affiner son jeu d'actrice. Son point de vue est confirmé par des études ayant montré que le trac est un état anxieux qui a pour effet d'augmenter la performance chez les artistes[68].

---

* Donc on reste dans la partie gauche de la courbe en U inversé.
† Se retrouvant donc dans la partie droite de la courbe en U inversé.

Alors souhaitons-nous de cesser d'avoir si peur de l'anxiété.

J'ai moi-même une personnalité de type anxieux et j'assume parfaitement cela. J'en suis même un peu fière… C'est toujours moi qui apporte le sac à dos contenant système de localisation GPS, briquet, trousse de survie et petit couteau quand on part en randonnée en montagne, au cas où on se perdrait-on-ne-sait-jamais-ce-qui-peut-arriver. Je ne m'en suis jamais encore servi :) Mais ce n'est pas grave. Soyez assurés que si jamais on se perd en forêt, je serai la plus populaire du groupe et que soudainement, on trouvera que ma personnalité anxieuse… est très, très pratique !

28

L'anxiété qui fait mal

Même si l'anxiété existe d'abord et avant tout pour nous aider à survivre, les études montrent que chez certaines personnes[*], quand le cerveau détecte des menaces de manière répétée, soit parce qu'on rumine depuis trop longtemps ou parce qu'il y en a de réelles dans notre environnement, il commence à se placer en mode «super-détection de menaces».

C'est un peu comme si le cerveau se disait : *Mon dieu ! Tu vis dans un environnement très dangereux ! Pour t'aider à survivre, je vais me placer en mode « super-détection de menaces » et comme cela, je vais pouvoir trouver et négocier toutes les menaces environnantes très rapidement et te permettre de survivre !* Et c'est ce qui fera en sorte qu'on va commencer à détecter des menaces là où il n'y en a pas vraiment.

L'anxiété, lorsqu'elle est non contrôlée, peut se développer en un trouble de santé mentale appelé trouble anxieux. Il y a plusieurs types de troubles anxieux, mais les quatre plus fréquents sont la phobie, l'anxiété généralisée, le trouble panique et l'anxiété sociale.

La phobie (ou les peurs préhistoriques)

Dans la phobie, la personne présente une peur qui est spécifique à un objet, endroit, etc. On peut ainsi avoir une phobie des araignées, comme on peut avoir une phobie des ponts. Dans tous les cas, la phobie est représentée par une peur démesurée de quelque chose qui normalement ne devrait pas créer de peur. On en connaît encore peu sur la manière dont les phobies se développent, mais certains chercheurs suggèrent que l'exposition à un objet ou situation ayant généré une

---

[*] On ne sait pas encore pourquoi ceci survient chez certaines personnes plutôt que d'autres, mais certaines données permettent de croire que l'exposition à l'adversité dans l'enfance pourrait jouer un rôle. Je discute de cela au chapitre 31.

forte peur pourrait créer une association « objet = danger » dans le cerveau et mener au développement d'une phobie[69]. D'autres chercheurs suggèrent que les phobies sont les vestiges de peurs anciennes que l'on traîne depuis la préhistoire[70]. Pour survivre au temps des mammouths, il était essentiel d'avoir peur des araignées, des serpents, des hauteurs, du regard des membres du clan[*], du sang, des orages et de la mort. Chez certaines personnes, ces peurs anciennes seraient encore actives et généreraient des phobies spécifiques à ces objets de terreur chez nos ancêtres.

L'anxiété généralisée (la menace incontrôlable)

Chez certaines personnes, les différentes formes d'anxiété qui sont vécues prennent une telle ampleur qu'elles ne sont plus capables de fonctionner normalement. Dans l'anxiété généralisée, les inquiétudes de la personne sont devenues tellement excessives qu'elles sont maintenant difficilement contrôlables. Les menaces prennent toute la place dans la vie de l'individu.

Les gens présentant une personnalité anxieuse sont plus sujets à développer un trouble d'anxiété généralisée, mais ils ne suivent pas tous ce chemin. Souvent, les gens avec un trait anxieux me demandent comment faire pour savoir quand leur personnalité anxieuse peut les mener à un désordre d'anxiété généralisée. La réponse est simple : quand l'anxiété que vous présentez commence à avoir des effets négatifs sur votre qualité de vie.

Par exemple, votre petite qui présente une personnalité anxieuse a commencé à développer une petite phobie sociale qui fait en sorte qu'elle refuse maintenant d'aller dormir chez ses amies lors des fêtes d'enfants. Ceci fait en sorte que plus aucune petite amie ne vient cogner à la porte de votre maison pour jouer avec la petite les fins de semaine et votre fille souffre beaucoup de cela. Voici venu le moment de consulter[†].

---

[*] Si les autres ne nous aimaient pas, ils nous expulsaient du clan et nos chances de survivre seul au temps de la préhistoire étaient presque inexistantes.

[†] Je présente les différentes approches pour traiter les troubles mentaux liés au stress au chapitre 32.

Le trouble panique (la peur des sensations physiques de stress)

Contrairement aux phobies, qui ont toutes une cause extérieure comme source de peur, le trouble panique trouve sa source dans les indices physiques propres à soi. La personne ressent les symptômes d'une réponse normale de stress (cœur qui bat, serrement dans la poitrine, mal de ventre, etc.), mais pour une raison encore inconnue, elle interprète ces indices physiologiques de stress comme étant extrêmement menaçants pour sa survie[71]. C'est dans ces conditions que la crise de panique survient. La fréquence et l'intensité des crises de panique peuvent être telles que la personne a du mal à fonctionner normalement, d'où la nécessité de consulter.

Une variante très intéressante du trouble panique est la sensibilité à l'anxiété. Sans nécessairement induire une attaque de panique en règle chaque fois que le corps émet une réponse de stress, la sensibilité à l'anxiété fait en sorte que la personne vit un état anxieux quand elle réalise que son corps produit une réponse de stress[72]. Des chercheurs ont montré que la sensibilité à l'anxiété était très présente chez les jeunes et qu'elle pouvait être un prédicteur du développement de troubles anxieux plus sévères[73].

L'anxiété sociale (la peur du regard des autres)

C'est lorsqu'une personne prend part à certaines activités sociales dans lesquelles sa performance peut être évaluée que l'anxiété sociale peut survenir. Une personne qui souffre d'anxiété sociale a peur d'être embarrassée, humiliée, rejetée ou est préoccupée par le jugement des autres. Pour ces raisons, les personnes souffrant d'anxiété sociale évitent souvent les situations où elles doivent parler en public, manger en public, etc.

L'anxiété de performance (la peur de l'évaluation)

Bien sûr, on ne peut pas parler d'anxiété sociale sans parler d'anxiété de performance. Ce type d'anxiété n'est pas un diagnostic psychiatrique en soi et fait partie de la catégorie de l'anxiété sociale.

Bien connue des milieux du sport et de l'art,
l'anxiété de performance vient de faire une entrée
spectaculaire dans les écoles.

Au cours de la dernière année, le Centre d'études sur le stress humain que je dirige a vu une importante augmentation du nombre d'appels provenant de parents et de professionnels de l'éducation pour obtenir de l'information sur l'anxiété de performance. Parents et professeurs nous disent qu'ils vivent une augmentation des cas d'anxiété de performance chez les enfants et les adolescents et ils se demandent quelle peut être la cause de cela.

L'anxiété de performance est fréquente chez les personnes ayant une personnalité de type anxieux et elle s'exprime toujours dans des situations où il y a évaluation[74]. Chez les jeunes et les adolescents, l'anxiété de performance s'exprime donc en lien avec les examens, tandis que chez les athlètes de tous âges, elle peut s'exprimer en lien avec les compétitions à venir[75].

L'anxiété de performance est caractérisée par deux types de manifestations. D'une part, on observe la présence de pensées intrusives négatives.

> La personne souffrant d'anxiété de performance a un hamster
> déchaîné qui est de mauvaise humeur à temps plein.

Le hamster ne cesse de crier aux oreilles de la personne qu'elle n'est bonne à rien, qu'elle va échouer, etc. Ensuite, la personne montre une forte sensibilité à l'anxiété. Toute réponse physique de stress ayant lieu avant ou durant un examen ou une compétition est interprétée par le cerveau comme une menace à l'atteinte de la performance. Ces pensées font en sorte que bien souvent, la réponse normale[*] de stress que la personne vit avant un examen ou une compétition devient démesurée[†] et mène à une diminution de performance[‡][76].

Ainsi, à l'inverse de l'état anxieux qui disparaît quand le stresseur cesse, l'anxiété de performance a tendance à s'incruster dans l'esprit de la personne. Elle résulte d'une mauvaise évaluation de la menace environnante et de la conviction que l'on n'a pas les ressources nécessaires pour faire face à cette menace. Bien peu d'études à ce jour se sont penchées sur les causes potentielles de l'augmentation perçue de l'anxiété de performance dans nos écoles. Toutefois, le nombre de plus en plus élevé d'examens auxquels les élèves sont soumis[77] pourrait avoir un rôle à jouer.

En effet, dans la science du stress, l'exposition à des examens est souvent utilisée comme stresseur environnemental, c'est-à-dire comme stresseur qui n'est pas créé artificiellement en laboratoire mais qui est présent naturellement dans l'environnement. Avec une collègue californienne, nous avons montré que les étudiants qui anticipent un examen ont tendance à produire des concentrations très élevées d'hormones de stress, démontrant le potentiel stressant des

---

[*] Qui nous place donc dans la partie gauche de la courbe en U inversé. Voir chapitre 27.

[†] Plaçant maintenant cette personne dans la partie droite de la courbe en U inversé. Voir même chapitre.

[‡] Cette diminution de la performance est due aux effets des hormones de stress sur le cerveau ou aux comportements d'évitement que les jeunes ont face à l'étude. Devant la peur d'échouer, ils cessent d'étudier.

évaluations[78]. Or, au cours des dernières années, et potentiellement en lien avec la méritocratie induite par les classements d'écoles, on a vu apparaître une augmentation notable du nombre d'examens auquel les élèves sont exposés au cours d'une année scolaire[77]. Chaque examen est une source potentielle de stress, particulièrement chez les jeunes qui sont sensibles aux classements scolaires et à l'importance d'entrer dans la «bonne école», ou le «bon programme», etc.[79]. Qui dit nombre d'examens élevé dit risque d'échec plus élevé[80]. Des échecs plus fréquents à des évaluations répétées pourraient mener le jeune à percevoir les évaluations comme une grande menace plutôt que de les voir comme un défi[74], et cela génère des niveaux élevés de stress ou d'anxiété.

Compte tenu de l'importance de «bien performer» pour entrer dans les meilleures écoles, il est possible que l'augmentation notable du nombre d'évaluations scolaires et le stress qui y est lié aient contribué, en partie, à augmenter l'anxiété de performance chez les jeunes vulnérables.

Toutefois, sachez que beaucoup d'autres facteurs comme ceux liés au jeune lui-même, au style parental, à l'école, aux professeurs, etc. sont présentement sous la loupe des chercheurs pour tenter de comprendre l'anxiété de performance[81]. Je suis certaine que l'explication de l'augmentation de l'anxiété de performance chez nos jeunes trouvera sûrement sa source dans l'interaction entre ces facteurs plutôt que dans un seul pris isolément.

Questionnaire d'anxiété

Si vous désirez savoir si vous avez une personnalité anxieuse qui est à risque de se développer en trouble anxieux, je vous invite à remplir un questionnaire sur la mesure de l'anxiété[82,83] en visitant le https://editionsvasavoir.com/liens/ et en cliquant sur *Questionnaire d'anxiété* sous l'onglet *Par amour du stress*.

29

La normalité des tunnels noirs

Éprouver un trouble mental à un certain moment de sa vie est la norme, et non l'exception[*].

— Jonathan Shaefer et collègues, Duke University et King's College de Londres[84]

Lorsque vous avez eu votre premier enfant, vous êtes-vous dit que jamais, au cours de sa vie, il ne développerait une maladie d'ordre physique? Aucun rhume, aucune infection, aucun diabète, aucun cancer?

Même si vous avez secrètement fait le vœu que rien n'arrive jamais à votre enfant, tout est à parier que lorsqu'il a attrapé son premier rhume ou a souffert de sa première infection, vous n'avez pas été étonné outre mesure, et vous n'avez pas tenu pour acquis qu'il souffrirait de ce désordre physique pour le reste de ses jours.

Vous vous êtes plutôt dit que c'était un mauvais moment à passer et que lorsque la maladie se résorberait, votre enfant redeviendrait lui-même et tout cela ne serait qu'un mauvais souvenir.

Alors… Pourquoi ne se dit-on pas la même chose par rapport à la dépression et ses troubles associés, tels les idées suicidaires, les abus d'alcool ou de drogues?

Et si ces désordres étaient comme des tunnels noirs dans lesquels on s'engage parfois à un certain moment de la vie parce qu'il est «normal» de rencontrer des défis qui nous rendent déprimés, épuisés, fatigués?

---

* Traduit de l'anglais: «[…] diagnosable mental disorder at some point during the life course is the norm, not the exception.»

Le mythe

La majorité des gens, des cliniciens et même des chercheurs scientifiques croit depuis longtemps que la norme en ce qui concerne la santé mentale est que la plupart des gens ne présenteront aucun épisode dépressif ou trouble associé au cours de la vie, tandis qu'une faible minorité en présentera un ou plusieurs.

Toutefois, des données très récentes en science montrent que ceci est un mythe et que cette idée est due à une faiblesse des études ayant porté sur la prévalence[*] de la dépression dans la population. Les premières études épidémiologiques[†] effectuées pour déterminer la prévalence de la dépression évaluaient les gens à un seul moment de leur vie pour leur demander s'ils avaient souffert — au cours de leur vie ou actuellement — d'une dépression ou de l'un de ses troubles mentaux associés.

En utilisant ce type de protocole de recherche, les études effectuées au Québec ont montré qu'en 2012, 12,2 % des personnes âgées de 15 ans et plus disent avoir souffert d'une dépression majeure au cours de leur vie[85]. Des chiffres similaires allant de 12 à 20 % de dépression au sein de la population sont rapportés dans les divers pays du monde[86]. Avec ces sondages téléphoniques effectués à un seul moment de la vie d'un individu, on est arrivé à la conclusion que près de 20 % de la population souffrira d'un épisode dépressif à un moment ou un autre de sa vie.

Toutefois, certains chercheurs ont commencé à critiquer ce type de protocole de recherche[84]. En effet, et compte tenu du stigmate lié à la dépression, il est possible que les participants à ce type de sondage minimisent le nombre d'épisodes dépressifs qu'ils ont vécus au cours de leur vie pour bien paraître aux yeux de l'équipe de recherche. De plus, puisqu'on demande aux gens de se rappeler les épisodes dépressifs de leur vie, il est possible que leur mémoire

---

[*] Nombre de cas mesurés à un moment donné au sein de la population.

[†] L'épidémiologie est un domaine de recherche qui se concentre sur de très larges populations de gens dans le but d'évaluer la distribution des maladies ainsi que des facteurs (éducation, style de vie, etc.) qui peuvent y contribuer.

ne soit pas parfaite. Enfin, il est possible que les gens qui souffrent d'une dépression refusent de répondre à ces sondages, ce qui ferait en sorte que les chiffres rapportés sont sous-estimés[87].

La réalité

Pour pallier ces problèmes, les chercheurs ont entrepris des études longitudinales dans lesquelles ils ont suivi sur une très longue période de temps (souvent plus de 30 ans) les mêmes personnes[84]. Chaque année, ils ont évalué les participants pour déceler la présence d'une dépression ou d'un trouble associé, comme les idées suicidaires et l'abus d'alcool ou de drogues. Après quelques années de ce suivi, les chercheurs ont fait une découverte très intéressante.

> Près de 80% des gens développeront
> un trouble mental au cours de leur vie.

Ce chiffre s'applique à l'ensemble des troubles mentaux (dépression, schizophrénie, trouble bipolaire, troubles anxieux, abus d'alcool et de drogues, etc.), mais les données sont fascinantes pour la dépression et ses troubles associés.

Le tableau ci-dessous montre le pourcentage de gens ayant reçu un diagnostic de dépression majeure ou d'un trouble qui lui est associé (idées suicidaires, abus d'alcool ou de drogues) quand ils sont testés une seule fois (comme dans les premières études effectuées sur ce sujet), deux fois ou trois fois et plus au cours de leur vie.

Lorsqu'on suit les personnes dans le temps, on observe que la majorité vivra *au moins* un épisode dépressif ou un trouble mental qui lui est associé au cours de sa vie.

	Participants testés une seule fois[*]	Participants testés deux fois	Participants testés trois fois ou plus
Dépression majeure	15,8 %	25,7 %	46 %
Idées suicidaires	0,6 %	1,7 %	6,5 %
Abus alcool	1,8 %	10,3 %	23,8 %
Abus drogues	1,8 %	6,4 %	22,4 %

Chiffres tirés de l'article de Schaefer JD, Caspi A, Belsky DW, Harrington H, Houts R, Horwood LJ, Hussong A, Ramrakha S, Poulton R, Moffitt TE. Enduring mental health: Prevalence and prediction. *J Abnorm Psychol.* 2017;126(2):212-224.

En regardant les chiffres sur la dépression et ses troubles mentaux associés, les chercheurs ont observé que près de 80 % des gens expérimentent l'un ou l'autre de ces troubles au cours de leur vie[84]. Enfin, un autre groupe de chercheurs a montré qu'il y a *plus* de probabilités qu'une personne développe un trouble mental au cours de sa vie qu'un diabète, un trouble cardiaque, un cancer et même la combinaison de ces trois désordres[88] !

Quelle découverte, quand même !

Les troubles sont transitoires

Quand les chercheurs ont fait cette découverte étonnante en 2017[84], ils ont souligné à quel point il serait difficile de croire ces résultats pour quiconque en prend connaissance. En effet, quand on est exposé la première fois à ces chiffres, on se dit qu'ils ne font aucun sens. Si 80 % des humains développent un trouble mental au cours de leur vie, la société sera en grande difficulté dans quelques années ! Toutefois, il y a une explication logique à ces chiffres. En effet, on

---

[*] Le chiffre présenté renvoie au pourcentage de participants disant avoir vécu ou vivant un épisode de dépression ou un trouble mental associé.

pense souvent que si l'on souffre d'une dépression ou d'un trouble mental associé, c'est pour la vie. Or, les données obtenues par les chercheurs montrent que ce n'est pas le cas.

Les chercheurs ont montré que ce chiffre est tout à fait plausible si l'on considère que les troubles mentaux développés par les gens ne sont pas chroniques, mais transitoires.

En suivant les gens sur plusieurs années, ils ont montré que la majorité de ceux qui développaient une dépression à un point ou à un autre de leur vie s'en remettait sans séquelles importantes[84]. De plus, certaines personnes n'allaient jamais consulter et réussissaient à aller mieux avec le temps sans jamais avoir été médicamentées ou en thérapie, tandis que d'autres avaient eu besoin de l'un ou l'autre pour bien se remettre.

Les tunnels noirs sont normaux

Ainsi, ce que les chercheurs ont montré est que la très grande majorité des gens vont passer à travers ce que j'appelle un «tunnel noir» au cours de leur vie. Vous savez, ces périodes où tout semble aller mal, où les astres ne sont pas alignés et où tout ce qui pouvait arriver de négatif survient? On a alors l'impression d'être dans un long tunnel noir et de ne jamais arriver à marcher assez longtemps ou assez rapidement pour atteindre la lumière du jour à l'autre bout.

J'ai moi-même eu une période de tunnel noir au cours de ma vie et j'ai passé plusieurs mois à me répéter que la lumière au bout du tunnel noir... n'était pas un train :) C'était le soleil qui allait finir par m'illuminer et me réchauffer. Et le temps a passé, les choses se sont replacées et je suis sortie du tunnel noir. Et j'avais raison. C'était le soleil qui m'attendait.

Ce n'est donc pas parce qu'on a un épisode dépressif au cours de sa vie qu'on souffrira jusqu'à la fin de nos jours d'un désordre mental incurable. C'est en fait la très grande majorité d'entre nous qui expérimentera ces épisodes de tunnel noir et qui s'en sortira sans trop de bleus et d'égratignures.

La normalité, c'est donc la présence transitoire d'un trouble mental comme une dépression ou un trouble associé au cours de la vie. En fait, ce qui est anormal, c'est l'absence totale d'un trouble mental au cours de la vie d'un individu[89].

Jamais, jamais aucun trouble mental?

De la même manière que vous trouveriez anormal que votre enfant vive jusqu'à 95 ans sans jamais développer un rhume ou une infection, il semble que ce qui est anormal en matière de santé mentale, c'est de ne *jamais* développer un trouble mental au cours de sa vie!

En suivant les gens sur une période de plus de 30 ans, les chercheurs ont montré que seulement 20% des gens passaient à travers la vie sans jamais développer un trouble mental[84]. Les chercheurs comparent ces gens résilients aux centenaires qui, en dépit de leur âge avancé, maintiennent une très bonne santé physique et cognitive.

En regardant ce qui caractérisait les gens résilients, les chercheurs ont observé que ceux qui ne développent aucun trouble mental au cours de leur vie ne sont pas nés dans des familles plus aisées, ne sont pas en meilleure forme physique et ne sont pas plus intelligents que les gens qui développent un trouble mental au cours de leur vie[84].

Toutefois, les gens résilients ont en général une personnalité plus positive (moins de colère, de frustration et de sautes d'humeur), et ils rapportent retirer une plus grande satisfaction de leur vie et de leurs relations que les personnes qui développent un trouble mental au cours de leur vie[84]. Ces caractéristiques positives peuvent bien sûr être à l'origine de la résilience de ces personnes et de leur absence de trouble mental, mais elles peuvent aussi être la conséquence du fait de vivre sans épisode dépressif ou trouble mental associé. Des recherches futures seront donc nécessaires pour mieux comprendre les facteurs qui prédisent une vie sans aucun tunnel noir :)

Et vous?

Je suis certaine que pendant que vous lisiez ce chapitre, vous vous êtes demandé si vous aviez déjà traversé un tunnel noir qui a affecté votre santé mentale. J'ose croire qu'il ne vous a pas été trop difficile de retrouver dans votre mémoire un ou deux tunnels noirs que vous avez traversés.

Lors de la grande traversée de votre tunnel noir, vous avez peut-être choisi de ne pas parler de votre état mental avec votre ami ou votre conjoint, de peur d'être jugé. Et pourtant, vous n'auriez eu aucun problème à parler de votre rhume de cerveau à qui veut l'entendre au bureau.

J'espère sincèrement qu'un jour, le stigmate lié aux troubles mentaux diminuera et qu'on pourra parler de nos tunnels noirs sans passer pour une personne faible. Quand on y pense, cela prend tellement plus de courage de passer à travers un tunnel noir qu'à travers une grippe !

30

Déprimé, épuisé ou surchargé?

Depuis près de 30 ans, je tente de mieux comprendre comment le stress chronique, en agissant sur notre système de pensées, peut nous mener à développer des désordres mentaux comme la dépression ou l'épuisement professionnel. Vous connaissez mieux que moi le stigmate lié aux troubles mentaux. Vous ne l'avez peut-être jamais dit à voix haute à un collègue, mais vous avez peut-être déjà dit à votre conjoint au repas du soir une phrase semblable : «C'est drôle ! Cela fait deux fois que Marie-Pierre quitte le travail pour trois mois, car elle souffre de dépression. Pourtant, Marie-Pierre et moi avons le même travail et moi, je suis encore au poste et en plus, je me tape tout son travail ! Petite faiblesse, hein ?»

Est-ce que la dépression et l'épuisement professionnel sont vraiment dus à une faiblesse de l'individu, ou se pourrait-il que, pour des raisons qu'on ne connaît pas encore (génétique, histoire de vie, etc.), lorsque les hormones de stress accèdent au cerveau de ces gens, elles aient pour effet de modifier leur façon de voir le monde de telle sorte que tranquillement, le verre devient à moitié vide plutôt qu'à moitié plein ?

Je peux vous dire que les dernières décennies de recherche sur ce sujet permettent de croire que c'est la deuxième interprétation qui est la bonne[90]. En effet, on se rend maintenant compte que, tout comme le corps ne peut gérer de fortes réponses de stress trop longtemps sans commencer à se dérégler, le cerveau semble tenter de s'adapter aux effets chroniques du stress en modifiant sa perception de ce qui est menaçant et ce qui ne l'est pas.

Aujourd'hui, on croit qu'il existe deux conséquences du stress chronique sur la capacité du cerveau à discriminer une information menaçante et une information non menaçante. Dans un premier cas, lorsque le cerveau est bombardé de façon chronique par les hormones de stress, il commence à détecter des menaces là où il n'y en a pas. Comme nous l'avons vu précédemment, cela s'apparente grandement au trouble anxieux[90].

Dans un autre cas, le cerveau cesse de détecter des menaces, comme si cela ne valait plus la peine de le faire. Ainsi, il n'y a plus rien qui est menaçant. Je m'en fous. Ceci s'apparente grandement aux manifestations de la dépression ou de l'épuisement professionnel[90].

Bien que l'on comprenne mieux maintenant le mécanisme par lequel la dépression et l'épuisement professionnel se développent, sachez que si vous allez voir votre médecin en vous plaignant de tristesse constante, de grande fatigue et d'une absence d'intérêt envers votre travail, vous recevrez un diagnostic de dépression et non d'épuisement professionnel[*]. La raison de cela est simple.

L'épuisement professionnel n'est pas catégorisé comme un trouble mental

Les instruments de diagnostic qui sont utilisés par les médecins et les psychiatres pour diagnostiquer des désordres mentaux[†] ne considèrent pas l'épuisement professionnel comme un trouble mental.

On considère ainsi que les manifestations d'un épuisement professionnel sont les mêmes que celles d'une dépression et on diagnostiquera donc une dépression lorsque quelqu'un présente les signes d'un épuisement professionnel[53]. Un peu d'histoire vous permettra de comprendre pourquoi il en est ainsi.

La notion d'épuisement professionnel a été introduite par Dr Freudenberger en 1974 pour décrire une symptomatologie mentale qui, à l'époque, était observée particulièrement chez les professionnels de la santé et de l'éducation. En 1981, Dr Maslach et Dr Jackson vont spécifier une règle *essentielle* pour diagnostiquer

---

[*] Du moins de la part d'un professionnel de la santé, comme un médecin ou un psychiatre. Toutefois, certains autres types de thérapeutes continuent de diagnostiquer des épuisements professionnels.

[†] Et vous permettre de retirer vos assurances invalidité pour le trouble mental dont vous souffrez.

un épuisement professionnel : la personne doit utiliser de l'empathie[*] de manière répétée et constante dans son travail. Ainsi, l'épuisement professionnel survient chez les travailleurs utilisant de l'empathie dans le cadre de leur travail (médecin, infirmière, enseignant, etc.), et le désordre apparaît chez ces gens, car à force de donner d'eux-mêmes pour aider les autres, et ce, jour après jour, ils finissent par épuiser leurs réserves émotives.

Toutefois, la grande popularité du terme d'épuisement professionnel dans les années 1990 a mené à une ambiguïté dans sa définition et sa présentation clinique. En effet, quatre symptômes très importants de l'épuisement professionnel sont aussi présents dans la dépression[91].

Symptômes communs à
l'épuisement professionnel et à la dépression :

- Troubles de la concentration
- Troubles de mémoire
- Troubles du sommeil
- Sentiment de fatigue

Sa similarité avec certaines caractéristiques de la dépression a mené grand nombre de cliniciens à diagnostiquer un épuisement professionnel à toutes sortes de personnes n'utilisant pas l'empathie au quotidien dans leur travail. Ce surdiagnostic a fait en sorte que plusieurs chercheurs et cliniciens ont commencé à remettre en question l'existence même de l'épuisement professionnel[92] et aujourd'hui, les médecins ne diagnostiquent plus l'épuisement professionnel. Ils préfèrent parler de « trouble de l'adaptation »[53].

La différence entre la dépression et l'épuisement professionnel

Bien que l'épuisement professionnel ne soit pas classifié comme un trouble mental et, donc, non diagnostiqué comme tel, les

---

[*] L'empathie est la capacité de s'identifier à autrui dans ce qu'il ressent. L'empathie, c'est lorsque quelqu'un prend le temps de vous écouter et de vous dire « Je comprends ce que tu ressens. Je vais t'aider à aller mieux. »

scientifiques du monde entier qui travaillent sur le stress vous diront que l'épuisement professionnel est une condition très différente de la dépression[50,93,94].

Bien que les deux conditions soient associées à l'exposition à un stress chronique, il existe des différences majeures sur les plans psychologique et biologique entre elles. Le tableau ci-dessous résume les différences les plus importantes entre la dépression et l'épuisement professionnel qui ont été décrites dans la littérature scientifique à ce jour[50,93,94].

Dépression	**Épuisement professionnel**
Facteurs psychologiques	
– Sentiment d'inutilité	– Sentiment d'échec
– Culpabilité excessive	– Irritation constante
– Tristesse permanente	– Cynisme
– Idées suicidaires	– Mauvaise image de soi
– Perte d'intérêt par rapport aux activités favorites	– Sentiment d'être à bout de force
Facteurs biologiques	
– Fortes concentrations d'hormones de stress	– Faibles concentrations d'hormones de stress

Pourquoi cette différence est importante

Certaines personnes pourraient se demander pourquoi les chercheurs prennent autant de temps à étudier les différences psychologiques et biologiques entre la dépression et l'épuisement professionnel puisque la personne qui souffre de l'une ou l'autre de ces conditions recevra des antidépresseurs et tentera de retourner au travail après quelques mois de rétablissement.

La raison est simple. Au début des années 2000, un chercheur de Québec, Dr Nicholas Barden, a montré que l'un des effets des antidépresseurs que l'on donne pour traiter la dépression est de diminuer les hormones de stress[95,96]. C'est une très bonne idée de diminuer les hormones de stress dans la dépression, puisque cette condition est caractérisée par une hyperproduction de cortisol. Toutefois, administrer des antidépresseurs qui diminuent les hormones de stress dans l'épuisement professionnel peut être une mauvaise idée, car cette condition est caractérisée par une hypo-production de cortisol. On contribue alors à diminuer les hormones de stress dans une condition qui n'en a déjà pas assez[97]. Il devient donc très important d'établir un diagnostic différentiel entre la dépression et l'épuisement professionnel[98]. Mais pour cela, l'épuisement professionnel doit devenir une condition que les entités médicales considèrent comme distincte de la dépression.

Bien qu'au moment où j'écris ces lignes ce pas n'a pas encore été franchi, il y a une lumière au bout du tunnel pour la recherche sur l'épuisement professionnel. En effet, le 28 mai 2019, l'Organisation mondiale de la Santé (OMS) a déclaré que l'épuisement professionnel est considéré comme un phénomène lié au travail[99]. Bien qu'il ne soit pas encore classé parmi les troubles mentaux, cette déclaration de l'OMS devrait redonner le vent dans les voiles pour étudier cette condition très spécifique et la comparer à deux autres conditions liées à l'épuisement professionnel qui ont récemment vu le jour.

L'épuisement occupationnel

Quelques années après avoir décrit l'épuisement professionnel qui survient chez les gens ayant des emplois à forte composante empathique, Dr Maslach va reprendre l'idée que l'épuisement puisse *aussi* survenir chez des travailleurs qui n'ont pas nécessairement un emploi à forte charge empathique[100]. Dans ce type d'épuisement appelé l'épuisement occupationnel, le travailleur donne trop de lui-même et s'épuise. Selon les recherches récentes, il existe trois types de travailleurs qui sont susceptibles de développer un épuisement occupationnel[98] :

- Le travailleur hyper dédié qui travaille trop et donne tout à son travail ;
- Le travailleur hyper impliqué qui n'a pas de vie en dehors de son travail ;
- Le travailleur autoritaire qui croit que personne ne peut faire le travail aussi bien que lui.

Encore ici, une personne ne recevra pas nécessairement un diagnostic d'épuisement occupationnel si elle présente l'un ou l'autre de ces tableaux psychologiques, mais la description de plus en plus détaillée des différents sous-types d'épuisement permettra sûrement aux chercheurs de découvrir les facteurs qui prédisent l'un ou l'autre de ces désordres et, donc, de mettre sur pied des outils thérapeutiques pour aider les gens à les négocier[101].

La surcharge mentale

Aussi appelée l'épuisement cognitif, la surcharge mentale survient lorsqu'une personne ressent un trop-plein mental lié au fait de gérer, organiser, planifier l'ensemble des activités (travail, famille, loisirs, médias, réseaux sociaux, etc.) qui composent le quotidien de notre ère contemporaine[102]. Il est vrai qu'au temps des mammouths, il y avait moins d'activités à gérer qu'aujourd'hui. On partait chasser le mammouth avec la même tunique que l'an dernier, et les enfants n'avaient pas toutes ces activités auxquelles il faut les amener.

Bien que plusieurs médias discutent souvent de la notion de surcharge mentale et que celle-ci soit très populaire sur les réseaux sociaux, bien peu d'études se sont penchées sur le phénomène[103,104], et aucun lien n'a encore été fait entre la surcharge mentale et d'autres troubles mentaux liés au stress, comme la dépression, l'anxiété ou l'épuisement professionnel.

Toutefois, et comme résumé au chapitre 22, le cerveau humain a des capacités limitées. Il est très difficile de faire plusieurs tâches à la fois, et lorsque nous effectuons des tâches qui utilisent le même type de ressources (verbales, visuospatiales ou motrices), le coût à payer pour ce multitâche est une diminution notable de notre performance. La surcharge mentale résulte de notre choix* de faire du multitâche de manière constante, car on croit que l'on sera plus efficace ainsi. Et on a très souvent tort.

Ce que la majorité des études souligne à ce jour est que la surstimulation qui vient avec notre monde contemporain et notre choix

---

* Oui, oui ! C'est nous qui choisissons bien souvent de faire ce multitâche. Personne ne nous place un revolver sur la tempe pour le faire :)

de faire du multitâche à temps plein commencent à surcharger les capacités limitées de notre cerveau et à induire un stress[102,103]. Ceci fait en sorte que la performance des individus ne cesse de diminuer. Par exemple, plusieurs études rapportent une augmentation notable du nombre d'erreurs médicales au cours des dernières années[105,106] et une diminution de la performance aux examens d'entrée dans les écoles secondaires[107,108].

C'est ce constat qui fait même dire à certains chercheurs que si l'humain veut continuer à se surstimuler en multitâche comme il le fait actuellement, il devra accepter qu'un nombre de plus en plus élevé d'emplois soient soutenus en totalité par des ordinateurs puisque ceux-ci n'ont pas de capacités cognitives limitées[109] et ne stressent pas à force d'être sursollicités.

Un tel constat donne froid dans le dos et il serait temps que l'humain comprenne qu'il y a un prix à payer pour la surstimulation du cerveau. Ce prix est un stress élevé et une diminution de la performance.

Questionnaires de dépression et d'épuisement professionnel

Si vous désirez savoir si vous présentez des caractéristiques de dépression ou d'épuisement professionnel, vous pouvez visiter le site web https://editionsvasavoir.com/liens/. Cliquez ensuite sur *Questionnaire de dépression*[110] ou *Questionnaire d'épuisement professionnel*[111] sous l'onglet *Par amour du stress*.

31

Désordre ou adaptation ?

Très souvent, quand je parle aux gens autour de moi, je réalise à quel point on a peur de la dépression, de l'anxiété et du petit hamster qui roule dans notre tête jour après jour. Dès que notre enfant présente une tristesse, on se lance chez le docteur, car on croit qu'une maladie incurable est en train de prendre naissance chez le petit. Dès que notre hamster nous empêche de dormir pendant plus de deux jours, on se dit que c'est la fin et qu'on est en train de développer des troubles du sommeil permanents. Dès qu'un adolescent pleure à l'idée de devoir faire une présentation orale devant la classe, on cesse toute forme d'évaluation qui implique un auditoire pour ne pas contribuer à induire un désordre anxieux chez le jeune.

Il faut éviter la maladie à tout prix. Il faut être heureux à temps plein. L'absence de bonheur est le signe d'un trouble mental.

Et si tout cela était faux ?

Votre meilleur ami

Comme je le dis souvent aux gens qui sont terrorisés par la dépression, l'anxiété et le hamster : croyez-vous sincèrement que le cerveau humain génère ces états pour vous faire la vie dure ? Comme si un beau matin, le cerveau se réveillait en se disant : « Eh, eh, eh… Aujourd'hui, je vais commencer à faire la vie dure à Louise et je vais lui envoyer une de ces dépressions du tonnerre qui lui fera très, très mal. Oui ! Oui ! Oui ! Youpi, que je vais m'amuser ! »

Je l'ai dit à plusieurs reprises dans ce livre : votre cerveau est votre meilleur allié, et son rôle principal est d'assurer votre survie. Il est donc scientifiquement inconcevable que le cerveau humain génère ces états d'âme sans raison et pour le simple plaisir de nous faire du mal. Si le cerveau procède de cette manière, c'est qu'il a de très bonnes raisons de le faire.

Et sa principale raison, c'est l'adaptation.

Ainsi, les «dérèglements» biologiques et psychologiques que l'on voit dans les désordres liés au stress ne seraient rien d'autre qu'une tentative du cerveau de s'adapter au stress chronique vécu par l'individu. C'est parce que les humains ont su s'adapter aux aléas de la vie qu'ils ont pu survivre depuis le début des temps. Ainsi, la réponse de stress existe d'abord et avant tout pour nous permettre de nous adapter. C'est comme si le cerveau se disait : *Tu vis dans un monde très stressant, toi. Si tu veux survivre, tu vas devoir changer ta manière de penser et je vais t'aider à faire cela*. Et c'est à ce moment, par le truchement des hormones de stress qui agissent sur le cerveau, que la pensée commence à se modifier. Bien sûr, elle se transforme souvent en tristesse (dépression), en détection constante de la menace (anxiété), ou en fatigue (épuisement professionnel). Mais chacun de ces désordres est aussi vu par les chercheurs étudiant le stress comme un message que notre cerveau nous envoie pour nous dire : *Il y a un nœud dans ta vie, mon ami… et que tu le veuilles ou non, tu vas devoir faire quelque chose pour t'y adapter*.

C'est en étudiant la manière dont se développe le cerveau des enfants qui grandissent dans l'adversité que les chercheurs en sont venus à comprendre comment ce dernier se modifie pour s'adapter à son environnement et ainsi assurer la survie de l'espèce.

Quand le cerveau s'adapte à l'adversité précoce

Depuis qu'il est né, Jérémy vit dans une famille dysfonctionnelle. Le petit mange rarement à sa faim et son père est souvent de très mauvaise humeur lorsqu'il revient tard le soir du bar du coin. Quand il avait 5 ans, Jérémy accourait vers son père à chacun de ses retours du bar pour lui parler de sa journée à l'école. Toutefois, il est souvent arrivé que Jérémy reçoive un ou deux coups de son père quand il allait à sa rencontre. De plus, quand son père le frappait ainsi, cela contribuait à créer un conflit entre sa mère (qui tentait de le défendre) et son père, et c'était souvent elle qui finissait par ramasser des coups en fin de soirée. Aujourd'hui, à 9 ans, Jérémy est devenu* un super détecteur

---

* Inconsciemment, bien sûr.

de menaces. Quand la porte de la maison s'ouvre pour laisser entrer son père, il prête l'oreille pour détecter si le pas de son paternel est lourd et il regarde par le haut de l'escalier si sa mâchoire est crispée. Si c'est le cas, cela veut dire qu'il revient du bar et qu'il y a risque de comportements violents de sa part. Jérémy demeure alors dans sa chambre, sans faire de bruit. Il prévient ainsi les coups qui pourraient pleuvoir sur lui et sur sa mère si elle tente de le défendre. En devenant un super détecteur de menaces, Jérémy s'est parfaitement adapté à son environnement familial. Ses chances de survie sont très grandes. Toutefois, lorsque Jérémy va à l'école et se bat avec ses amis en hurlant qu'ils l'ont menacé, il est parfaitement mésadapté à son environnement social. On dira du petit qu'il a un problème d'adaptation en milieu scolaire. Mais le cerveau de Jérémy se fiche de ces étiquettes, car en menant Jérémy à se développer ainsi, il a assuré la survie du petit, et c'est là son seul objectif.

Parfaite machine.

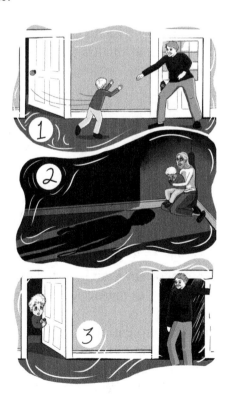

Des données issues d'études effectuées chez les enfants maltraités nous permettent de mieux comprendre comment le cerveau, en tentant de s'adapter, peut modifier notre façon de voir le monde. L'un de mes collègues, Dr Seth Pollak, de l'Université du Wisconsin, aux États-Unis, étudie depuis plusieurs années la manière dont les enfants maltraités (étant exposés à de la violence physique, verbale ou sexuelle) traitent l'information menaçante et non menaçante, et ce, dans le but de mieux comprendre comment leur cerveau peut développer un moyen de s'adapter aux conditions adverses dans lesquelles il évolue.

Dans une étude, Dr Pollak a présenté à un groupe d'enfants maltraités et à un groupe d'enfants non maltraités des visages souriants, neutres ou fâchés et il leur a demandé de peser le plus rapidement possible sur un bouton lorsqu'ils pouvaient dire si le visage était neutre, souriant ou fâché. Les résultats de l'étude ont montré que les enfants maltraités détectaient les visages fâchés bien plus rapidement que les enfants non maltraités. Cet effet n'était pas observé pour la détection des visages neutres ou souriants[112]. C'est comme si le cerveau des enfants maltraités, en détectant des menaces de façon quotidienne dans leur environnement familial, les menait à devenir des super détecteurs de menaces, et ce, dans le but de les aider à survivre[113,114].

Il est tout à fait possible que cet enfant devienne plus tard un adulte plus anxieux que la moyenne, habitué à détecter des menaces de façon constante au cours de son développement[115]. Il est aussi possible qu'à force de détecter des menaces, le système se place sur pause et plus rien ne devient menaçant[90]. Cela pourra être la source d'une symptomatologie dépressive à l'âge adulte. Il est intéressant de noter ici que près de 75 % des adultes souffrant d'une anxiété ou d'une dépression rapportent avoir grandi dans un milieu familial adverse où les stresseurs et les menaces étaient très fréquents[2].

À ce jour, les chercheurs croient que l'exposition à ces conditions adverses dans l'enfance a modifié le développement du cerveau et a pu avoir des conséquences importantes sur la manière dont ces gens perçoivent le monde et y réagissent[116,117]. En s'adaptant aux conditions adverses de l'enfance, le cerveau a assuré la survie de l'individu. Mais tout comme pour le corps, il y a eu un prix à payer pour cette adaptation, puisqu'en modifiant sa propension à détecter une menace, le stress chronique aura eu pour effet de mettre en place un système de pensée qui est plus ou moins sensible que la normale aux menaces environnantes[90].

Les messages que notre cerveau nous envoie

Sur la base de ces résultats, certains chercheurs ont commencé à suggérer que les désordres mentaux liés au stress auraient pour origine une tentative du cerveau d'envoyer un message à l'individu pour l'aider à s'adapter au stress environnant et à aller chercher ce dont il a besoin pour assurer sa survie[44,118,119].

Tu as besoin de soutien ! : Avez-vous remarqué que lorsque vous rencontrez quelqu'un qui vous demande comment vous allez, si vous répondez « Très bien, merci ! », cette personne a tendance à poursuivre son chemin, tandis que si vous répondez « Oh ! Je vais très mal ces temps-ci », elle a plutôt tendance à demeurer près de vous pour vous offrir du soutien ?

Selon certains chercheurs, la tristesse qui accompagne souvent les épisodes dépressifs ne serait pas là pour nous faire du mal[*], mais pour augmenter nos chances d'avoir du soutien social, nécessaire pour assurer la survie de l'espèce en temps préhistoriques[119]. En effet, dans le temps du mammouth, il était essentiel de demeurer dans le clan pour survivre. Lorsqu'un membre était rejeté du clan et devait poursuivre sa route seul, ses chances de survie étaient très minces. Difficile de se défendre contre un tigre à grandes dents quand on est seul avec sa lance et qu'on n'a pas six guerriers pour combattre à nos côtés ! Ainsi, la tristesse existerait pour diminuer les risques d'isolement et augmenter les chances de survie en temps difficiles[118]. C'est pour cela qu'il faut éviter de s'isoler lorsqu'on a un épisode dépressif. L'isolement contribue à augmenter la symptomatologie dépressive et est souvent associé aux idées suicidaires qui s'installent[120].

---

[*] Même si c'est le cas.

Il y a un nœud dans ta vie!: Une autre théorie évolutive suggère que les épisodes dépressifs ou l'épuisement professionnel existent pour nous avertir qu'il y a un nœud important dans notre vie[*] et que, bien que l'on ait tendance à mettre notre tête dans le sable pour ne pas le regarder, on doit y faire face pour diminuer notre stress[44]. En nous obligeant à nous mettre sur «pause» par l'arrivée de l'épisode dépressif ou de l'épuisement professionnel, le cerveau nous donnerait ainsi la chance de régler ce nœud. Un de mes collègues cliniciens dit souvent que lorsque les gens utilisent un épisode dépressif ou d'épuisement professionnel pour régler des choses très importantes dans leur vie, il est rare que cet épisode se reproduise.

Pourquoi la résistance au stress diminue

Cette théorie permet aussi d'expliquer pourquoi tant de gens ayant vécu un épisode dépressif ou un épuisement professionnel soulignent que leur résistance au stress n'a plus jamais été la même par la suite. Ainsi, les gens rapportent une très grande diminution de leur capacité à négocier le stress par rapport à la période ayant précédé l'arrivée d'un trouble mental. *J'étais capable de négocier le patron exigeant six jours par semaine sans flancher. Aujourd'hui, dès qu'il annonce une restructuration, je commence à avoir mal au ventre.*

Cette diminution de la résistance au stress après un épisode dépressif ou d'épuisement professionnel, c'est un peu comme si le cerveau vous disait: «Écoute... la dernière fois, tu as attendu tellement longtemps avant d'agir sur tes stresseurs que tu es tombé de très haut. Alors, pour t'aider à survivre, je vais tellement diminuer ta résistance au stress qu'à partir de maintenant, il te faudra 50% moins de stress avant de commencer à souffrir. Comme cela, je m'assure que tu n'atteignes plus jamais les niveaux de stress qui m'ont obligé à t'arrêter la fois dernière.»

Il fait encore une fois cela pour vous sauver la vie.

Quel allié, tout de même!

---

[*] Par exemple, on n'aime plus notre conjointe et on ne veut pas se l'avouer, on déteste notre emploi mais on n'a pas l'impression de pouvoir en trouver un autre, on est amoureuse de notre meilleure copine mais on est mariée, etc.

32

De l'aide pour sortir du tunnel noir

Parfois, le tunnel noir que l'on traverse est interminable. Au début de notre périple, on s'est dit que ce serait passager et que les choses se replaceraient dans quelques jours. Puis, les jours se sont changés en semaines, et les semaines en mois. Et à un certain moment, on cesse de chercher la lumière au bout du tunnel. On s'assoit par terre, vaincu.

Bien que les recherches aient montré qu'une très grande majorité de la population passera à travers un épisode dépressif au cours de sa vie et continuera par la suite de bien fonctionner[84,89], pour certaines personnes le tunnel noir n'en finit plus. C'est le trouble mental qui s'installe. Il peut prendre la forme d'un désordre anxieux, d'une dépression, d'un épuisement professionnel.

À force de vous jaser dans les conférences publiques que je donne, j'ai compris que les questions qui vous chicotent le plus par rapport aux troubles mentaux liés au stress chronique sont les suivantes : «OK... Je fais quoi quand je crois souffrir d'un désordre mental lié au stress ? Je vais où ? Je vois qui quand un trouble mental me fait trop souffrir ?»

Voici ci-dessous les réponses à vos questions les plus fréquentes :)

Je crois souffrir d'un trouble mental lié au stress, que dois-je faire ?

D'abord, il est important de savoir que les moyens de traiter les trois désordres mentaux les plus fréquemment liés au stress (l'anxiété, la dépression et l'épuisement professionnel) sont très souvent les mêmes. Tenez donc pour acquis que les informations ci-dessous s'appliquent à tout trouble mental associé au stress chronique.

Quand vous présentez un trouble mental lié au stress, la meilleure personne pour traiter ce trouble est un psychologue. Toutefois, vous pouvez aussi aller voir votre médecin de famille, qui peut être habileté à diagnostiquer un trouble mental. Le médecin peut prescrire une médication pour traiter le trouble, tandis que le psychologue n'est pas en mesure de le faire. Le psychologue est par contre habileté à vous aider au moyen d'une thérapie.

Le choix ou non de prendre une médication[*] pour traiter le trouble mental vous revient et vous pouvez choisir de traiter le désordre par médication, par thérapie, ou les deux. C'est souvent par essais et erreurs qu'on découvre la meilleure recette pour soi. Sachez que pour l'ensemble des troubles mentaux liés au stress, la thérapie s'avère aussi efficace que la médication, mais que dans les troubles très sévères, la combinaison de la médication et de la thérapie peut s'avérer la meilleure recette pour combattre le trouble mental lié au stress[121]. Il est donc important de discuter de cela avec son médecin ou son psychologue.

Quelle psychothérapie choisir pour traiter un trouble mental lié au stress?

Il existe différents types de thérapies psychologiques qui peuvent aider les personnes souffrant d'un trouble mental lié au stress, mais l'une des plus efficaces est la thérapie cognitivo-comportementale, ou TCC. Dans ce type de thérapie, le psychologue travaille avec le patient pour redresser les distorsions cognitives qui font partie de son quotidien. Une distorsion cognitive renvoie aux pensées non fondées que l'on retrouve chez la personne souffrant d'un trouble mental lié au stress. Ainsi, un enfant présentant un trouble anxieux aura peur d'aller à l'école, et ce, même s'il n'existe aucun danger à l'école. Cet enfant présente donc une distorsion cognitive.

Dans la thérapie cognitivo-comportementale, le thérapeute travaille avec le patient pour modifier la distorsion cognitive et faire en sorte que chaque fois qu'une pensée distorsionnée survient, le patient est

---

[*] En général un antidépresseur ou un anxiolytique.

capable de la modifier pour la neutraliser... et donc cesser d'avoir peur. Ce type de thérapie fonctionne très bien auprès des personnes anxieuses, mais pour qu'elle soit efficace, le patient doit accepter de faire les devoirs qui lui seront donnés par le thérapeute.

En jasant avec les personnes qui assistent à mes conférences, j'ai réalisé que beaucoup de gens ont encore cette idée voulant que lorsqu'on va voir un psychologue, on s'étend sur un sofa et on jase pendant une heure et le psychologue nous écoute. Après un certain temps, le psychologue dit soudain un mot magique et on est guéri. Il n'y a rien de plus faux que cette image !

Quand on veut régler un problème psychologique, il faut accepter de travailler très fort sur ce problème. C'est notre cerveau qui génère ces distorsions cognitives et, donc, ce sera à nous de travailler à contrôler ces idées. La thérapie cognitivo-comportementale est donc très efficace, mais elle demande au patient de faire beaucoup de devoirs. Par exemple, chaque fois que vous avez une pensée catastrophique (telle que : *je vais me faire manger par un ours si je fais une randonnée pédestre*), vous devez travailler sur cette pensée pour rétablir la distorsion et réaliser que la probabilité que ceci survienne est moindre que celle où tout se passera merveilleusement bien. Un travail similaire peut être fait en thérapie pour les distorsions cognitives liées à la dépression (*je serai toujours triste, ma vie ne redeviendra jamais comme avant*) ou à l'épuisement professionnel (*on sait bien, le patron fait tout pour être contre moi; si je ne travaille pas 100 heures par semaine, je ne suis pas un bon employé*). Donc si, à titre de patient, vous n'êtes pas prêt à faire les devoirs qui viennent avec la thérapie cognitivo-comportementale, vous perdez votre temps et votre argent. Toutefois, si vous acceptez de travailler sur vos distorsions cognitives en faisant les devoirs que votre psychologue vous donne, la thérapie est efficace.

Une étude récente auprès de personnes anxieuses évalue que 51 % de celles qui font une thérapie cognitivo-comportementale ne montrent plus de comportements anxieux à la fin, et 62 % fonctionnent beaucoup mieux même si elles ont encore un peu de comportements anxieux à la fin de la thérapie[122]. Les études montrent aussi des effets positifs de la thérapie cognitivo-comportementale pour le traitement de la dépression[123].

Si la thérapie cognitivo-comportementale ne vous intéresse pas, il existe deux autres approches qui commencent à démontrer leur efficacité dans le traitement des troubles mentaux liés au stress. Ces deux approches ont en commun de vous aider à négocier votre hamster. La première approche s'appelle la thérapie d'acceptation et d'engagement[124]. Ici, au lieu de vous aider à contrôler vos pensées, le thérapeute vous aide à les contempler (on regarde notre hamster dans les yeux au lieu de l'éviter à tout prix) sans les juger. Une étude récente montre que la thérapie d'acceptation et d'engagement est aussi efficace que la thérapie cognitivo-comportementale pour traiter le trouble anxieux[125]. Enfin, vous pouvez opter pour la thérapie pleine conscience, dans laquelle le thérapeute vous aide à porter votre attention sur le moment présent et les sensations physiques et émotionnelles qui y sont associées. En vous ramenant au moment présent, cette forme de thérapie vous aide à cesser de vous projeter dans un futur toujours incertain. Une récente analyse montre que ce type de thérapie est efficace pour traiter les troubles mentaux liés au stress[126]. Enfin, d'autres études montrent que les thérapies d'acceptation/engagement et de pleine conscience sont aussi efficaces l'une que l'autre pour traiter les désordres liés au stress, mais elles le sont un peu moins que la thérapie cognitivo-comportementale[127]. Ceci pourrait s'expliquer par le fait que des études récentes sur les effets de la méditation montrent que, bien que certaines personnes puissent largement bénéficier des approches dans lesquelles on les entraîne à écouter leur hamster intérieur, d'autres (particulièrement les jeunes hommes[128]) montrent des effets négatifs lorsqu'on les pousse à méditer*.

Comment trouver un psychologue pour traiter un trouble mental lié au stress ?

Très souvent, vous allez chez votre médecin pour lui parler d'un trouble anxieux ou dépressif qui est en train de se développer ou qui

---

* Pour un chapitre complet sur le sujet, voir mon second livre, *À chacun son stress*, 2019.

est déjà bien installé et, après qu'il vous ait prescrit une médication, le médecin vous suggère de voir un psychologue pour combiner la médication avec une psychothérapie.

Vous trouvez l'idée excellente, vous sortez du bureau du médecin et soudain, cela vous frappe. *OK... mais on trouve cela comment, un psychologue ? J'appelle qui ? Je vais où ?* Et soudain, le hamster repart...

Laissez-moi vous aider un petit peu ici.

Tous les psychologues ne pratiquent pas les mêmes genres de thérapies[*], et il devient donc important de trouver le psychologue qui utilise le type de thérapie qui vous intéresse. La meilleure manière de trouver ce type de psychologue est d'aller sur le site web de l'Ordre des psychologues du Québec à l'adresse suivante : https://www.ordrepsy.qc.ca/.

En 2016, l'équipe du Centre d'études sur le stress humain a écrit un numéro spécial complet du *Mammouth Magazine*[†] sur la gestion du stress, et dans ce numéro spécial, il y a un article complet qui décrit étape par étape comment trouver un psychologue dans son quartier en utilisant le site de l'Ordre des psychologues du Québec. Vous trouverez ce numéro du *Mammouth Magazine* en visitant le https://editionsvasavoir.com/liens/ et en cliquant sur ***Mammouth Magazine : Se trouver un psychologue en ligne*** sous l'onglet *Par amour du stress*.

Oui, mais je veux être certain de trouver un bon psychologue !

Chaque année, des gens qui me connaissent de près ou de loin m'écrivent pour me demander de leur donner le nom d'un « bon »

---

[*] Toutefois, certains psychologues utilisent plusieurs formes de psychothérapies dans leur pratique. Ils utilisent alors une approche dite éclectique.

[†] Qui est le magazine officiel du laboratoire. Le magazine est écrit pour le public dans le but de transférer toutes les nouvelles données scientifiques sur le stress. N'hésitez pas à consulter les autres numéros du *Mammouth Magazine* à l'adresse suivante : https://www.stresshumain.ca/a-propos/mammouth-magazine/.

psychologue pour eux-mêmes, leur conjoint, leur enfant. On veut être certain de trouver la perle rare de psychologue qui nous guérira de notre trouble mental lié au stress. Je vous dis ici ce que je répète à tous ces gens : la notion de «bon psychologue» ne veut pas dire grand-chose. Tous les psychologues reçoivent la même formation universitaire et ils doivent posséder un doctorat pour pouvoir pratiquer.

En fait, dans la majorité des cas, trouver un «bon» psychologue veut dire trouver un professionnel avec lequel on développera une bonne *alliance thérapeutique*.

Trouver un psychologue avec lequel on se sent bien, c'est un peu l'équivalent de se trouver un compagnon de vie. Ça prend parfois plusieurs essais avant de trouver le bon !

Il existe entre un patient et son psychologue ce qu'on appelle l'alliance thérapeutique. Ceci fait référence au sentiment de confiance qui s'installe entre le patient et son psychologue lors des différentes rencontres.

Ainsi, de la même manière qu'on peut parfois rencontrer quelqu'un et se dire *Non… ça ne clique pas entre nous*, et ce, sans trop savoir pourquoi, il est tout à fait possible que lors de la première ou seconde rencontre avec un nouveau psychologue, on ait ce même sentiment. C'est tout à fait normal et cela veut seulement dire que l'alliance ou la *vibe*[*] entre vous et votre psychologue n'est pas là. Cela ne veut pas dire que ce psychologue n'est pas bon ou que vous êtes trop difficile, cela veut simplement dire que l'alliance entre vous deux n'est pas présente.

Quand ceci arrive, il est préférable de trouver un autre psychologue, car une mauvaise alliance thérapeutique diminue la probabilité d'avoir une thérapie efficace. Ainsi, quand ça ne clique pas avec un psychologue, on continue de chercher jusqu'à ce qu'on ait trouvé la personne qui nous convient. Oui, cela peut prendre un peu de

---

[*] En bon québécois !

temps et entraîner des coûts, mais quand on est déterminé à se sortir d'un tunnel noir, cela vaut souvent la peine de procéder ainsi.

Quand vous aurez trouvé la personne qui vous convient, l'alliance thérapeutique entre vous deux sera grande et vous ferez des pas de géants dans votre rétablissement.

Mais je n'ai pas les moyens de me payer un psychologue

Ce n'est pas tout le monde qui a les moyens de se payer un psychologue en clinique privée[*]. En 2019, le gouvernement québécois a mis sur pied le Programme québécois pour les troubles mentaux (PQPTM), qui vise à offrir à la population un accès à des services de santé mentale. Au moment où j'écris ce livre, on me dit que le programme n'est pas encore déployé à l'ensemble du Québec. Toutefois, lorsqu'il le sera, il permettra aux gens souffrant de divers troubles mentaux d'avoir accès à des psychothérapies gratuites. Des services sont déjà offerts dans certaines régions et pour avoir plus d'information, n'hésitez pas à visiter le https://editionsvasavoir. com/liens/ et cliquez sur **Programme québécois pour les troubles mentaux** sous l'onglet *Par amour du stress*.

Si votre région ne fait pas encore partie des endroits où le programme est déployé, sachez que dans les cégeps et les universités, des services psychologiques sont offerts gratuitement aux étudiants. Si vous n'êtes pas étudiant, sachez aussi que plusieurs universités offrent l'accès à une clinique de psychologie à faible coût où vous pouvez recevoir des traitements de la part d'un stagiaire supervisé par un psychologue chevronné.

Enfin, bon nombre d'entreprises possèdent un programme d'aide aux employés qui offre plusieurs séances de psychothérapie gratuites.

Mais peu importe ce qui arrive, ne baissez jamais les bras, car vous avez beaucoup plus de contrôle sur le stress que vous le croyez.

Continuez de lire… Vous verrez :)

---

[*] Calculer des coûts entre 80 $ et 130 $ la séance.

PARTIE 9

Le grand paradoxe

Le stress modifie la manière dont vous pensez.
Mais la manière dont vous pensez peut *aussi*
générer une réponse de stress.
Changez votre manière de penser, et vous pourrez
diminuer votre réponse de stress.

33

Eustress versus détresse

Le stress n'est pas ce qui vous arrive, mais la manière dont vous y réagissez.

— Hans Selye, 1976[129]

Comme nous l'avons vu au chapitre 13, contrairement aux stresseurs absolus, les stresseurs relatifs sont liés à l'interprétation que l'on a de notre environnement (situations, personnes, etc.). Lorsqu'on fait face à une situation qui comporte une ou plusieurs des caractéristiques du CINÉ (contrôle faible, imprévisibilité, nouveauté, ego menacé), il y a activation de la réponse biologique de stress. Les hormones de stress qui sont produites en réponse à un stresseur absolu ou relatif accèdent à notre cerveau et modifient notre manière de penser. Ceci peut nous aider à nous adapter, mais peut aussi mener aux troubles mentaux liés au stress.

Nos ancêtres préhistoriques qui chassaient le mammouth étaient majoritairement exposés à des stresseurs absolus, qui constituent une menace réelle pour la survie. À l'inverse, de nos jours, nous sommes majoritairement exposés à des stresseurs relatifs, qui ne constituent pas une menace à la survie mais qui surviennent lorsque quelqu'un menace notre ego, quand nous n'avons pas l'impression d'avoir le contrôle sur une situation, ou lorsque cette dernière est nouvelle ou imprévisible.

Cette donnée scientifique est extrêmement importante, car elle démontre que selon la manière dont on interprète une situation, on produit ou non une réponse de stress qui, en devenant chronique, peut avoir des effets délétères sur notre santé physique et mentale. Quand on comprend cela, on comprend à quel point les stresseurs relatifs sont personnels :

- Ce qui est nouveau pour vous ne l'est pas nécessairement pour une autre personne ;
- Ce qui est imprévisible pour votre enfant ne l'est pas nécessairement pour vous ;
- Ce que vous avez l'impression de contrôler peut sembler complètement hors de contrôle pour une autre personne ;
- Et ce qui peut être menaçant pour votre ego peut laisser de glace une autre personne.

L'autre constat important que l'on fait est le suivant : puisque les stresseurs relatifs résultent d'une interprétation de notre environnement, ils sont modifiables.

Changez votre interprétation d'un événement, et vous pouvez diminuer votre production d'hormones de stress[*] en réponse à cet événement.

Voici quelques exemples de la littérature scientifique.

La différence fondamentale entre eustress et détresse

C'est le Dr Hans Selye, le père de la science du stress, qui a proposé les termes d'« eustress » et de « détresse[129] ».

L'eustress représente le « bon stress », et cette notion trouve sa source dans une observation très importante faite chez l'humain : si vous avez une interprétation positive d'une situation, *quelle qu'elle soit*, vous ne produirez jamais suffisamment d'hormones pour qu'elles vous soient néfastes à long terme. Ainsi, et comme présenté dans la figure ci-dessous, quand vous interprétez une situation comme étant un défi (eustress) plutôt qu'un stress, vous vous retrouvez dans la partie gauche de la courbe en U inversé du stress et donc, vous produisez juste assez d'hormones de stress pour bénéficier de

---

[*] Et ses effets délétères à long terme sur votre santé physique et mentale.

210

leurs effets positifs. Par contre, si vous interprétez la même situation comme étant négative ou au-delà de vos capacités ou comme un signe que tout va mal dans votre vie (détresse), vous risquez de produire trop d'hormones de stress et de vous retrouver dans la partie droite de la courbe en U inversé.

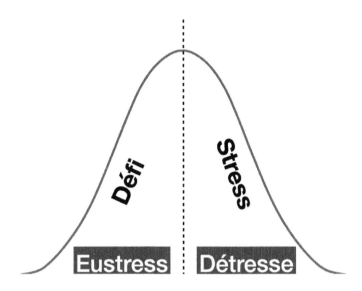

Pensez aux jeunes adolescents qui sont à la recherche de sensations fortes. Vous savez, ces jeunes qui embarquent dans un avion et qui s'élancent de l'appareil pour atterrir directement sur une pente de ski sans penser aux avalanches qui pourraient les mettre à risque? Très tôt dans la science du stress, les chercheurs se sont dit que cette situation devait générer une importante réponse de stress chez ces jeunes. Lorsqu'ils les ont testés, les chercheurs ont observé que, bien que les individus à la recherche de sensations fortes produisent assez d'hormones de stress pour se donner un sentiment de *high*, ils n'en produisent pas suffisamment pour se faire du tort à long terme[130].

La détresse est l'inverse de l'eustress et représente le «mauvais stress». Si vous me lancez du haut d'un avion sur une pente de ski, je serai en complète détresse*, car j'ai une interprétation négative de cette situation. Je ne veux pas être là, je ne veux pas faire cette

---

* Et ce, même si j'ai des skis aux pieds!

activité que je trouve trop dangereuse pour moi. Parce que moi, j'ai une interprétation négative de la situation, je risque de produire trop d'hormones de stress et de me retrouver dans la partie droite de la courbe en U inversé du stress.

Et pourtant, la situation est la même

Dans les deux cas décrits ci-dessus, la situation est la même (saut d'un avion sur une pente de ski), mais l'individu qui en a une interprétation positive ne subira pas les effets néfastes du stress, tandis que l'individu qui en a une interprétation négative, oui.

L'interprétation que l'on fait d'une situation peut bien sûr dépendre de notre expérience. Dans une série d'études fascinantes, des chercheurs ont comparé les hormones de stress de gens qui allaient sauter pour la première fois en parachute à celles de leurs entraîneurs qui, eux, avaient déjà fait des centaines de sauts[130,131]. La partie supérieure de la figure ci-dessous présente les résultats obtenus.

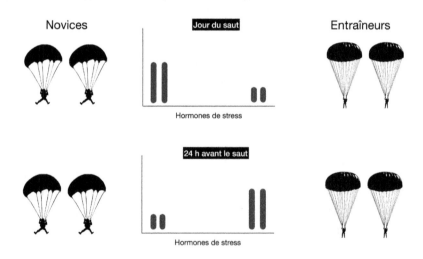

Lorsque les chercheurs ont mesuré les hormones de stress de ces deux groupes de participants quelques minutes avant le saut, ils ont observé que les concentrations de cortisol étaient très élevées chez les personnes qui allaient sauter pour la première fois, tandis que celles mesurées chez les entraîneurs étaient très faibles. Les deux groupes de participants étaient soumis à la *même* situation (saut en parachute dans quelques minutes), mais ils produisaient des concentrations d'hormones de stress qui étaient grandement différentes en fonction de leur expérience.

Par la suite, les chercheurs ont eu la bonne idée de mesurer les hormones de stress chez ces deux mêmes groupes de participants 24 heures avant le saut. C'est alors qu'ils ont observé des résultats complètement différents. La partie inférieure de la figure présente les résultats obtenus. Les gens qui allaient sauter pour la première fois dans 24 heures ne présentaient pas d'augmentations des hormones de stress. Ils ne savaient pas encore ce qui les attendait. À l'inverse, les entraîneurs présentaient une augmentation de cortisol. Sur la base de leur expérience, ils anticipaient le saut du lendemain[130,131]. Encore une fois, les deux groupes de participants étaient soumis à la *même* situation (saut en parachute dans 24 heures), mais ils produisaient des concentrations d'hormones de stress qui étaient grandement différentes en fonction de leur expérience.

Des résultats similaires ont été observés chez des groupes de soldats et leurs officiers supérieurs qui attendaient une attaque ennemie. Les soldats présentaient de faibles concentrations d'hormones de stress alors que les officiers — qui anticipaient mieux le danger lié à cette situation — présentaient de très fortes concentrations de cortisol[132].

Un autre exemple est celui de groupes de soldats qui se trouvent dans les avions utilisés pour pratiquer des pilotes à atterrir sur des plateformes de bateaux en mouvement. Une étude a montré que les officiers radio installés dans l'avion et discutant avec la tour de contrôle présentent des concentrations faibles de cortisol, tandis que les pilotes présentent de très fortes concentrations d'hormones de stress. Les deux groupes de soldats sont autant à risque l'un que l'autre d'être impliqués dans un accident (ils sont dans le même avion). Et pourtant, seuls les pilotes présentent des concentrations élevées d'hormones de stress, sûrement à cause de leur connaissance accrue des risques encourus[133].

Dans toutes ces études, on observe une production d'hormones de stress en fonction de *l'interprétation* que les individus font des situations dans lesquelles ils sont placés, et en fonction de leur expérience. Ces différents exemples issus de la littérature scientifique résument bien la force spectaculaire de l'interprétation d'une situation sur la production d'un bon (eustress) ou d'un mauvais (détresse) stress.

Changez votre interprétation d'une situation, et il y a une forte probabilité que ceci ait un impact sur la production (ou non) d'hormones de stress.

34

Négocier un stresseur absolu

Un jour, je donnais une conférence publique et je discutais des effets de notre interprétation d'une situation sur notre réponse de stress quand une femme au fond de la salle leva vivement la main. Je lui donnai la parole. Elle commença à parler d'une voix chevrotante, prise par l'émotion qui l'habitait. Elle me dit : « Madame Lupien, je veux bien croire que mon stress peut résulter de la manière dont j'interprète une situation, mais il y a des limites à cela ! Ma jeune fille a la leucémie et elle risque de mourir. Je stresse nuit et jour de ne pas savoir ce qui arrivera à mon enfant. Ne venez pas me dire que je stresse à ce point car j'interprète la situation comme étant nouvelle et sans contrôle et que si j'en modifiais mon interprétation, cela contribuerait à diminuer mon stress ! C'est impossible ! »

Bien sûr, quoique nous soyons de nos jours exposés majoritairement à des stresseurs relatifs, il reste encore des stresseurs absolus dans notre monde contemporain et la maladie d'un enfant qui porte atteinte à sa survie en est un parfait exemple. La réponse de stress induite par ce genre de stresseur absolu n'a rien à voir avec le CINÉ. Ceci est une menace réelle à la survie.

Toutefois, des études effectuées au milieu des années 1960 ont montré que, même devant un stresseur absolu, la manière dont une personne interprète la situation peut moduler sa production d'hormones de stress.

Je vous raconte.

Mon enfant a une maladie très sévère

Dès l'année 1963, des chercheurs ont montré que la production d'hormones de stress chez les parents d'enfants souffrant de leucémie — et donc qui font face à un stresseur absolu — dépend de l'interprétation qu'ils se font de la maladie de leur enfant. Pendant huit mois de l'année 1963, Dr Mason et Dr Friedman, deux chercheurs du National Institute of Health aux États-Unis, ont suivi un groupe de parents d'enfants souffrant de leucémie chez qui ils mesurèrent les hormones de stress[134,135]. Ils firent des entrevues très poussées avec chaque parent (père et mère) dans le but de mieux comprendre comment ils négociaient le stresseur absolu lié à la maladie de leur enfant.

En 1963, les chances de survivre à une leucémie infantile étaient très minces et tous les enfants de l'étude du Dr Mason moururent au cours des huit mois de l'étude. Or, les chercheurs observèrent que les parents qui refusaient d'admettre que la maladie dont était affligé leur enfant pouvait être mortelle produisaient moins d'hormones de stress que les parents qui ne niaient pas la gravité de la maladie. Nier la maladie de son enfant semblait donc avoir pour effet de diminuer la production d'hormones de stress.

Toutefois, les résultats du Dr Mason démontrèrent que le déni n'était qu'une solution temporaire. En suivant les parents après le décès de leur enfant, il observa que le niveau des hormones de stress augmentait drastiquement chez ceux qui étaient en déni, comme si leur refus n'avait fait que retarder la réponse importante de stress chez eux. Il rapporta aussi que les parents qui faisaient des efforts importants pour s'informer sur la maladie de leur enfant en question-nant le médecin, en lisant des livres et des magazines sur le sujet, produisaient en fin de compte moins d'hormones de stress que les autres parents.

Cette anecdote est importante, car elle démontre bien le pouvoir du CINÉ, et ce, même en réponse à un stresseur absolu. En effet, que faisaient les parents lorsqu'ils s'informaient sur la maladie de leur enfant ? Ils diminuaient la nouveauté et l'imprévisibilité de la situation (ils savaient ce qu'était la maladie et comment elle se manifesterait), et ils augmentaient leur impression (je dis bien *impression*) d'avoir le contrôle sur la situation. Ces parents ne pouvaient pas avoir le contrôle sur la maladie de leur enfant. Ce serait à la médecine et non au parent de sauver l'enfant. Toutefois, en s'informant sur la maladie de leur enfant, ils avaient *l'impression* d'avoir plus de contrôle sur celle-ci. Cette augmentation de l'impression de contrôle a eu pour effet de diminuer la perception de menace par rapport à la maladie et les hormones de stress chez ces parents. Cet effet persista après la mort de leur enfant[134,135].

> C'est donc *l'impression* d'avoir le contrôle sur une situation qui est le facteur important dans la notion de «contrôle» du CINÉ, et non le contrôle lui-même.

Petit bémol

Cependant, la recherche active d'informations pour augmenter l'impression de contrôle n'est pas la solution miracle pour tous les parents d'enfants malades. En effet, si vous êtes de type anxieux, cette recherche d'informations sur la maladie de votre enfant en utilisant l'internet de l'ère moderne peut augmenter votre anxiété et vous faire produire plus d'hormones de stress. Lors de l'étude du Dr Mason en 1963, seuls des livres et des magazines étaient disponibles. Toutefois, l'internet génère une panoplie d'informations et de liens à d'autres sites qui peuvent faire en sorte que la recherche sur une maladie peut vous mener à trouver des informations similaires sur une tout autre maladie, et vous voilà souffrant de deux maladies plutôt qu'une !

Mon fils souffrait de reflux gastriques lorsqu'il était bébé. Âgé de deux ans à l'époque, il peinait réellement pour verbaliser son mal, rendant difficile ma compréhension de son comportement de pleurs constants durant la nuit. Je décidai donc un jour d'aller sur internet pour trouver des informations sur les symptômes associés aux reflux gastriques chez un enfant de son âge. J'y découvris des trucs importants pour détecter les reflux gastriques chez mon petit, mais en suivant les liens que me proposaient certains sites, j'appris que les reflux gastriques chez les enfants peuvent mener au syndrome de Barrett, qui est un désordre pouvant mener à un cancer de l'œsophage. Ce fut la panique totale et j'appelai son médecin en urgence, convaincue que mon petit présentait tous les symptômes d'un cancer de l'œsophage. Bien sûr, le médecin de mon fils apaisa mon anxiété en me faisant comprendre que tel n'était pas le cas. Toutefois, je peux vous garantir que durant le temps où j'attendis l'appel de retour du médecin, je produisis une dose massive d'hormones de stress !

> Alors oui, on peut mettre en place des stratégies
> pour augmenter notre impression de contrôle sur un
> stresseur absolu, mais il ne faut pas que ces stratégies
> soient génératrices de stress.

Ceci étant dit, les résultats du Dr Mason sont extrêmement importants, car ils démontrent que notre façon d'interpréter les situations qui nous entourent peut être un facteur déterminant l'amplitude de la réponse de stress que nous allons générer en réaction à celles-ci. Si notre interprétation des situations environnantes est toujours négative, il est clair que nous produirons de manière chronique une réponse de stress qui peut nous être délétère à long terme.

Mon parent a une maladie très sévère

Dans une étude publiée tout récemment, mon équipe et moi avons mesuré les hormones de stress chez des enfants vivant dans des familles où l'un des deux parents souffre d'une dépression ou d'un cancer. Le but ici était de voir si la maladie d'un parent et le stigmate social associé à cette maladie (la dépression est stigmatisée dans la société, mais pas le cancer[*]) s'accompagnent d'une élévation des hormones de stress chez les enfants. Nous avons mesuré les hormones de stress dans la salive des enfants quatre fois par jour (au réveil, 30 minutes plus tard, sur l'heure du lunch et avant le coucher), et ce, durant trois jours (deux jours de semaine et un jour de week-end)[136].

---

[*] Le seul cancer qui présente un fort stigmate social est le cancer du poumon. Les gens diront souvent que la personne qui souffre d'un cancer du poumon a « couru après son destin » en fumant deux paquets de cigarettes par jour. Or, bien que plus fréquent chez les fumeurs, le cancer du poumon est aussi rapporté chez des gens n'ayant jamais fumé.

J'étais persuadée que les résultats montreraient de fortes concentrations d'hormones de stress chez les enfants de parents présentant une dépression ou un cancer lorsque comparés aux enfants vivant dans des familles où aucun parent n'est malade (groupe contrôle). En effet, la dépression et le cancer sont des maladies qui sont très sévères et qui portent atteinte à la survie du parent. Elles représentent un stresseur absolu pour l'enfant.

Or, quelle ne fut pas ma surprise d'observer qu'il n'y a aucune augmentation des hormones de stress chez les enfants de parents présentant une dépression ou un cancer[136]. Dans la figure ci-dessous, les lignes représentent la concentration d'hormones de stress mesurées chez les différents groupes au moment du réveil, 30 minutes plus tard, après le lunch et avant le coucher. Comme on peut le voir, les concentrations d'hormones de stress chez les enfants de parents souffrant d'une dépression ou d'un cancer sont les mêmes que chez les enfants dont aucun parent ne souffre d'une maladie, et ce, à toute heure du jour et autant la semaine que durant le week-end.

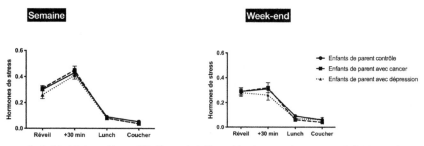

Données tirées de Lupien et collaborateurs (2020). Stigma associated with parental depression or cancer: Impact on spouse and offspring's cortisol levels and socioemotional functioning. Development and Psychopathology.

Nous avons aussi mesuré les hormones de stress chez les conjoints (aidants naturels) des parents souffrant d'une dépression ou d'un cancer. Encore ici, nous n'avons observé aucune augmentation des hormones de stress chez les conjoints[136].

Bien qu'étonnants au premier abord, ces résultats commencent à avoir du sens quand on évalue l'effort et la détermination qu'il fallait démontrer pour participer à cette étude. Nous avons demandé aux parents de fournir des échantillons de salive et d'en obtenir de la part de leurs enfants quatre fois par jour, et ce, durant trois jours. De plus, chaque membre de la famille devait répondre à des questionnaires pendant environ 90 minutes[*]. Il a fallu quatre ans à l'équipe de recherche pour recruter des familles dont l'un des membres souffre d'une dépression ou d'un cancer et qui acceptent de participer à l'étude. Bien peu de familles voulaient participer à cette étude très exigeante et nous les comprenons !

Demandons-nous maintenant qui sont ces parents qui ont accepté de participer à cette étude en dépit de tout le travail et le stress que nécessite le fait de prendre soin d'un membre qui souffre d'une maladie sévère. Nous avons observé que les parents qui nous ont appelés pour participer à l'étude et qui étaient prêts à s'impliquer dans celle-ci avaient certaines caractéristiques en commun. Pour la majorité d'entre eux, il était primordial de s'assurer que leurs enfants allaient bien, en dépit de la maladie du père ou de la mère. Les parents se dévouaient à 100 % à l'étude et faisaient en sorte que l'ensemble des membres de la famille travaillent à fournir les données nécessaires. « On travaille en équipe pour s'assurer que tout le monde va bien ! » est une phrase qui les représente bien. Tout porte à croire que ces parents présentent des caractéristiques qui font d'eux des résilients et que ce faisant, ils ont peut-être mis en place un climat familial qui diminue le stress chez leurs enfants, et ce, en dépit de la maladie dont souffre l'un des parents. Ceci expliquerait pourquoi nous n'avons observé aucune différence dans les concentrations d'hormones de stress des trois groupes à l'étude.

D'autres études mesurant le climat familial et ses effets sur le stress des enfants seront nécessaires pour confirmer cette hypothèse, mais ces résultats et ceux obtenus par Mason dans les années 1960 démontrent bien que, même devant un stresseur absolu, certaines caractéristiques propres à la personne peuvent modifier la manière dont celle-ci interprète son environnement et moduler sa réactivité au stress.

------

[*] Essayez de convaincre un jeune de 13 ans de remplir des questionnaires psychologiques pendant 90 minutes plutôt que de jouer à des jeux vidéo !

35

Le stress, c'est négatif ou positif?

Nous sommes le lundi 17 août 2020 et il est 6 h 36 du matin. Je me suis levée tôt pour écrire tranquillement avant que la famille ne se réveille et que les activités grouillantes autour de moi m'empêchent de me concentrer. Je vais sur internet et j'écris le mot «stress» dans la recherche de mots-clés. Ensuite, je clique sur «Images» pour voir les images que Google me propose. Voici ce que je vois sur mon écran.

Détectez-vous quelque chose de particulier dans ces images que Google me propose?

Vous avez compris: elles sont toutes négatives.

Je peux vous assurer* que si vous demandez à Google de vous donner des images de stress le 2 décembre 2021, le 3 février 2022 ou n'importe quand au cours des mois suivants, il persistera à vous donner des images qui sont toutes (je dis bien toutes) négatives.

---

* Croyez-moi, j'ai fait l'expérience à plusieurs reprises!

Notre conception du stress est majoritairement négative.

Et le prix à payer pour cela est énorme.

Les préconceptions

S'il y a un domaine scientifique qui a démontré clairement à quel point notre interprétation d'un événement a un impact sur notre santé physique et mentale, c'est bien celui des préconceptions[137].

Une préconception renvoie à l'idée que l'on se fait par avance de quelque chose. La préconception est différente du préjugé en ce qu'elle n'est pas nécessairement négative. Par exemple, si je vous demande qui, selon vous, entre l'athlète russe et l'athlète africain, va gagner les prochains Jeux olympiques à la course 100 mètres, il est très probable que vous me répondiez que c'est sûrement l'athlète africain qui gagnera. Si je vous demande pourquoi vous me dites cela, il y a de fortes probabilités que vous me répondiez que c'est parce qu'il est bien connu que les athlètes africains sont très forts à la course. Vous avez donc une préconception des athlètes africains qui n'est pas négative en soi.

C'est au début des années 2000 que les études sur l'effet des préconceptions sur la santé physique et mentale des gens ont pris leur essor et des résultats fort intrigants ont été obtenus. Par exemple, une étude effectuée en 2007 a montré que les femmes de ménage qui avaient une préconception de leur travail comme étant une source d'activité physique présentaient une meilleure santé (plus faible pression artérielle et masse corporelle moins importante) que les femmes de ménage qui voyaient leur travail comme étant une source de fatigue[138].

Une autre étude effectuée par mon étudiante Shireen Sindi a montré que les personnes âgées qui ont une préconception négative du vieillissement (exemple : on perd la mémoire en vieillissant, notre santé diminue drastiquement avec l'âge, etc.) présentent plus de symptômes dépressifs que celles qui ont des préconceptions positives (exemple : on peut vieillir et demeurer en santé, la mémoire ne flanche pas nécessairement en vieillissant, etc.)[139].

En 2011, des chercheurs ont fait croire à des participants qu'un milkshake de 300 calories contenait soit 140 calories (groupe 1) ou 620 calories (groupe 2)[140]. Chez les deux groupes de participants, les chercheurs ont mesuré les concentrations d'une hormone appelée ghréline. Quand nous expérimentons un faible niveau d'énergie et que notre estomac est vide, la ghréline est sécrétée dans le but de produire la sensation de faim et nous motiver à manger. Une fois que l'on mange et à mesure que notre énergie augmente et que les nutriments que nous avons ingérés sont détectés par le corps, les niveaux de ghréline diminuent, ce qui mène au sentiment de satiété et réduit notre sentiment de faim. Quand les chercheurs ont mesuré les concentrations de ghréline chez les deux groupes de participants, ils ont observé que ceux croyant boire un milkshake contenant 140 calories sécrétaient beaucoup plus de ghréline que ceux croyant que le milkshake contenait 620 calories[140]. Dans les deux cas, le milkshake contenait 300 calories, mais le seul fait de croire qu'il contient plus ou moins de calories a mené les participants à produire plus ou moins de ghréline.

Ceci est une parfaite démonstration des effets de notre interprétation de l'environnement sur notre physiologie.

Les préconceptions de stress

En 2013, une équipe de chercheurs a commencé à étudier les pré-conceptions du stress[141]. On peut avoir des préconceptions du stress qui sont négatives ou positives. Une préconception négative mène les gens à penser que le stress a majoritairement des effets néfastes et toxiques sur la santé physique et mentale. Ici, on voit le stress comme étant une source de détresse. Si vous regardez votre fil Facebook ou Instagram, ou si vous évaluez ce que les médias et les chercheurs* vous disent sur le stress, vous réaliserez à quel point on ne vous parle *que* des effets négatifs et toxiques du stress.

À l'inverse, une préconception positive du stress mène à penser que le stress a aussi des effets positifs sur la santé physique et mentale.

---

* Mea culpa !

Les gens qui ont des préconceptions positives du stress ont tendance à le voir comment étant une source de défi. Beaucoup d'athlètes et d'artistes vous diront que le stress a très souvent des effets positifs sur leur performance, et on se rappellera ici la courbe en U inversé du stress, discutée en moult détails dans les chapitres précédents.

Dans une première étude, les chercheurs ont montré que les participants présentant des préconceptions négatives du stress produisent des concentrations bien plus élevées d'hormones de stress que les participants présentant des préconceptions positives du stress[141]. C'est un résultat fascinant! Imaginez… La manière dont vous concevez le stress (comme étant majoritairement négatif ou positif) a un impact très clair sur votre production d'hormones de stress.

Un autre groupe de chercheurs a analysé une base de données obtenue auprès de 28 753 participants américains et mesurant leur santé sur une longue période de temps. Ils ont montré que ceux qui avaient une préconception positive du stress présentaient un taux de mortalité prématuré plus faible que les participants ayant une préconception négative du stress[142]. Un an plus tard, un autre groupe de chercheurs a utilisé la base de données de l'étude Whitehall, à Londres, qui évalue depuis des décennies la santé des fonctionnaires de l'État. Ils ont montré que les participants ayant une préconception négative du stress présentent une incidence plus élevée de maladies cardiovasculaires lorsque comparés aux participants ayant une préconception positive du stress[143].

Ainsi, voir le stress comme étant une source de défi au lieu d'une source de détresse mène les gens à vivre plus longtemps et en meilleure santé. C'est un résultat spectaculaire, vous ne trouvez pas?

Si vous désirez connaître la nature de vos propres préconceptions de stress, retournez au score que vous avez obtenu au questionnaire n° 2 que vous avez rempli au début du livre intitulé «Le stress en général». Si votre score est entre 10 et 20, vous avez des préconceptions négatives du stress. Si votre score est entre 0 et 10, vos préconceptions de stress sont positives.

Ce n'est pas un nœud dans votre ventre, mais un papillon

Très rapidement, les chercheurs se sont demandé s'il est possible de modifier (augmenter ou diminuer) la production d'hormones de stress en amenant les gens à changer leurs préconceptions de stress.

Dans une première étude[144], Dr Jeremy Jamieson et ses collègues de l'Université de Rochester, aux États-Unis, ont mesuré les hormones de stress chez deux groupes d'étudiants qui devaient faire un examen important dans quelques jours. À un premier groupe d'étudiants, ils ont parlé des effets bénéfiques du stress sur la performance[*] et leur ont souligné que ce qu'ils ressentaient dans leur ventre quand ils vivaient ce défi (stress positif), ce n'était pas un *nœud* mais une *boucle*[144]. Au second groupe, ils ne dirent rien. Les résultats ont montré que les participants chez qui on avait induit une préconception positive du stress ont produit moins d'hormones de stress et ont présenté un score plus élevé à l'examen que ceux à qui on n'avait rien dit. Ces chercheurs ont obtenu le même résultat quand ils ont dit aux participants que ce qu'ils ressentaient dans leur ventre devant le stress de l'examen à venir, ce n'était pas un *nœud* mais des *papillons*[145].

On peut donc modifier des préconceptions du stress en changeant les mots que l'on utilise pour décrire le stress que l'on ressent.

Si vous êtes enseignant, médecin, psychologue ou autre travailleur de l'éducation ou de la santé[†] et que vous parlez de stress aux jeunes et aux adultes qui vous entourent ou vous consultent, que leur dites-vous ? Que le stress est négatif et qu'il faut l'éviter à tout prix ? Ou que le stress qu'ils ressentent est parfois essentiel et peut contribuer à les aider à bien fonctionner ?

Vos mots peuvent avoir beaucoup plus d'influence sur leur stress que vous ne le pensez :)

---

[*] La partie gauche de la courbe en U inversé du stress.

[†] Ou parent :)

Le stress dans les médias et les réseaux sociaux

En 2013, des chercheurs ont recruté des participants qui avaient des préconceptions négatives du stress. Pendant une semaine, ils leur ont présenté des vidéos résumant les effets positifs du stress sur le corps et le cerveau. Ils ont montré que le seul fait d'être exposé à de l'information démontrant les effets positifs du stress diminuait la production des hormones de stress chez ces gens[141].

À l'inverse, ils ont recruté des gens qui avaient des préconceptions positives du stress et pendant une semaine, ils leur ont présenté des vidéos résumant les effets négatifs et toxiques du stress. Les résultats ont montré que l'exposition à ces informations négatives sur le stress contribuait à augmenter les concentrations d'hormones de stress[141].

Je soupçonne beaucoup d'enfants présentant des caractéristiques d'anxiété d'avoir des préconceptions négatives de stress et, de ce fait, d'être terrorisés à l'idée d'être stressés[*]. Pensez-y un peu. Depuis qu'ils sont nés, ces jeunes sont exposés aux médias sociaux qui leur disent que le stress est négatif, toxique, et qu'il faut l'éviter à tout prix. On fait cela, et ensuite on s'étonne que ces jeunes se tapent une attaque de panique chaque fois qu'ils réalisent qu'ils ont une réponse de stress *normale* (cœur qui bat, transpiration, ventre noué, etc.). Si, depuis leur naissance, on dit à ces jeunes que le stress est toxique, ils sont persuadés qu'ils vont mourir ou du moins grandement souffrir à long terme s'ils ont la plus petite réponse biologique (normale) de stress ! Alors ils paniquent à l'idée d'être stressés.

Agir

Vous comprenez donc à quel point il est essentiel de modifier les préconceptions de stress qui sévissent actuellement dans la société pour aider les jeunes générations à mieux le négocier.

---

[*] Ce que l'on appelle la sensibilité à l'anxiété, comme décrit au chapitre 28.

Puisqu'une grande partie des préconceptions négatives de stress ont été induites par les chercheurs[*], j'ai décidé de remédier à la situation, et une grande majorité de mes projets de recherche visent maintenant à mieux comprendre les effets positifs du stress sur la santé physique et mentale[†]. Dans le but d'agir encore plus rapidement, le Centre d'études sur le stress humain a créé un projet intitulé Mon stress et moi[‡] qui vise à éduquer les jeunes et les adolescents sur les effets positifs du stress. Pour les jeunes, nous avons créé un site web (www.monstressetmoi.com) ou nous plaçons des bandes dessinées pour enfants que les parents et les professeurs peuvent utiliser pour parler aux jeunes des effets positifs du stress.

L'image ci-dessous montre quelques cases de l'une des bandes dessinées que nous avons produites pour les enfants.

Pour les adolescents, nous avons créé une page Instagram (@mon_stress_et_moi) sur laquelle nous plaçons des publications les aidant à comprendre les effets positifs du stress. Voici ci-dessous quelques publications du compte Instagram.

---

[*] Qui, pendant cinquante ans, n'ont étudié *que* les effets négatifs du stress sur la santé physique et mentale.

[†] Et je compte bien écrire un livre sur le sujet dans quelques années :)

[‡] Projet financé par le Fonds de recherche en santé du Québec.

Notre but avec toutes ces activités de transfert de connaissances auprès des jeunes?

Changer leurs préconceptions du stress et, ce faisant, les aider à cesser de stresser… avec le stress!

PARTIE 10

Mon stress, ton stress

C'est une erreur de penser que
tout le monde stresse pour la même raison.
Si c'était le cas, les hommes préhistoriques
n'auraient jamais survécu aux mammouths.
C'est parce que nos réponses au stress
sont différentes que nous survivons.

36

Quelle est votre
résistance au stress[*] ?

Partis bien avant que l'Organisation mondiale de la Santé ne déclare la pandémie pour la COVID-19, fiston et moi sommes revenus le samedi 14 mars 2020 d'un voyage en Afrique du Sud. Durant le voyage, nous avons appris qu'à notre retour, nous devrions nous placer en quatorzaine, question de ne pas contaminer d'autres gens si nous avions attrapé la COVID-19 lors de nos multiples escales et voyages en avion, entourés de centaines de personnes provenant des quatre coins du monde.

Nous sommes donc demeurés à la maison pour deux semaines, et cette quatorzaine s'est étendue à plusieurs mois, car le confinement obligatoire pour tous a été annoncé le 23 mars 2020, quelques jours après notre retour.

Une expérience de la nature

Quand on fait des recherches scientifiques sur le stress, il est très difficile, voire impossible d'étudier les effets du stress chronique sur le cerveau et le comportement chez l'humain. En effet, pour mieux comprendre comment l'exposition chronique au stress peut mener à des désordres physiques ou mentaux, il faudrait que je prenne un groupe de participants et que je l'expose pendant plusieurs mois au même stresseur. Si je tentais le coup, je serais emprisonnée après quelques semaines d'expérimentation !

---

[*] Ce chapitre est basé en partie sur un billet de blogue écrit le 16 mars 2020 par l'auteure et publié à l'adresse suivante : https://sonialupien.com/covid-19-un-peu-de-stress/.

C'est pour cette raison que la majorité des données que nous obtenons sur les effets du stress chronique chez l'humain provient de ce que les chercheurs appellent des «expériences de la nature». Puisqu'on sait que la nature peut induire naturellement différents stress chez les gens, on étudie alors les populations exposées à ces stresseurs naturels. Un exemple parfait d'études scientifiques utilisant des expériences de la nature est l'ensemble des données qui ont été obtenues auprès des enfants qui grandissent dans des environnements adverses*, ou d'autres études mesurant les effets de l'exposition au traumatisme de la guerre chez des soldats.

L'arrivée de la COVID-19 à l'échelle mondiale est une expérience de la nature et elle est unique, car pour la première fois de l'histoire de l'humanité, tous les humains de la terre sont exposés au même stresseur, et ce, pour la même période de temps†. Il y a donc actuellement beaucoup de chercheurs scientifiques qui étudient les effets à court et à long terme de la COVID-19 sur le stress.

Mais nul besoin d'attendre des années avant d'avoir des manifestations claires de la COVID-19 comme expérience de la nature. En effet, l'exposition à cette pandémie a permis de faire ressortir une caractéristique très importante du stress : ce ne sont pas tous les gens qui ont la même résistance au stress.

La résistance au stress

À mon retour de voyage, j'ai été exposée à deux types de comportements sociaux qui démontrent très bien à quel point les personnes réagissent différemment au stress.

D'abord, j'ai vu les vidéos de tous ces gens qui se ruaient sur le papier de toilette dans les magasins à grande surface. Pendant que plusieurs étals de fruits et comptoirs de produits laitiers et de

---

* Dont je discute au chapitre 31.

† Ce qui n'est pas le cas pour les autres expériences de la nature, comme les guerres, l'adversité durant l'enfance ou les désastres naturels, qui n'arrivent qu'à certains sous-groupes d'individus.

nourriture sèche demeuraient pleins, la section du papier de toilette se vidait à la vitesse de l'éclair.

Mystère.

À l'inverse, le confinement nous a aussi permis de réaliser que certaines personnes n'avaient absolument pas peur de ce virus et qu'elles continuaient de vaquer à leurs occupations comme si de rien n'était, et ce, au grand dam des autorités sanitaires qui avaient déclaré le confinement obligatoire. Quatre mois après le début de la pandémie, en plein déconfinement et en dépit de l'obligation de porter un masque de protection, ces personnes continuent de se promener sans le morceau de tissu sous prétexte que la COVID-19 ne représente aucun danger.

Pourquoi y a-t-il tant de différences dans le comportement de ces gens face à la pandémie mondiale de la COVID-19 ? Parce que ces personnes diffèrent grandement quant à leur résistance au stress.

Quand on expose des participants à un stress de laboratoire, certains d'entre eux vont générer une très forte réponse biologique de stress, et ce, dans un temps record. Parfois, nous n'avons même pas le temps de commencer l'exposition au stress que ces personnes sont déjà en hyperventilation du fait de vivre ce si grand stress. Ces gens présentent une faible résistance au stress.

À l'inverse, on observe aussi des gens qu'il est presque impossible de stresser ! Nous avons beau tenter toutes les méthodes que les comités d'éthique de la recherche nous permettent d'utiliser pour exposer des participants à un stress, c'est niet ! Il est généralement impossible de générer une réponse de stress chez ces gens, ou, quand nous sommes aptes à en induire une, elle est très faible. Ces gens présentent une forte résistance au stress.

Ces individus représentent les deux extrêmes de la courbe de résistance au stress. Certaines personnes ont une très faible résistance au stress et réagissent à de faibles stresseurs avec une très forte réponse biologique de stress, tandis que d'autres réagissent très peu à des stresseurs qui peuvent même être très importants, comme c'est le cas pour la COVID-19. Enfin, d'autres réagissent «juste assez» au stress pour prendre les bonnes décisions et fuir ou combattre la menace quand cela devient nécessaire.

Les dangers de la zénitude

Quand je jase avec les personnes qui continuent de se promener sans masque ou qui ne suivent pas les conseils de distanciation sociale émis par les autorités publiques, elles me disent qu'elles ne sont pas du tout stressées par la COVID-19 et que tout cet énervement autour de la pandémie est exagéré. Beaucoup d'entre elles décident donc de continuer de vaquer à leurs occupations comme si de rien n'était et certaines semblent même retirer une certaine fierté à dire qu'elles ne sont pas du tout stressées par la pandémie. Le stress est négatif et toxique, disent-elles. Alors, leur zénitude est quelque chose de très bien, selon elles.

Ces personnes ne semblent pas avoir compris que le stress est nécessaire à la survie.

Comme je l'ai dit à de multiples reprises dans ce bouquin, la réponse biologique de stress est ce qui a permis à nos ancêtres de la préhistoire de détecter une menace et d'y répondre adéquatement. En général, les individus qui n'ont pas été capables de reconnaître la menace et d'y répondre par une réponse de stress n'ont *pas* survécu[1,119].

Vous comprendrez donc qu'en matière de survie de l'espèce, ce sont en général les groupes extrêmes de la courbe de résistance au stress (très faible et très forte résistance au stress) qui ont la plus faible probabilité de survie à travers les siècles[13]. Les premiers ont une plus faible probabilité de survie parce que leur réponse extrême de stress ne leur permet pas de prendre de bonnes décisions quant aux comportements à adopter pour survivre à la menace. Ce n'était pas une bonne idée de se ruer dans les magasins à grande surface en se tenant à moins de deux mètres de distance pour acheter du papier de toilette, ingrédient dont nul n'a besoin en si grande quantité en temps de pandémie.

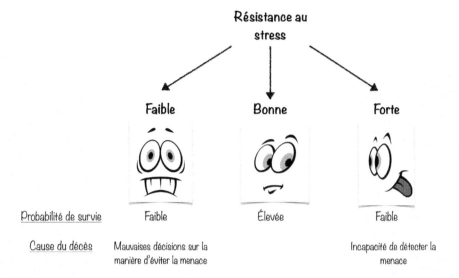

Les seconds ont une plus faible probabilité de survie, car leur forte résistance au stress ne leur permet pas de détecter la menace qui peut les éliminer. Le 13 juillet 2020, un homme de 30 ans est décédé de complications dues à la COVID-19 après avoir participé à une « fête-COVID » organisée par une personne infectée par la COVID-19 et visant à infecter (et théoriquement immuniser) le plus de convives possible. Le but de la fête fut atteint et le jeune homme a attrapé la COVID-19. Toutefois, il en est mort. Parfait exemple d'une trop forte résistance au stress qui mène à une diminution notable de la probabilité de survie !

Stresser pour les bonnes raisons

En général, dans les théories évolutives du stress[13,146], ce sont les gens avec une bonne[*] résistance au stress qui ont la plus grande probabilité de survie, car ils sont juste assez stressés pour détecter la menace et y répondre adéquatement, et ils ne sont pas stressés au point de prendre les mauvaises décisions pour assurer leur survie.

Il est donc faux de prétendre qu'il est toujours négatif d'avoir une réponse de stress. C'est parce que nous avons eu une bonne réponse

---

[*] C'est-à-dire pas trop forte ni trop faible.

de stress en mars 2020 que nous avons tous collectivement accepté de nous confiner et de mettre sur « pause » l'ensemble de l'économie mondiale devant cette expérience de la nature qu'est la pandémie de la COVID-19.

C'est parce que vous avez eu une bonne réponse de stress devant le piéton qui traversait la rue au moment où vous avez engagé votre voiture sur la voie que vous avez pu freiner et éviter la collision.

C'est parce que votre enfant a eu une bonne réponse de stress en remarquant l'individu louche qui le suivait en voiture qu'il a pu courir à toute allure cogner chez la voisine.

Toutes les personnes se distinguent par rapport à leur résistance au stress, et c'est ce qui explique en grande partie les énormes différences individuelles dans la réactivité au stress de l'humain.

Et c'est justement parce que nous sommes tous différents en matière de réactivité au stress que nous avons survécu aux mammouths. Les individus avec une forte résistance au stress n'avaient pas peur du mastodonte qui attaquait le village et lui faisaient face avec une toute petite lance en dépit des risques évidents pour leur survie. Les personnes avec une faible résistance au stress couraient partout en se disant qu'il fallait faire quelque chose et, ce faisant, ramassaient le plus d'enfants possible pour assurer la survie de l'espèce. Et les gens avec une moyenne résistance au stress protégeaient les arrières des premiers et guidaient les seconds pour s'assurer qu'ils cachent les enfants au bon endroit !

Merveilleux système qui nous a permis de survivre.

Toutefois, il n'y a plus de mammouths aujourd'hui, et devant cette expérience de la nature qu'est la COVID-19, on réalise que ce sont les gens qui ont la plus forte résistance au stress qui mettent leurs concitoyens à risque[*]. Quand je vois ces gens incapables de comprendre

---

[*] Ce qui n'était pas le cas dans les temps préhistoriques, car c'était eux qui protégeaient les membres du clan en combattant les mammouths au péril de leur vie.

la menace posée par la COVID-19 se promener librement et sans masque dans divers groupes sociaux, je me dis qu'aujourd'hui, il y a un coût social et sanitaire à leur forte résistance au stress et que contrairement à ce que ces personnes peuvent penser, ce n'est pas «cool» d'être «zen» devant un virus qui peut faire beaucoup plus de tort à la survie de l'espèce qu'un mammouth de la préhistoire.

En effet, pour être «cool», la forte résistance au stress doit assurer la survie de l'espèce et non la mettre en danger.

37

Quelle est votre perspective temporelle ?

La prochaine fois que vous participerez à un repas entre amis, écoutez attentivement les conversations qui ont cours entre les différents convives. Vous remarquerez de grandes différences dans la manière dont les gens situent les histoires qu'ils racontent.

Certaines personnes semblent vivre constamment dans le passé. Elles passeront alors le plus clair de leur temps à discuter des choses qui sont survenues le mois passé, l'an passé ou même durant leur enfance. D'autres personnes semblent vivre majoritairement dans le futur. Elles anticiperont alors tout ce qui pourrait survenir dans un avenir rapproché ou lointain. Enfin, d'autres semblent grandement se plaire dans le moment présent, profitant de ce qu'ils vivent ici et maintenant.

Quoique beaucoup de conseillers en croissance personnelle ne cessent de dire que l'on devrait passer le plus clair de notre temps dans le moment présent, car vivre dans le passé ou le futur n'a que pour effet de nous rendre malheureux, les choses ne sont pas aussi claires que cela.

La perspective temporelle

En 1999, Philip Zimbardo et John Boyd, deux chercheurs de l'Université Stanford, ont commencé à s'intéresser à l'impact de la perspective du temps sur les émotions et l'humeur des gens[147]. La perspective du temps renvoie au moment (présent, passé ou futur) dans lequel nous situons la majorité de nos pensées. Certaines personnes situent la majeure partie de leurs pensées dans le passé, tandis que d'autres ne cessent de se projeter dans le futur, et certaines autres vivent dans le moment présent.

Quand notre pensée a tendance à se situer dans une perspective temporelle particulière, cela peut mener à une «cognition[*] persévérante». Une cognition persévérante est l'activation répétée d'une pensée liée à un stresseur quelconque[†]. Des études récentes suggèrent qu'elles servent de tentatives pour régler un stress[148,149].

Les cognitions persévérantes qui se situent dans le passé ou le futur sont aussi importantes pour la survie de l'espèce que celles qui se situent dans le moment présent. Il a été essentiel pour nos ancêtres d'être capables de se projeter dans le futur pour évaluer les risques de la prochaine chasse à venir et de se rappeler le passé pour éviter les erreurs commises. Cette capacité de penser selon différentes perspectives temporelles a aidé à la survie de l'espèce, et il est donc inapproprié de dire que seule une perspective temporelle liée au moment présent peut mener au bien-être. Si les pensées de nos ancêtres préhistoriques étaient demeurées dans l'instant présent, ils n'auraient jamais survécu aux mammouths.

C'est sur la base de ce constat que Dr Zimbardo et Dr Boyd ont compris qu'il est important d'ajouter une valence émotionnelle[‡] à la perspective du temps.

Votre passé, il est positif ou négatif ?

Même si, de prime abord, on pourrait penser que ce n'est pas bon de vivre dans le passé, les chercheurs ont montré que, bien que certaines personnes passent le plus clair de leur temps à ressasser un *passé négatif* («Ma vie a été très difficile», «J'ai beaucoup souffert

---

* Le terme «cognition» réfère aux processus mentaux qui nous permettent d'apprendre et de générer des connaissances (par exemple, la mémoire, l'attention, le langage, la résolution de problèmes, etc.).

† Ou, si vous préférez, c'est le petit hamster dans votre tête.

‡ La valence émotionnelle réfère au caractère positif ou négatif d'une émotion.

dans mon enfance»), d'autres préfèrent vivre dans un *passé positif* («La vie était beaucoup mieux dans mon temps!», «Ciel que je me suis amusé quand j'étais jeune!»).

Les chercheurs ont montré que les gens qui ont tendance à se situer dans un passé négatif présentent un trait de rumination[43]. Le trait de rumination est un style cognitif* dans lequel la personne a tendance à ne penser qu'aux émotions négatives vécues dans le passé, et ce, sans agir pour régler les problèmes à la base de ces émotions négatives. Les études ont montré que les personnes qui présentent un fort trait de rumination sont plus réactives au stress[43] et sont plus enclines à développer une symptomatologie dépressive au cours de leur vie[150].

On croit aujourd'hui que le trait de rumination peut mener à la symptomatologie dépressive, car la rumination agit en prolongeant les réponses de stress[3]. Dans une étude publiée en 2014, des chercheurs ont exposé des gens à un premier stress et ont ensuite mesuré leur trait de rumination. Le jour suivant, ils ont ensuite exposé les mêmes personnes à un second stress. Les résultats ont montré que les gens qui ruminaient beaucoup après avoir été exposés au premier stresseur étaient plus réactifs au second[151]. Ces résultats suggèrent que si vous passez votre temps à ruminer sur un événement qui vous a stressé dans le passé, cela vous mène à réagir plus fortement aux autres stresseurs de votre journée.

D'autres études effectuées par la suite[152] montrent que lorsqu'on rumine constamment sur les stresseurs non négociés de notre passé, on envoie le message à notre cerveau qu'il y a *encore* une menace dans l'environnement et le cerveau continue de produire des hormones de stress. Comme on l'a vu dans les chapitres précédents, celles-ci peuvent avoir des effets délétères à long terme sur notre santé mentale.

Votre présent, il est positif ou négatif?

Si vous allez vous promener dans la section des livres de croissance personnelle de votre librairie, vous en trouverez des dizaines qui

---

* Ou, si vous préférez, un trait de personnalité.

vous suggèrent de « vivre dans le moment présent », car ce n'est que cette perspective temporelle qui est gage de bonheur. Or, les études ont montré que les choses ne sont pas aussi simples que cela[147,153].

En effet, bien que certaines personnes soient capables de passer le plus clair de leur vie dans un « présent hédoniste* », beaucoup d'autres vivent dans un « présent fataliste[147] ». Les personnes qui vivent dans une perspective temporelle centrée sur un présent hédoniste ont une attitude devant le temps et la vie qui est impulsive et essentiellement centrée sur le plaisir. Ce sont des gens qui vous diront que « prendre des risques ajoute du piquant dans la vie » et qu'ils ont « plus souvent tendance à suivre leur cœur que leur tête ».

Toutefois, d'autres personnes qui sont tout à fait capables de demeurer dans le moment présent vivent constamment dans un présent fataliste. Ces gens ont tendance à penser que leur parcours de vie est contrôlé par des forces extérieures à leur propre volonté. Ils sont convaincus que les choses iront mal, peu importe ce qu'ils feront. Ces gens demeurent dans le moment présent, non pas parce qu'ils veulent y être, mais parce qu'ils sont persuadés que les choses changent trop rapidement pour planifier quoi que ce soit dans le futur ! De plus, ils croient que la majorité des choses qui surviennent sont dues à la chance et qu'il ne sert donc à rien de travailler pour un « futur meilleur » puisque de toute façon, le présent est trop moche et le futur le sera donc aussi[154] !

Une étude publiée en 2018 a montré qu'une perspective temporelle basée sur un présent fataliste est associée à une humeur négative qui tend à durer dans le temps et qui s'associe à long terme à une symptomatologie dépressive[155]. En 2020, notre groupe de recherche a publié une étude dans laquelle nous avons montré que les gens qui adoptent une perspective temporelle de présent fataliste présentent une augmentation des marqueurs biologiques liés au stress

---

* L'hédonisme fait référence à une philosophie de vie dont le but principal est la recherche de plaisir et l'évitement de la souffrance.

chronique[*], lorsque comparés aux personnes n'adoptant pas une telle perspective temporelle[156].

Alors, oui, on peut décider de travailler à demeurer dans le moment présent, mais encore faut-il que ce dernier soit positif, ou du moins pas trop fataliste !

Votre futur, il est positif ou négatif ?

Dans leur premier modèle, Zimbardo et Boyd ont suggéré que tous les gens qui gardent une perspective temporelle axée sur le futur présentent une personnalité anxieuse[147]. Toutefois, en 2018, un groupe de chercheurs a montré que chez les personnes anxieuses, la perspective temporelle axée sur un futur est majoritairement négative («Tout ira mal», «Ça ne fonctionnera pas»). Cette perspective négative mène alors à des inquiétudes, qui ont un impact très clair sur le niveau d'anxiété[157].

Toutefois, d'autres personnes présentent une perspective temporelle axée sur un futur positif. On parle ici des grands optimistes qui ne cessent de lancer que «tout ira bien !» et que «la vie sera toujours merveilleuse !» L'adoption d'une perspective temporelle axée sur un futur positif pourrait expliquer les résultats des études montrant que les gens optimistes produisent beaucoup moins d'hormones de stress que les gens pessimistes[158].

Pris dans le temps

En mettant toutes ces données ensemble, vous comprenez maintenant qu'une perspective temporelle axée sur un passé négatif est associée à de la rumination et à une symptomatologie dépressive.

---

[*] Il existe beaucoup d'autres hormones et substances biologiques qui sont produites lorsqu'on est exposé à des stresseurs, et certains chercheurs utilisent l'ensemble de ces biomarqueurs pour calculer un indice de stress chronique appelé le «poids allostatique». Pour lire le chapitre sur le poids allostatique qui a été publié dans la première édition de Par amour du stress, visitez le https://editionsvasavoir.com/liens/ et cliquez sur Chapitre 5 de la version originale de *Par amour du stress* sous l'onglet *Par amour du stress*. J'y ai déposé le chapitre original.

À l'inverse, une perspective temporelle axée sur un futur négatif est associée à des inquiétudes et à des symptômes anxieux[159].

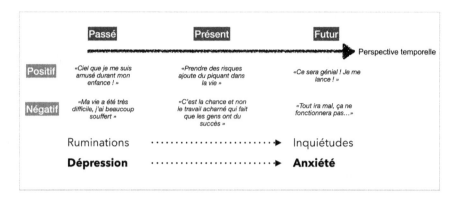

On pourrait penser que le fait de passer sa vie dans un passé positif, un présent hédoniste ou un futur positif ne peut apporter que du bon. Toutefois, ce n'est pas le cas. En effet, si vous adoptez une perspective temporelle future positive et que vous vous élancez du haut d'un avion sans parachute en vous disant que « tout ira bien, je me lance ! », vous n'allez pas survivre :)

De plus, il est possible que les gens qui vivent constamment dans un passé positif (« c'était mieux dans mon temps ! ») aient de la difficulté à s'adapter au présent lorsque celui-ci est moins joyeux que le passé qui est constamment rappelé. À la longue, ceci peut mener la personne à développer des émotions négatives[147].

Au cours de leurs études, Zimbardo et Boyd ont commencé à comprendre que personne ne se retrouve à temps plein dans une perspective temporelle unique et que la combinaison de différentes perspectives temporelles peut prédire la nature des émotions vécues. Ainsi, quelqu'un qui montre une forte tendance à vivre dans un passé négatif et un présent fataliste rapporte en général plus d'émotions négatives et de symptômes dépressifs qu'une personne ayant tendance à se situer dans un passé négatif et un présent hédoniste[160,161].

La prochaine fois que votre hamster se mettra en branle dans votre tête, prêtez attention à la perspective temporelle de son discours.

Une étude récente a montré que lorsque les pensées vagabondes sont de nature négative et portent sur le passé (ruminations), elles ont tendance à être associées à plus d'émotions négatives que lorsqu'elles portent sur une autre perspective temporelle[162].

Alors, quand votre hamster se déchaîne en passé négatif, je vous suggère de ne lui laisser que très peu de temps d'antenne. Même s'il tente de vous alarmer sur un stress, rien de bon ne sortira de son discours négatif du passé. Mieux vaut aller marcher, courir ou jouer avec les enfants[*] et attendre que le rongeur se calme.

Questionnaire sur la perspective temporelle

Si vous désirez connaître la nature de votre perspective tempo-relle au moyen du questionnaire qui est utilisé dans la littérature scientifique pour mesurer ce concept[147], je vous invite à visiter le https://editionsvasavoir.com/liens/ et à cliquer sur **Questionnaire sur la perspective temporelle** sous l'onglet *Par amour du stress*.

---

[*] On retourne lire le chapitre 1 si on a oublié les petits trucs hyper efficaces !

38

Avez-vous une personnalité hostile?

Ce soir, vous avez décidé d'aller au cinéma avec votre petite famille. Rendu sur place, vous devez faire la file, car beaucoup d'autres gens ont décidé comme vous d'aller voir le dernier film sorti. Une fois en ligne, vous discutez gaiement avec vos enfants quand vous entendez un énoooooooorme soupir dans votre dos. Vous continuez de jaser. Puis, la personne soupirante commence à émettre toutes sortes d'opinions non sollicitées: «Pfff! En tout cas! Tsé! Toujours pareil ici! Tu arrives en avance pour acheter du popcorn, et tu te retrouves encooore en file! Non mais! Va-t-on avancer! Que fait la jeune fille au guichet de paiement? Elle est bien trop lente! Quelle idée de l'engager! Ah! Ces jeunes, ils sont devenus si paresseux!»

Vous commencez à vous dire que vous devriez peut-être vous mettre à paniquer comme cette personne, car une menace vous guette, mais, en regardant autour de vous, vous réalisez que seule cette personne stresse devant l'attente pour payer au guichet. La grande majorité des gens en ligne discute tranquillement. Après tout, le film ne commence que dans 30 minutes. Alors, pourquoi stresser?

Mais, les commentaires se poursuivent dans votre dos. Vous tentez de jaser avec les membres de votre famille mais le type derrière commence à vous déranger. Votre cerveau semble incapable de ne pas prêter attention à ce qu'il dit*. Il continue de chialer. Dix minutes plus tard, votre ventre commence à se nouer et bonjour de bonjour! C'est vrai qu'elle est lente, cette jeune fille!

Vous venez de subir le stress d'une personnalité hostile.

---

* On se souviendra que le cerveau est un détecteur de menaces.

Votre personnalité, votre stress?

Si vous travaillez dans une moyenne ou une grande entreprise, il y a une forte probabilité qu'un consultant engagé par votre boîte vous ait un jour fait passer un questionnaire pour savoir si vous aviez ou non une personnalité de Type A. Quel a été le verdict? En ce qui me concerne, j'ai déjà déclaré publiquement que j'étais une personnalité de Type AA! Selon les études psychologiques effectuées dans les années 1970, parce que je présente une personnalité de Type A, je devrais avoir un risque accru de développer un trouble coronarien et de mourir bientôt d'un infarctus[*].

Je vous explique le rationnel de cette conclusion.

En 1892, Dr Osler, un chirurgien et chercheur canadien, écrivit un article dans lequel il rapporta que la plupart des patients qu'il traitait pour des troubles cardiaques avaient tous une personnalité semblable, caractérisée par une approche tranchante et ambitieuse face à la vie[163]. Les personnes qui se retrouvaient sur la table d'opération du Dr Osler étaient très souvent de grands dirigeants d'entreprise très ambitieux, qui travaillaient très fort et qui n'avaient qu'un seul but dans la vie: atteindre les objectifs qu'ils s'étaient fixés. Sur la base de cette constatation, Dr Osler s'est demandé si ce type de personnalité pourrait conférer une vulnérabilité accrue au stress et aux désordres coronariens qui y sont associés.

Plus de soixante ans plus tard, Dr Friedman et Dr Rosenman confirmèrent les observations du Dr Osler en montrant que les patients qu'ils traitaient pour des troubles coronariens partageaient tous un ensemble de réactions émotionnelles se caractérisant par les traits présentés dans le tableau ci-dessous[164]. Ils nommèrent cette constellation de traits la «personnalité de Type A»:

---

[*] Avouez que cela paraîtrait bien mal pour une chercheure spécialisée en stress de mourir d'un infarctus. Toutefois, on sait maintenant que les causes de l'infarctus sont multiples et que les facteurs génétiques sont aussi importants que les facteurs psychologiques. Je me donne donc le droit de mourir d'un infarctus, la tête haute :)

Personnalité de Type A

- Intense ambition
- Fort esprit de compétition
- Hostilité envers autrui
- Préoccupation constante avec les dates limites
- Sentiment d'urgence du temps
- Impatience
- Agressivité

Après plusieurs années d'études, les chercheurs ont conclu que ce sont les gens qui présentent une personnalité de Type A qui sont les plus susceptibles de souffrir de troubles coronariens[165]. Les chercheurs ont contrasté la personnalité de Type A et celle de Type B, qui caractérise les gens qui sont plus relax*, qui sont peu frénétiques et négatifs, et qui ont tendance à prendre leur temps pour atteindre leurs objectifs.

Ces deux types de personnalité et leur association aux troubles coronariens furent un sujet d'étude très populaire auprès des psychologues qui ont, au cours des années, ajouté plus de seize types de personnalité† comme facteurs de risque ou de protection face au stress. L'ensemble des résultats de ces études révélèrent des liens entre la personnalité de Type A et les scores à divers questionnaires de stress[166].

La mort de la personnalité de Type A

Toutefois, au début des années 1990, certains chercheurs commencèrent à émettre des doutes sur le fait que toutes les caractéristiques liées à la personnalité de Type A puissent prédire de la même manière et avec la même intensité les troubles coronariens. En effet, ce n'est

---

* C'est de la notion de «personnalité de Type B» qu'est née l'idée que les gens zen ne sont pas stressés.

† Vous avez peut-être déjà fait ce test en milieu de travail où l'on vous caractérise par une couleur. Vous êtes alors un jaune, un bleu, un rouge, etc.

pas nécessairement une mauvaise chose d'avoir un fort esprit de compétition ou une intense ambition. Il serait faux de prétendre que seules les personnes ambitieuses et compétitives vont mourir d'une crise de cœur.

Les chercheurs commencèrent alors à suspecter que *certaines* caractéristiques de la personnalité de Type A pourraient à elles seules prédire les troubles coronariens. Ils décidèrent de tester la valeur prédictive de chacune des caractéristiques de la personnalité de Type A et observèrent qu'une seule variable prédisait à elle seule l'ensemble des troubles coronariens.

Cette caractéristique est l'hostilité[*].

Cette découverte mena graduellement au déclin de la recherche biologique sur la personnalité de Type A et au développement de nouvelles études tentant d'élucider le rôle de l'hostilité dans la réponse au stress. À ce jour, les études montrent qu'il y a deux types d'hostilité qui augmentent la réactivité au stress et le risque de développer un trouble coronarien.

Laisse faire ! C'est correct !

Le premier type d'hostilité qui place un individu plus susceptible d'être très réactif au stress est la colère réprimée. La colère réprimée[†] est un style de gestion de la colère que certaines personnes utilisent et dans laquelle ils vont tout simplement cacher ou taire leur colère qui, pourtant, est aisément palpable par le partenaire ou les autres membres du groupe. On sent alors l'autre personne «bouillir par en dedans», mais elle n'exprime aucune colère ouvertement et a plutôt tendance à se taire. C'est le type de personne qui, au travail, dira à son collègue après une dispute : «Laisse faire ! C'est correct ! Tout est beau ! Pas besoin de discuter plus avant, c'est réglé ! Il n'y a aucun problème !» Et pourtant, à l'intérieur d'elle, la personne bout de colère devant la situation. Vous vous reconnaissez ? Si oui, il y a de bonnes chances que vous présentiez le trait de colère réprimée... et que vous produisiez trop d'hormones de stress !

---

[*] Et puisque je ne présente pas ce trait de personnalité, je vais survivre !
[†] Aussi appelée la suppression émotionnelle.

Les études effectuées sur les effets de la colère réprimée ont montré que les gens qui utilisent un style suppressif de gestion de la colère montrent une réactivité plus grande au stress[60] et un risque accru de mourir de troubles coronariens[167].

Dans une étude très intéressante, des chercheurs ont mesuré le trait de colère réprimée de participants et leur ont ensuite demandé de créer et de raconter des histoires à partir de différents dessins qu'on leur présentait. Pendant qu'ils racontaient les histoires, la moitié des participants étaient placés en condition de harcèlement psychologique par un assistant de recherche qui ne cessait d'évaluer négativement ou de remettre en question les histoires proposées par les participants. L'autre moitié des participants n'était pas harcelée. Les résultats ont montré que seuls les participants montrant le trait de colère réprimée présentent une augmentation de l'activité cardiovasculaire en réponse à la condition de harcèlement[168,169]. Ces résultats suggèrent que les gens qui ont tendance à supprimer leur colère au lieu de l'exprimer sont ceux qui pourraient souffrir le plus du harcèlement au travail[167,170].

Pfff ! On sait bien !

Le deuxième type d'hostilité qui place un individu plus susceptible d'être très réactif au stress est l'hostilité cynique. Le cynisme se définit comme la tendance à croire que les autres agissent purement pour des raisons personnelles. La personne qui présente de l'hostilité cynique est celle qui, au travail, dira à son collègue durant l'heure du lunch : « Pffff ! On sait bien ! Il est clair que Jean a eu une promotion ! Il est toujours collé au patron et organise ses petits barbecues les week-ends avec le groupe pour se faire aimer. Hep ! Toujours les mêmes ! »

Vous vous reconnaissez? Si oui, il y a de bonnes chances que vous présentiez le trait d'hostilité cynique… et que vous produisiez beaucoup d'hormones de stress!

En effet, les études ont montré que les gens présentant ce trait de personnalité produisent beaucoup plus d'hormones de stress durant les heures de travail que les personnes ne présentant pas ce trait[171,172]. Toutefois, nul besoin d'être au travail pour présenter ce trait. L'hostilité cynique peut aussi avoir un impact négatif sur le couple. Dans une expérience effectuée au début des années 1990, des chercheurs ont mesuré les hormones de stress chez 90 couples nouvellement mariés qui étaient exposés à une condition pouvant générer une dispute. Comment ces chercheurs font-ils pour générer une dispute «sur demande» au sein du couple? Facile. Ils demandent aux deux membres du couple de discuter pendant plusieurs minutes d'un sujet sur lequel ils sont généralement en désaccord. J'ai un jour demandé à l'un de mes collègues de Vancouver, Dr Norm O'Rourke, qui se spécialise dans ce domaine de recherche, de me dire quel était le sujet de discorde le plus fréquemment discuté au sein des couples. Il me répondit du tac au tac : «Facile! Le sexe et l'argent!»

Ces chercheurs séparèrent les couples en deux groupes. Dans le premier groupe, les couples étaient constitués d'une personne qui montrait de l'hostilité cynique en situation de dispute («Pfff! On sait bien! Tu as toujours raison de toute façon!»). Dans le second groupe, les couples étaient constitués de deux personnes ne démontrant pas d'hostilité cynique lors des disputes. Les résultats ont montré qu'en dépit du fait que les nouveaux mariés disaient tous être très satisfaits de leur relation, les *deux* membres des couples dans lesquels une personne montrait un trait d'hostilité cynique présentaient une augmentation de cortisol lors des disputes[173]. Cet effet n'a pas été observé chez les couples constitués de gens ne montrant pas de trait d'hostilité cynique[*].

---

[*] Petit truc pour les célibataires : lors de la première *date* avec la personne qui vous intéresse, faites-la parler d'un sujet ou d'une personne qui la stresse et observez sa réaction. Si celle-ci est composée d'un nombre élevé de «Pfff!

Ces gens stressés qui nous stressent

L'augmentation des concentrations d'hormones de stress chez le membre du couple qui ne présente pas d'hostilité cynique, mais qui doit composer avec un conjoint présentant ce trait de personnalité s'explique par ce que les chercheurs appellent la « résonance de stress[3] ». Si vous exposez une personne à un stresseur, vous observerez chez elle une augmentation des hormones de stress. Toutefois, si vous mesurez les hormones de stress d'un autre participant qui ne fait qu'observer la première personne être exposée au stresseur, vous verrez que l'observateur produit *aussi* des concentrations élevées d'hormones de stress. L'observateur « résonne » alors avec le stress de l'autre[174].

Plusieurs membres d'un groupe peuvent ainsi résonner les uns sur les autres. Il vous est sûrement arrivé de prendre part à une réunion dans laquelle l'un des membres semble très stressé[*] et après quelques minutes, vous ressentez vous-même une réponse de stress alors que vous étiez entré dans la salle de réunion avec bonne humeur. C'est la résonance de stress en pleine action !

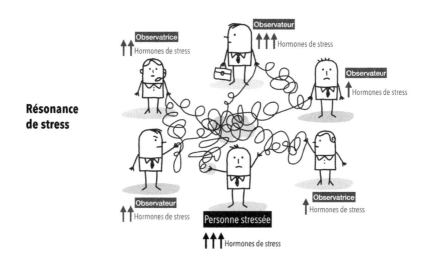

Résonance de stress

On sait bien ! », vous avez peut-être affaire à une personne présentant un trait d'hostilité cynique... qui risque de déborder sur vous à la longue :)
* Soit à cause d'une réponse hostile à une situation donnée ou une autre raison.

251

Dans une étude récente, les chercheurs ont montré que les couples qui vivent ensemble ont tendance à présenter une résonance de stress de telle sorte que les variations d'hormones de stress d'un partenaire sont corrélées à celles de l'autre partenaire[174]. Il semble donc qu'il y a un prix à payer pour vivre avec un conjoint qui présente une hostilité cynique, et ce prix est une résonance avec le stress de ce dernier.

Pris dans le temps

Si les comportements hostiles continuent d'exister, c'est qu'ils ont un avantage pour la survie de l'espèce[175]. L'une des théories les plus plausibles à l'heure actuelle pour comprendre pourquoi les personnalités hostiles sont encore parmi nous est qu'elles permettent d'assurer la survie d'un groupe en délimitant le *nous versus eux*[176]. La recherche montre que lorsque les humains sont hostiles envers les gens à l'extérieur de leur groupe («eux»), ceci a pour effet de réduire l'hostilité à l'intérieur du groupe («nous») et donc d'assurer la survie de ce dernier.

Vous conviendrez avec moi que, bien que les comportements hostiles puissent aider la survie de l'espèce, ils ont aussi des effets négatifs sur soi-même et les autres en augmentant la production d'hormones de stress.

Et puisque ça ne sert à rien de survivre si c'est pour être malheureux et stressé toute sa vie, l'hostilité est un type de comportement à adopter avec parcimonie ;)

39

Comment se porte votre ego?

Si vous me demandez de donner une conférence devant mille personnes, je serai la personne la plus heureuse et la plus confiante au monde. Quelques minutes avant la conférence, je jubilerai d'impatience à l'idée de parler à tous ces gens. Je ne ressens aucun stress face à cette situation qui pourrait pourtant geler sur place beaucoup d'autres personnes.

Toutefois, si vous me demandez de faire une randonnée de 70 kilomètres à vélo, mon stress montera en flèche. Je suis tout à fait apte à rouler cette distance, mais quelques minutes avant le départ, j'aurai le ventre noué et mon humeur sera terne. Je ressentirai un stress immense face à cette randonnée.

Les trois personnes les plus patientes que je connais sont mes amis Patric, Sylvie et Marc-André. Mes trois compagnons habituels de vélo. Voici le type de conversation avec laquelle ils doivent composer chaque fois qu'on fait une randonnée :

«Je ne serai pas capable de vous suivre, vous allez trop vite pour moi !
— Sonia, aucun problème, on t'attendra.
— Non, non ! Je vais vous retarder ! Vous auriez tellement plus de plaisir sans moi !
— Sonia, aucun problème, on est là pour s'amuser.
— Non, non ! Je me sens mal d'être toujours loin derrière vous ! »

Ma copine Sylvie me regarde avec son regard doux et me dit : «Tu n'es même pas loin derrière, Sonia ! » Mais je ne la crois jamais et je stresse. Ahhhh ! Que je stresse !

Pourquoi cette grande différence dans le stress vécu en réponse à la randonnée de vélo quand je peux donner une conférence à mille personnes sans ressentir la moindre parcelle de stress?

Parce que mon estime personnelle diffère grandement face à ces deux situations.

L'estime de soi que j'ai par rapport à mon identité de «sportive» est très faible, alors que l'estime personnelle que je démontre face à mon identité d'intellectuelle est élevée. Ceci survient en partie parce que j'ai une préconception voulant qu'une personne intellectuelle ne peut être à la fois une personne sportive[*].

Et c'est cette variation de mon estime personnelle face à ces différentes identités qui explique mon stress élevé lors des sorties de vélo et ma zénitude totale avant une conférence scientifique à donner devant mille personnes.

Estime de soi et stress

L'estime de soi est l'idée que l'on a de notre propre valeur, et ce trait de personnalité est un grand prédicteur d'une forte réactivité au stress[177]. Des chercheurs ont stressé pendant cinq jours[†] des participants qui avaient au préalable rempli un questionnaire mesurant leur estime de soi. Les résultats ont montré que les participants ayant une faible estime de soi montraient une augmentation de la réactivité au stress au fil du temps, tandis que les participants ayant une forte estime de soi montraient une diminution[178]. Une faible estime personnelle augmente la réactivité au stress, car elle joue directement sur la «menace à l'ego» qui fait partie des caractéristiques CINÉ d'un stresseur. Moins on a une bonne estime de soi, plus grande est la probabilité que notre ego soit menacé et que l'on produise une réponse de stress[179].

---

[*] Si vous cherchez un très bon bouquin qui traite du lien entre les préconceptions et l'estime de soi, je vous invite à vous procurer le livre publié en 2016 par Dr Carol Dweck intitulé *Changez d'état d'esprit* aux Éditions Mardaga.

[†] Oui, oui! Ce projet de recherche a été évalué et accepté par un comité d'éthique de la recherche.

Parce que l'estime de soi se développe très tôt dans la vie, les chercheurs ont d'abord cru qu'elle devenait immuable au fil du temps. Ainsi, un enfant qui présente une faible estime de soi dans un domaine particulier à un moment de sa vie devrait présenter une faible estime de soi dans à peu près toutes les autres sphères de sa vie par la suite. Cette idée que l'estime de soi s'étend à l'ensemble de la vie de l'enfant a mené les chercheurs à développer divers programmes scolaires visant à augmenter l'estime de soi chez les jeunes[180]. Beaucoup de ces programmes — très populaires dans les années 1990 à 2000 — demandaient aux professeurs d'éviter de critiquer les jeunes, de peur de nuire à leur estime personnelle. Des effets collatéraux de ces approches ont été observés. Une étude a montré qu'en 1968, seulement 18 % des jeunes obtenaient une moyenne de A dans leurs cours. En 2004, c'était 48 % des jeunes qui obtenaient un A[181]. Fait intéressant : plusieurs jeunes montrent maintenant des notes presque parfaites à l'école, mais le niveau d'anxiété n'a jamais été aussi élevé chez cette population. Le problème est donc plus complexe qu'on le pensait au départ.

Au début des années 2000, de nouvelles études ont montré qu'en fait, l'estime de soi n'est pas immuable et généralisée à l'ensemble des sphères de la vie d'une personne[182]. Tout comme moi, une personne peut présenter une faible estime de soi dans un type de situations, alors qu'elle a une très bonne estime de soi dans d'autres situations. C'est ce que l'on appelle l'estime de soi spécifique à certains domaines[183].

Des études récentes montrent que l'estime de soi peut varier considérablement dans les six domaines suivants :

- Apparence physique
- Acceptation sociale
- Capacité à se faire des amis
- Compétences scolaires
- Attirance physique
- Compétences sportives

D'autres études ont montré que la mise en place d'une faible (ou bonne) estime de soi dans l'un ou plusieurs de ces domaines dépend en partie de nos préconceptions[184].

Je suis née en 1965 et j'ai vécu mon adolescence dans les années 1980, au moment où les films d'adolescents comme *Grease* étaient très populaires. Dans la majorité des films d'adolescents de l'époque, les jeunes étaient séparés en groupes très bien délimités. Il y avait le groupe des sportifs, puis le groupe des «modes» et le groupe des intellectuels ou «intellos» ou *nerds*. Ces films présentaient toujours les intellos comme étant incapables de soulever un ballon ou de gagner un match de tennis. De la même manière, ils présentaient les sportifs comme étant incapables d'obtenir un A en calcul intégral. Ces préconceptions sociales ont eu des impacts très clairs sur les variations de l'estime de soi des jeunes de l'époque dans différents domaines*[184]. Aujourd'hui, je suis une *intello capable de donner une conférence internationale (stress faible), mais incapable de faire du vélo (stress élevé)*. À l'inverse, j'entends de grands sportifs dire qu'ils ont toujours été nuls à l'école alors que ce sont des dirigeants d'entreprises ayant à gérer des centaines d'employés! Le succès d'une entreprise ne s'explique pas par le nombre de kilomètres courus en marathon. Il tient à l'intelligence et à l'ouverture d'esprit de ses dirigeants.

Regardez de nouveau le tableau ci-dessus, qui présente les six domaines dans lesquels notre estime de soi peut grandement varier. Je suis certaine qu'il y a un domaine dans votre vie où votre estime personnelle est très forte, alors qu'il y en a un autre pour lequel elle est faible. Si vous pensez au stress que ces deux domaines génèrent, vous remarquerez que c'est toujours celui qui est associé à une faible estime de soi qui en génère le plus.

---

* Pour les plus jeunes qui lisent ce bouquin, je ne sais pas si ces préconceptions sociales induites par les films ont encore cours. Mais j'aurais tendance à suspecter que les réseaux sociaux ont la propriété d'induire de telles préconceptions sur ce que des gens avec un style X, Y ou Z peuvent ou ne peuvent pas faire.

Une arme pour la faible estime de soi : l'autocompassion

Cette année, à notre première sortie de vélo de la saison, j'ai dit à ma copine Sylvie qu'à partir de maintenant, j'allais pratiquer l'autocompassion lors de nos randonnées. Elle m'a regardée avec un sourire. Sonia qui arrive encore avec une nouvelle lubie !

Entre deux essoufflements de côtes à monter sur mon engin à deux roues, je lui ai expliqué que de nouvelles études scientifiques avaient montré que la meilleure manière d'empêcher une faible estime de soi d'induire une réponse de stress est de pratiquer l'autocompassion[185].

L'autocompassion est une cognition centrée sur soi qui consiste à faire preuve de sollicitude et de compréhension envers soi-même plutôt que d'adopter une attitude critique empreinte de jugement négatif[186]. Tout comme on tenterait d'offrir de la compassion à notre enfant qui vient de perdre au soccer, on essaie de traiter nos faiblesses ou nos échecs en utilisant un langage interne aidant et non critique*. Bien qu'elle soit une approche ancrée dans les méthodes méditatives, l'autocompassion telle qu'elle est étudiée par les chercheurs scientifiques peut aisément être pratiquée sans avoir à s'arrêter et méditer. Voici ce que cela donne pour moi :

Sonia, tu roules avec des gens qui sont dans une forme extraordinaire et qui font du sport depuis des décennies. Donne-toi une chance et dis-toi que s'ils voulaient rouler hyper vite, ils ne t'appelleraient pas, et c'est bien parfait ainsi. Profite de la belle journée et amuse-toi. Moi, je te trouve pas pire du tout en vélo... pour une intello ! :)

J'ai moins mal au ventre de stress depuis que je pratique l'auto-compassion en vélo, et je suis certaine que mes amis sont très contents de m'entendre moins souvent me plaindre sur ma piètre performance !

Cela vous semble un peu « bonbon » comme approche antistress à la faible estime personnelle ? Pourtant, des études ont montré que

---

* En d'autres mots, on dit à notre hamster d'être gentil !

l'autocompassion est associée à une diminution de la symptomatologie anxieuse[187,188], du stress perçu[189] et des hormones de stress[*185].

Et puisque personne n'entend ce que vous vous dites dans votre tête et ne peut donc pas vous juger là-dessus, je trouve que l'autocompassion est un bon retour sur l'investissement !

Mais pas trop quand même

Bien que l'autocompassion puisse aider à diminuer le stress quand on fait face à des situations dans lesquelles notre estime de soi est faible, il ne faut pas faire preuve de compassion au point de nous apitoyer sur notre sort.

À ce jour, très peu d'études se sont penchées sur cette cognition centrée sur soi qu'est l'apitoiement. Les premières effectuées sur le sujet ont interviewé des personnes souffrant de divers troubles physiques ou mentaux et ont observé que celles qui avaient tendance à s'apitoyer sur leur sort étaient celles qui présentaient le plus de difficultés à se sortir du trouble physique ou mental dont elles étaient affligées[190].

Toutefois, nul besoin de montrer un trouble physique ou mental pour s'apitoyer sur soi. Je nous suspecte tous d'apprécier parfois quelques séances bien tassées d'apitoiement sur soi. *Bouh, ouh, ouh. On est seul au monde, personne ne nous apprécie à notre juste valeur.* Cela vous dit quelque chose ?

Mais s'apitoyer sur soi a un prix. Des études ont montré que l'apitoiement émerge souvent en réponse à un stresseur[191] et mène à de la rumination[190]. D'autres études montrent qu'il est aussi associé à un isolement social et à la solitude[190], deux facteurs prédictifs d'une augmentation de la production des hormones de stress chez les gens de tous âges[192,193].

---

* Si vous cherchez un très bon bouquin qui traite de l'impact de l'autocompassion et des méthodes pour la pratiquer, je vous invite à vous procurer le livre publié en 2017 par Dre Barbara Fredrickson intitulé Love 2.0 aux Éditions Hachette Livre.

Puisque la rumination augmente la réactivité au stress, j'ai développé une méthode intéressante pour négocier ce besoin d'apitoiement qui me prend parfois, tout en l'empêchant d'avoir un impact trop important sur mon stress. Je vous la partage au cas où elle pourrait vous intéresser.

Quand l'envie de m'apitoyer sur mon sort me prend, j'accepte ce besoin et je me lance. *Allons-y, Sonia, on s'apitoie.* Toutefois, avant de faire partir la machine, je sors mon téléphone cellulaire et je prépare une alarme qui sonnera dans quinze minutes. Quand l'alarme sonne, je cesse ma séance d'apitoiement et je fais autre chose. Je fais cela, car je sais pertinemment bien que si je poursuis ma séance d'apitoiement, je vais produire des hormones de stress qui vont me faire du tort à court et à long terme.

Cela fonctionne à merveille pour moi et me permet d'éviter que la rumination induite par l'apitoiement agisse à long terme en augmentant mon stress.

Bon ! Je cesse d'écrire et je pars rouler. Mes amis m'attendent :)

PARTIE 11

Un sexe au stress?

Les hommes et les femmes ne stressent pas
de la même façon ni pour les mêmes raisons.
Les hommes féminins et les femmes masculines non plus.
Les hommes gais et les femmes lesbiennes non plus.
Les hommes bisexuels et les femmes bisexuelles non plus.
Les personnes au genre fluide non plus.
Comprendre cela, c'est comprendre la vraie
nature du stress humain.

40

Lorsque le stress était mâle

Comment réagiriez-vous si je vous disais que la majorité des données scientifiques publiées avant l'année 2000 et rapportant les résultats d'études sur le stress proviennent majoritairement de résultats obtenus chez des mâles ?

En effet, avant le tournant du siècle, la très grande majorité des chercheurs considéraient que les mâles sont comme les femelles (donc qu'il n'existe pas de différences sexuelles) et, qu'il ne servait à rien d'étudier les deux sexes si on voulait comprendre comment les hormones de stress affectent le corps et le cerveau.

L'autre argument utilisé par les chercheurs scientifiques pour évincer les femelles des protocoles expérimentaux étaient que les animaux femelles et les femmes montrent un cycle menstruel qui est caractérisé par des variations très importantes des hormones sexuelles tels l'estrogène et la progestérone. Or, ces hormones sexuelles interagissent avec les hormones de stress et, donc, les chercheurs considéraient que les animaux femelles et les femmes étaient trop « compliqués » pour permettre de bien délimiter les effets du stress. Contrairement aux femelles, les mâles ne montrent pas de grandes variations de testostérone*, donc, les chercheurs se sont dit qu'ils seraient la meilleure population à tester pour évaluer les effets du stress sur le corps et le cerveau.

C'est en fait cette attention exclusive sur la réponse de stress masculine qui a mené à la réponse de combat-fuite décrite en 1932 par Dr Walter Cannon. C'est en étudiant des animaux de sexe mascu-

---

* On sait aujourd'hui que ce résultat est faux. Les hommes présentent des variations saisonnières de testostérone avec les concentrations les plus élevées à l'automne et les plus faibles à l'été[194].

lin que les chercheurs ont compris que lorsque l'animal est exposé à une menace, il y a activation de la réponse biologique de stress et un comportement de combat ou de fuite devant la menace[195].

Les organismes subventionnaires s'en mêlent

Un chercheur scientifique ne peut faire de la recherche que s'il obtient des subventions qui lui fournissent les fonds nécessaires pour entreprendre ses expériences. Pour obtenir des subventions, les chercheurs doivent soumettre des projets de recherche à des organismes subventionnaires. Ce sont ces derniers qui décident quels types de projets de recherche pourront être effectués et comment la recherche devra se dérouler.

À l'année 2000, une grande restructuration a eu lieu et les organismes subventionnant la recherche scientifique ont clairement indiqué qu'il n'est pas éthique de ne *pas* inclure les animaux femelles ou les femmes dans les projets de recherche sous prétexte qu'elles montrent un cycle hormonal différent des hommes et que cela pourrait rendre difficile l'interprétation des résultats. Hommes et femmes devraient être égaux devant la science, et les membres des deux sexes devraient pouvoir bénéficier des résultats de la recherche. Sinon, des effets pervers peuvent résulter du fait de n'inclure qu'un seul sexe dans la recherche scientifique.

Un exemple très clair est celui de la médication. La très grande majorité des médicaments ont été développés et testés essentiellement auprès de populations mâles. Lorsque le médicament est approuvé, il est donné aux femmes en tenant pour acquis qu'il aura le même effet chez la femme que chez l'homme. Or, les études ont montré que ce n'était pas le cas. Dans certaines situations, les femmes peuvent souffrir de la prise de médication développée auprès d'hommes[196].

Après l'an 2000, les organismes subventionnaires ont donc fortement conseillé aux chercheurs scientifiques d'inclure un nombre équivalent d'animaux mâles et femelles ou d'hommes et de femmes dans leurs études s'ils voulaient obtenir du financement de recherche. Ce fut une décision très judicieuse, car à partir de ce moment, des découvertes et des modèles scientifiques extrêmement intéressants furent développés pour expliquer comment les hommes et les femmes réagissent de manière différente aux stresseurs.

Qui entre l'homme et la femme est le plus réactif aux stresseurs ?

Selon vous, lequel des deux sexes (homme *versus* femme) produit plus d'hormones de stress lorsque confronté à une situation menaçante (le stresseur) ? Chaque fois que je pose la question dans mes conférences publiques, la majorité de la salle répond : « Les femmes ! »

Cette réponse n'est pas la bonne.

Les études scientifiques des quatre dernières décennies montrent que ce sont les hommes qui produisent une quantité plus importante d'hormones de stress lorsqu'exposés à un stresseur[197]. Du moins quand c'est moi qui les stresse ! C'est une farce :) Cette donnée est réelle et elle a été démontrée à maintes reprises dans mon laboratoire et dans les laboratoires de la majorité des chercheurs travaillant partout à travers le monde[197].

Ces résultats intrigants furent pour la première fois rapportés par mon collègue Dr Clemens Kirschbaum, de l'Université Dresden, en Allemagne, en 1992[*198]. Ce chercheur exposa des hommes et des femmes à un stresseur et constata que les hommes présentaient une production d'hormones de stress trois fois plus importante que les femmes.

Quel résultat ! L'homme, ce chasseur préhistorique de mammouths, aurait ainsi gardé bien ancrée en lui cette réponse nécessaire à sa survie. La femme, qui, au temps de l'âge préhistorique, était plus occupée à s'occuper de sa progéniture qu'à chasser le mammouth, n'aurait pas gardé cette réponse de stress !

Phénoménal ! Génial ! Quel beau système !

---

* Clemens était en avance sur son temps !

Balivernes ! me diriez-vous, et vous auriez raison.

Au départ, les chercheurs se dirent que ce résultat avait du sens puisque ce sont en général les hommes qui sont les plus suscep- tibles de présenter des troubles cardiovasculaires[*]. Toutefois, cette conclusion hâtive fut rapidement attaquée par d'autres chercheurs qui rappelèrent que les femmes sont deux fois plus susceptibles de développer une dépression que les hommes[199]. Et puisque plusieurs pensent que la dépression est associée à une activation chronique de la réponse biologique de stress[49], cette donnée ne fait plus de sens. Il semblerait ainsi que les femmes de l'ère moderne subissent *aussi* le poids du stress.

Alors quel est le problème ?

---

[*] Ce qui n'est plus le cas aujourd'hui, puisque le nombre de femmes présen- tant des troubles cardiovasculaires est maintenant aussi élevé que le nombre d'hommes présentant ce même genre de trouble.

41

Quand le stress devint femelle

Lorsque les chercheurs commencèrent à inclure les femmes dans les projets de recherche portant sur le stress humain, ils observèrent des faits très intéressants. D'abord, ils rapportèrent un paradoxe très intéressant quant au stress subjectif rapporté par les hommes et les femmes.

Le stress subjectif des femmes

Le stress subjectif fait référence au *sentiment* que l'on a d'être stressé. Une manière de mesurer le stress subjectif est de vous demander de me dire, sur une échelle de 1 (pas du tout) à 10 (extrêmement) à quel point vous croyez être stressé. Le chiffre que vous apposerez sur l'échelle ci-dessous sera une représentation de votre stress subjectif. Ici, je n'ai pas mesuré vos hormones de stress, je n'ai fait que vous demander si vous croyez être stressé.

À quel point vous sentez-vous stressé(e) présentement ?

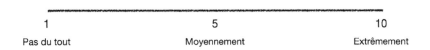

1	5	10
Pas du tout	Moyennement	Extrêmement

Une très grande majorité d'études montrent que lorsqu'on demande à des hommes et des femmes de dire à quel point ils se sentent stressés, les femmes rapportent vivre bien plus de stress que les hommes[200]. Quand on parle aux hommes et aux femmes, ce sont en général les femmes qui disent vivre beaucoup de stress et en souffrir. Cet effet est visible chez les femmes de tous âges[201].

Les préconceptions de stress chez les femmes

L'origine du stress subjectif plus élevé chez la femme pourrait venir des préconceptions négatives du stress qui sont plus importantes chez ces dernières. En 2016, Danie Majeur, une étudiante de l'Université de Montréal, entreprit un stage dans mon laboratoire et elle s'intéressa aux différences sexuelles dans les préconceptions de stress. Elle a fait passer à 300 participants un questionnaire mesurant leurs préconceptions de stress similaire — mais tout de même différent — à celui que vous avez rempli au chapitre 3. Son but était de savoir si les femmes présentent des préconceptions de stress qui sont plus positives ou négatives que les hommes[202]. Dans le questionnaire que Danie a utilisé, on présentait deux phrases aux participants (par exemple : « Le stress augmente la mémoire » ; « Le stress diminue la mémoire ») et les participants devaient dire laquelle des deux phrases était la plus véridique pour eux. Elle a ensuite calculé le « score de préconception de stress » d'une personne. Ici, plus le score s'approche de 1.0, plus cela traduit une préconception positive de stress chez la personne. Danie a montré que les femmes présentent en général des préconceptions de stress qui sont plus négatives que celles des hommes.

La figure ci-dessous présente les résultats obtenus par Danie. On voit que les hommes sont en général plus fortement en accord que les femmes avec des affirmations voulant que le stress ait des effets positifs. Les préconceptions négatives de stress des femmes étaient les plus évidentes sur deux préconceptions, soit :

-Le stress est positif ;
-Le stress augmente la mémoire[*].

---

[*] Les petites étoiles en science témoignent du fait que la différence entre les hommes et les femmes était importante sur le plan statistique.

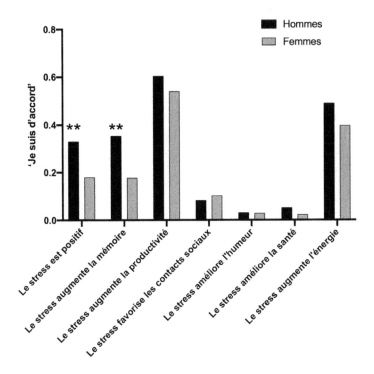

Comme on l'a vu au chapitre 35, les préconceptions de stress ont des effets importants sur la perception qu'une situation est stressante ou non. Ainsi, les résultats de Danie permettent de penser qu'une partie du stress subjectif élevé des femmes pourrait être liée au fait que pour elles, le stress a en général une connotation plus négative que pour les hommes.

Les hormones des femmes

On se rappellera que, bien que les femmes rapportent plus de stress subjectif que les hommes, ce sont ces derniers qui produisent plus de cortisol lorsqu'exposés à une situation stressante. Or, les désordres physiques et mentaux liés au stress sont majoritairement expliqués par les effets des hormones de stress sur le corps et le cerveau et non par le stress subjectif rapporté par les gens.

Depuis maintenant vingt ans, les chercheurs tentent de comprendre pourquoi les femmes semblent produire une plus faible réponse biologique de stress que les hommes alors qu'elles disent souffrir plus fortement de stress. L'un des premiers facteurs étudiés fut le même qui mena les femmes à être exclues de la recherche sur le stress, c'est-à-dire leur cycle menstruel !

En effet, lorsque l'on compare la réactivité au stress d'hommes et de femmes, on doit prendre en compte le fait que lorsque les femmes viennent au laboratoire pour participer à une expérience sur le stress, elles sont différentes entre elles quant au moment où elles se trouvent dans leur cycle menstruel.

Le cycle menstruel d'une femme comprend deux phases majeures : la phase folliculaire et la phase lutéale. La figure ci-dessous vous donne une description du cycle menstruel de la femme[*].

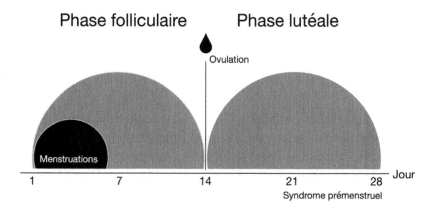

La phase folliculaire représente le début du cycle hormonal féminin. Cette phase commence le premier jour des menstruations et se termine en général quatorze jours plus tard, au moment de l'ovulation. La phase lutéale représente la fin du cycle menstruel, lorsque l'ovule n'a pas été fécondé. Elle survient avant l'apparition des menstruations de la femme. C'est la phase lutéale qui est associée au syndrome prémenstruel chez la femme.

---

[*] L'idée originale pour la schématisation du cycle menstruel a été présentée dans l'excellent article de Laurie Ray sur le cycle menstruel publié en 2018 et disponible en ligne : https://helloclue.com/articles/cycle-a-z/the-menstrual-cycle-more-than-just-the-period.

Très rapidement, les chercheurs se sont dit qu'il serait possible que, chez la femme, la réactivité au stress soit différente en fonction de la phase dans laquelle elle se trouve. Pour tester la validité de cette hypothèse, ils ont séparé des groupes de femmes exposées à un stresseur de laboratoire en fonction de la phase (folliculaire ou lutéale) où elles se trouvaient au moment de l'étude. Les résultats ont montré que c'est lorsque les femmes sont dans la phase lutéale qu'elles sont les plus réactives au stress[203], et elles réagissent alors au stresseur aussi fortement que les hommes.

Le fameux syndrome prémenstruel

Mesdames, je vous vois sourire en coin. Ces résultats semblent confirmer le fameux syndrome prémenstruel et expliquer pourquoi nous sommes parfois si agressives et stressées durant la période juste avant nos menstruations.

Les études montrent que, bien que la majorité des femmes (70 à 85 %) rapportent ressentir quelques symptômes prémenstruels, seulement 20 à 30 % d'entre elles ont une histoire de syndrome prémenstruel[204]. Pour être catégorisée comme vivant un syndrome prémenstruel dans les études scientifiques sur le sujet, une femme doit présenter les caractéristiques physiques ou psychologiques associées à la phase lutéale (ballonnements, seins sensibles, changements d'humeur, irritabilité, maux de tête, diminution de la libido, peau et cheveux gras, etc.), et ces caractéristiques doivent avoir un impact sur la qualité de vie[204].

Oui, il est possible que la réactivité au stress soit plus grande chez les femmes qui souffrent grandement du syndrome prémenstruel, mais il est important de noter que, quoique toutes les femmes présentent une phase lutéale dans leur cycle hormonal, elles n'ont pas toutes un syndrome prémenstruel.

Une étude effectuée en 2015 a exposé des femmes présentant un syndrome prémenstruel ou non à un stresseur de laboratoire. Les résultats ont montré que les femmes avec un syndrome prémenstruel présentent une plus *faible* réactivité au stress lorsque comparées aux femmes ne présentant pas ce syndrome[205]. Donc, la majorité des femmes en phase lutéale sont plus réactives au stress, et les femmes qui présentent un fort syndrome prémenstruel présentent une faible réactivité au stress.

Il est donc possible que, tout comme pour d'autres désordres physiques (fatigue chronique, fibromyalgie) et mentaux (épuisement professionnel), la diminution de la réponse au stress chez les femmes présentant un désordre prémenstruel soit une forme de signature biologique du désordre qui s'installe.

La pilule contraceptive

Lorsque les chercheurs ont tenté de déterminer si la réactivité au stress des femmes variait en fonction du cycle menstruel, ils ont aussi mesuré l'impact de la pilule contraceptive. La pilule contraceptive a pour effet de mener à des concentrations d'hormones sexuelles qui sont similaires à celles observées en phase folliculaire. Lorsque les chercheurs ont exposé des femmes utilisant la pilule contraceptive à un stresseur de laboratoire, ils ont montré que celles-ci présentent une réactivité au stress moins élevée que celle observée chez les hommes et similaire à celle des femmes en phase folliculaire[203]. La figure ci-dessous résume l'ensemble des résultats obtenus chez la femme à ce jour en fonction du cycle menstruel où elle se trouve lorsqu'on l'expose à un stresseur ou en fonction de la prise de la pilule contraceptive.

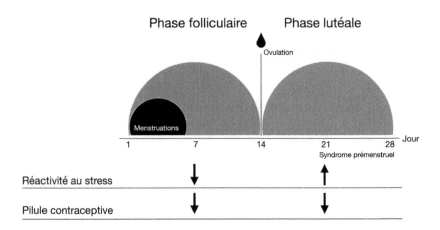

Sur la base des résultats montrant une plus faible réactivité au stress chez les femmes prenant la pilule contraceptive, vous pourriez être tentée de courir chez votre médecin pour demander une prescription si vous êtes toute jeune, ou encore demander ladite prescription pour votre fille si vous êtes dans mon groupe d'âge et que vous avez une fille à la maison. Toutefois, avant de passer le coup de fil à la clinique du coin, il est important de savoir que de nouvelles études montrent que la prise de pilule contraceptive est associée au développement de symptômes dépressifs chez certaines jeunes femmes.

Des chercheurs danois ont suivi plus d'un million de femmes de l'an 2000 à l'an 2013. Au moment de leur inclusion dans l'étude, les femmes avaient de 15 à 34 ans[206]. Treize ans plus tard, ces femmes étaient âgées de 28 à 47 ans. Les chercheurs ont évalué le dossier médical de ces femmes pour déterminer lesquelles d'entre elles avaient reçu une prescription de pilule contraceptive ou une prescription d'antidépresseurs.

Les résultats ont montré que les jeunes femmes qui avaient reçu une prescription de pilule contraceptive au début de l'étude montraient treize ans plus tard une utilisation plus fréquente d'antidépresseurs que les jeunes femmes n'ayant pas utilisé la pilule. En analysant les données, les chercheurs ont observé que c'est en général six mois après avoir commencé à utiliser la pilule contraceptive que les jeunes femmes recevaient une prescription d'antidépresseurs.

Toutefois, ce ne sont pas toutes les femmes qui prennent la pilule qui présentent une symptomatologie dépressive, et il faut donc comprendre quels sont les facteurs qui confèrent à certaines jeunes femmes qui utilisent la pilule contraceptive une plus grande vulné-rabilité à la dépression.

La pilule contraceptive contient des hormones synthétiques qui ont la propriété d'accéder au cerveau et d'agir sur la pensée et la cognition. Une étude récente de mon étudiante Catherine Raymond a montré que les femmes qui prennent la pilule contraceptive rapportent beaucoup plus de pensées vagabondes (négatives et positives) que celles ne prenant pas ce contraceptif[207]. Compte tenu des liens déjà établis entre les pensées vagabondes, la rumination et la plus grande vulnérabilité au stress, il est possible qu'en agissant sur certaines parties du cerveau, les hormones sexuelles synthétiques présentes dans la pilule contraceptive puissent conférer une certaine vulnérabilité à la dépression chez certaines femmes.

Non, non ! Ne jetez pas tout de suite votre paquet de pilules contraceptives à la poubelle ! Prenez le temps de bien évaluer votre état mental et votre sensibilité au stress sur plusieurs semaines avant de prendre une décision.

Comme on l'a vu dans les chapitres précédents, il est tout à fait possible que votre grande sensibilité au stress ces derniers temps soit due à des facteurs autres que la pilule contraceptive, telles votre perspective temporelle, votre personnalité, vos préconceptions de stress, etc.

Bien évaluer les avantages et les désavantages de vos décisions en ce qui concerne le stress est le gage d'un esprit calme !

42

Combat-fuite *versus* protection-affiliation

Le modèle dominant de la réponse de stress a été, depuis le dernier siècle, le modèle de combat-fuite. Or, ce modèle est essentiellement issu des études effectuées chez des mâles.

Dès la restructuration de la recherche scientifique entreprise au début des années 2000, des chercheurs ont remis ce modèle en doute, du moins chez les femmes. En étudiant des animaux mâles et femelles en situation de stress, les chercheurs ont découvert que bien que les mâles aient tendance à devenir agressifs et à vouloir combattre lorsqu'ils sont exposés à un stresseur (combat-fuite), la réponse des femelles est différente. Lorsqu'elles sont stressées, elles ont tendance à adopter des comportements d'affiliation (elles se rapprochent des autres femelles) et de protection (elles protègent leur progéniture et parfois même celle des autres femelles du groupe).

Sur la base de ces observations faites chez l'animal, une chercheure de l'Université de Californie, à Los Angeles, Dre Shelly Taylor, a proposé le modèle de «protection-affiliation» (*tend-and-befriend*) pour décrire la réponse utilisée par les femmes en période de stress[208]. Le modèle propose qu'en situation de stress, les femmes réagissent en protégeant leurs enfants (la partie *protection* du modèle) et en formant des alliances (la partie *affiliation* du modèle) avec les autres femmes.

Puisque les femmes sont depuis les temps préhistoriques moins fortes physiquement que les hommes*, leur meilleure manière d'assurer la

---

* Ce qui n'est vrai qu'à partir de l'adolescence. Dans l'enfance, les filles sont aussi fortes que les garçons. Un livre très intéressant sur ce sujet est celui de Colette Dowling intitulé *The Frailty myth: Redefining the physical potential of women and girls*, publié en 2001 aux éditions Random House.

survie de l'espèce lorsqu'un mammouth débarquait dans le village alors que les hommes étaient partis le chasser était de s'affilier entre elles et de sauver la progéniture. Dre Taylor contraste cette réponse de protection-affiliation avec celle observée auprès des hommes, qui auraient tendance à utiliser une réponse de combat-fuite devant une menace (on tue le mammouth ou on s'enfuit s'il est trop gros).

Ce qui stresse les hommes n'est donc pas ce qui stresse les femmes

Dès que Dre Taylor a commencé à suggérer que la réponse de stress des hommes (combat-fuite) pourrait différer de celle des femmes (affiliation-protection), des chercheurs ont soutenu que le protocole actuel que l'on utilise pour exposer nos participants à un stresseur de laboratoire est un protocole essentiellement axé sur la réponse combat-fuite, et c'est pour cela que les hommes y réagissent plus fortement que les femmes.

Je ne vous expliquerai jamais la manière dont nous exposons nos participants à un stresseur de laboratoire car si je le faisais… je ne pourrais plus stresser de gens par la suite ! Suffit-il que je vous dise que le seul protocole reconnu et accepté par l'ensemble des comités d'éthique de la recherche à l'échelle mondiale est lié à la réussite, qui active la réponse de combat-fuite.

S'il est vrai que c'est parce que cette tâche active essentiellement la réponse de combat-fuite que l'on observe une réponse de stress chez les hommes et non chez les femmes, alors on devrait être capable d'activer une réponse biologique de stress chez la femme si on l'expose à une situation qui implique de l'affiliation.

C'est ce que Dr Stroud et ses collègues de l'Université Brown, au Rhode Island, ont fait[209]. Ils ont exposé des hommes et des femmes à deux conditions de stress. La première condition portait sur un stress lié à la réussite (on demandait aux gens de réussir une tâche difficile dans une très courte période de temps). La seconde condition portait sur un stress lié au rejet social (on soumettait les gens à une condition impliquant un rejet social). Les résultats ont montré que les hommes produisaient beaucoup plus d'hormones de stress dans la condition de stress lié à la réussite, tandis que les femmes en produisaient beaucoup plus dans la condition de stress lié au rejet social[209]. Ainsi, c'est lorsque les femmes vivent un rejet social qu'elles ont tendance à présenter une forte réactivité au stress.

La prochaine question qui s'est alors imposée aux chercheurs était la suivante : est-ce que l'affiliation peut contribuer à diminuer le stress des femmes ?

Chéri(e), aide-moi à gérer mon stress !

Dans le but de répondre à cette question, des chercheurs ont demandé à des hommes et des femmes de se présenter au laboratoire de recherche accompagnés de leur conjoint. Le conjoint avait comme rôle d'offrir du soutien social sous forme verbale (« Ça va bien aller, mon chéri, j'ai confiance en toi ») au participant avant son exposition à un stresseur. Tous les participants ont été exposés au stresseur impliquant une réussite (combat-fuite). Rappelez-vous que les études ont montré qu'en utilisant ce type de stresseur, les hommes sont trois fois plus réactifs au stress que les femmes.

Quelle ne fut pas la surprise des chercheurs de constater que lorsque les hommes et les femmes recevaient du soutien social de la part de leur conjoint avant d'être exposés au stresseur, c'était alors les femmes qui étaient trois fois plus réactives au stress que les hommes[210] !

Ainsi, lorsque monsieur reçoit du soutien de la part de son épouse en période de stress, cela *diminue* sa réactivité au stress. À l'inverse, lorsque madame reçoit du soutien de la part de son époux en période de stress, cela *augmente* sa réactivité au stress.

Ouf !

Comment expliquer ce résultat ? Est-ce à dire que monsieur contribue au stress de madame, alors que madame agit en diminuant le stress de monsieur ? Un peu trop facile comme conclusion, me direz-vous, et vous aurez raison :)

Le sexe opposé en temps de stress

Les chercheurs se dirent que ces résultats pourraient n'avoir aucun lien avec le fait que le soutien a été fourni par le ou la conjoint(e), mais qu'ils seraient plutôt liés au fait d'avoir reçu du soutien de la part d'une personne du sexe opposé.

Dans le but de vérifier si tel était le cas, les chercheurs soumirent un deuxième groupe de participants à du soutien social fourni de la part d'une personne de sexe opposé au leur, mais inconnu de leur part. Ainsi, les femmes recevaient un soutien social de la part d'un homme qu'elles ne connaissaient pas, et les hommes recevaient un soutien social de la part d'une femme qu'ils ne connaissaient pas. Lorsque ces hommes et ces femmes furent ensuite exposés à un stresseur, les chercheurs observèrent qu'encore une fois, les hommes semblaient bénéficier de la présence d'une femme, car leur réponse de stress était moindre qu'en condition de soutien absent. À l'inverse, la réponse de stress des femmes était encore très élevée[210].

Avec cette seconde condition, les chercheurs ont montré que les hommes bénéficient grandement du soutien social fourni par une femme (conjointe, amie ou inconnue), tandis que les femmes bénéficient peu de celui fourni par un homme (conjoint, ami ou étranger).

Même sexe en temps de stress

Les chercheurs se sont alors demandé si les résultats pourraient être différents quand les participants bénéficient du soutien offert par une personne du même sexe. L'équipe du Dr Smith de l'Université du Texas a exposé des hommes et des femmes à un stresseur après que ceux-ci aient reçu un soutien social d'une personne étrangère mais du même sexe[211]. Les résultats ont montré que lorsque les hommes reçoivent du soutien de la part d'un autre homme, cela mène à une augmentation de leur réponse au stress. À l'inverse, lorsque les femmes reçoivent du soutien de la part d'une autre femme, cela diminue leur réponse au stress !

Récapitulons au moyen d'une figure et d'un texte explicatif auquel vous pourrez vous référer en temps de grand stress pour savoir qui appeler pour recevoir du soutien ;)

Réactivité au stress lorsque :

Seul(e) devant le stress

Soutien du conjoint

Soutien personne sexe opposé

Soutien personne même sexe

- Lorsque seuls devant un stress, les hommes réagissent plus fortement à ce dernier que les femmes.

- Lorsque les hommes reçoivent du soutien de la part de leur conjointe ou d'une autre femme, leur réactivité au stress diminue.

- À l'inverse, lorsque les femmes reçoivent du soutien de la part de leur conjoint ou d'un autre homme, leur réactivité au stress est augmentée.

- Lorsque les hommes reçoivent du soutien de la part d'un autre homme, leur réactivité au stress est augmentée.

- Lorsque les femmes reçoivent du soutien de la part d'une autre femme, leur réactivité au stress est diminuée.

Avec ces études, la recherche scientifique a confirmé la viabilité du modèle de protection-affiliation proposé par Dre Taylor[212,213]. Ainsi, devant un stresseur, les hommes auraient tendance à utiliser un modèle de combat-fuite, et ceci pourrait expliquer pourquoi ils ne bénéficient pas du soutien d'un autre homme en période de stress. Ils risquent d'être en compétition avec ce dernier pour combattre le mammouth! À l'inverse, lorsqu'elles sont exposées à un stresseur, les femmes ont tendance à utiliser un modèle de protection-affiliation, et ceci peut expliquer pourquoi elles semblent bénéficier du soutien d'autres femmes en périodes de stress. C'est ensemble que les femmes négocient le stress le plus efficacement.

À quoi servent les époux, alors ?

Si on part du principe que toute réponse de stress a pour but la survie de l'espèce, une question fondamentale émerge de la série d'études rapportées précédemment. En effet, si les hommes ne semblent pas avoir comme effet d'aider les femmes à négocier le stress[*], la question qui se pose alors est la suivante : à quoi servent les époux ?

La question semble triviale et amusante[†], mais elle est très sérieuse ! En effet, si nous adoptons une approche évolutionnaire de survie de l'espèce à l'étude du stress humain, on doit nécessairement arriver à la conclusion que si les femmes ont encore tendance à se tourner vers les hommes en temps de stress[‡], c'est qu'ils doivent avoir un effet positif sur elles qu'on n'a pas encore découvert.

Croyez-le ou non, des chercheurs se sont posé cette question et ont effectué une expérience pour y répondre ! Dr Ditzen et ses collègues de l'Université de Zurich ont recruté des femmes en couple depuis au moins douze mois et ils les ont séparées en trois groupes. Le premier groupe recevait du soutien social sous forme verbale (encouragement verbal) de la part de leur conjoint avant d'être exposé à un stresseur. Le second groupe recevait du soutien sous forme physique (massage aux épaules) et le troisième groupe ne recevait aucun soutien de la part du conjoint. Les résultats ont montré que *seules* les femmes recevant du soutien physique (massage aux épaules) de leur époux ont présenté une diminution de leur réactivité au stress ! Les

---

[*] Alors que c'est le cas pour les femmes qui semblent avoir pour effet d'aider messieurs à diminuer leur réactivité au stress.

[†] Hep, hep, mesdames ! Je vous vois sourire !

[‡] Ce qui est le cas pour bien des femmes !

femmes ayant reçu du soutien verbal (encouragement) de la part de leur conjoint ont montré une réactivité au stress similaire à celle des femmes n'ayant reçu aucun soutien de l'être aimé[214].

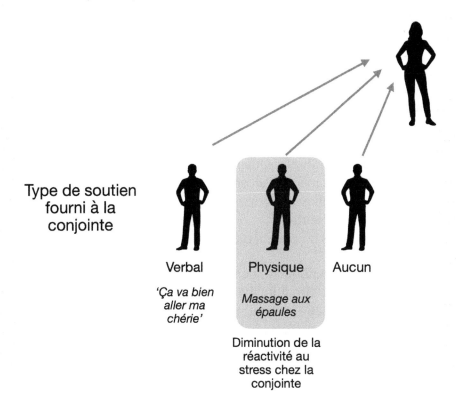

Ces résultats[*] permettent de comprendre pourquoi les études précédentes portant sur le soutien des conjoints en période de stress ne montraient pas d'effets bénéfiques pour les femmes. En effet, toutes ces études utilisaient du soutien sous forme verbale. Or, il semblerait que les femmes bénéficient surtout du soutien physique fourni par leur conjoint, alors qu'elles bénéficient du soutien verbal fourni par d'autres femmes[†]. Pour leur part, les hommes semblent bénéficier du soutien verbal fourni par leur conjointe en période de stress.

---

[*] Que j'ai encadrés et placés bien en vue dans ma cuisine durant quelques années !
[†] Ceci explique peut-être pourquoi les femmes ont souvent tendance à sauter sur le téléphone pour appeler leur mère ou leur copine lorsqu'elles vivent une période de stress.

Le sexe pour diminuer le stress de madame ?

Messieurs, je vous entends penser : *Parfait... Alors pour aider mon épouse en temps de stress, est-ce que le « soutien physique » dont vous parlez inclut le sexe ?*

Imaginez donc qu'un chercheur s'est posé la même question et a effectué l'étude pour y répondre[*] ! Pendant quatorze jours, le chercheur a demandé à des hommes et des femmes de tenir un journal de bord dans lequel ils devaient inscrire les périodes durant lesquelles ils 1) s'étaient masturbés en solitaire ; 2) avaient eu un rapport sexuel sans pénétration vaginale ; et 3) avaient eu un rapport sexuel avec pénétration vaginale. Au quinzième jour, le chercheur a exposé les participants à un stresseur de laboratoire. Les résultats ont montré que seules les personnes rapportant avoir eu des relations sexuelles avec pénétration vaginale ont présenté une plus faible réactivité au stress au quinzième jour[215].

Ces résultats s'expliquent par l'action d'une hormone appelée ocytocine qui est produite en fortes quantités lors de relations sexuelles avec pénétration vaginale[216]. De nouvelles études montrent que cette hormone est impliquée dans les comportements d'affiliation envers la personne aimée[217] et d'autres montrent que lorsque les concentrations d'ocytocine augmentent, cela a pour effet de diminuer la réactivité au stress[218,219].

Je vois déjà monsieur, le grand sourire aux lèvres, se tourner vers madame pour lui dire : « Tu vois, chérie ! Si on fait l'amour, cela va contribuer à te déstresser ! Go, go, go ! »

Messieurs, non, non, non ! Attendez ! Si madame est couchée près de vous, crevée de sa journée, ou auprès des enfants à tenter de terminer deux projets au travail, ne passez pas à l'action tout de suite.

Je vous suggère fortement d'aller lire mon second livre intitulé *À chacun son stress,* qui traite du stress des parents[†]. Si madame

---

[*] Décidemment, tout est possible en science !
[†] Et du débordement de celui-ci sur les enfants.

est crevée, fatiguée et stressée de toutes ses obligations familiales et professionnelles, il y a de bonnes chances que son stress soit à un niveau trop élevé pour bénéficier réellement de votre soutien physique sous forme de relation sexuelle. Elle risque de voir ce moment comme un autre stresseur sur sa liste déjà bien garnie.

Il faudra donc travailler à diminuer tout ce stress familial avant de passer au sexe comme méthode de gestion du stress.

D'ici là, eh bien le massage des épaules est toujours une option !

43

Sexe, genre et le stress de la victimisation

Sept ans après avoir fortement suggéré aux chercheurs d'inclure des femmes dans leurs protocoles expérimentaux, les organismes subventionnaires ont publié un nouveau rapport proposant maintenant aux chercheurs d'évaluer les effets de *genre* dans leurs études[220].

La différence entre le sexe et le genre

Le «sexe» fait référence à toute différence entre les hommes et les femmes qui est liée à des facteurs biologiques. Les femmes, au sens biologique du terme, ont des chromosomes de type XX, alors que les hommes ont des chromosomes de type XY. Bien que les différentes hormones sexuelles se retrouvent chez les deux sexes, les femmes produisent de l'estrogène et de la progestérone en plus grande quantité, tandis que les hommes produisent davantage de testostérone. Toutefois, il existe des femmes chez qui les taux de testostérone sont aussi élevés que ceux des hommes[221]. On parle donc ici de tendance générale. Comme on l'a vu au chapitre précédent, certaines différences sexuelles qu'on observe entre les hommes et les femmes par rapport au stress sont liées aux effets biologiques ou hormonaux associés au sexe de cet individu. Un exemple parfait est la plus grande réactivité au stress chez les femmes en phase lutéale. Les femmes sont plus réactives au stress par le jeu complexe des hormones sexuelles produites à ce moment particulier de leur cycle menstruel.

Le «genre», quant à lui, renvoie à toute différence entre les hommes et les femmes qui est liée à des facteurs socioculturels. Les études dans ce domaine montrent que bien souvent, les jeunes filles et les jeunes garçons vont adopter des comportements typiquement féminins ou masculins, non pas parce qu'ils ou elles ont le code génétique prédéterminé pour le faire, mais parce que la société avantage ce type de comportements[222]. On achètera alors des poupées aux fillettes et des camions aux garçons, perpétuant ainsi les rôles sexuels socialement déterminés. Un « vrai garçon » sera alors un garçon qui fait du sport, qui se bat parfois avec ses amis et qui ne pleure jamais quand il se fait mal. Une « vraie fille » devra être douce et affectueuse et elle aimera prendre soin de son apparence.

Ces normes sociales liées au genre ont tendance à restreindre les individus dans des identités et expressions de genre qui sont binaires, c'est-à-dire masculine ou féminine, et c'est en utilisant ces identités binaires que les gens pourront prédire les traits de personnalité des individus. Les traits typiquement masculins seront vus comme reflétant la compétence et la rationalité, alors que les traits typiquement féminins seront associés à l'affection et la douceur[*224].

Toutefois, qu'arrive-t-il quand le sexe ne concorde pas avec le genre d'une personne ?

La non-conformité de genre

Quand un enfant ou un adolescent ne satisfait pas les attentes sociales liées au genre (un garçon a des manières efféminées ou une jeune fille est très masculine), on dit qu'il ou elle montre une « non-conformité de genre ». Les études montrent que le prix à payer pour cette non-conformité de genre est une augmentation significative du stress[225]. La raison est simple : les personnes qui présentent une non-conformité de genre sont souvent stigmatisées, jugées ou harcelées, et ceci est associé à une augmentation très importante du stress chez ces populations[225]. Des études ont montré que chez les adolescents, la non-conformité de genre est associée à de la victimisation par les pairs[226] et à un stress accru pouvant parfois mener à des symptômes dépressifs[227] et des idées suicidaires[228].

---

* Certains chercheurs ont d'ailleurs discrédité le modèle féminin d'affiliation-protection proposé par Dre Taylor sur la base de son déterminisme sexuel. Selon ces chercheurs, ce modèle continue de confiner la femme dans un rôle prédéterminé, celui de la mère nourricière et protectrice[223]. Le débat se poursuit !

Ce sont en général les garçons au genre non conforme qui sont les plus susceptibles de subir de l'intimidation, et ce, pour trois raisons. D'abord, ils sont moins susceptibles d'être intéressés par les jeux physiques et rudes et, donc, ils sont moins enclins à se défendre en utilisant la force physique[229]. En second lieu, la très grande insistance placée sur les sports de compétition dans les écoles a pour effet d'affecter de manière plus importante les garçons que les filles[230]. Enfin, certaines études suggèrent que les garçons sont tenus à des règles encore plus sévères de conformité de genre que les filles[231]. La jeune fille un peu masculine qui déteste porter une jupe sera ainsi mieux tolérée que le jeune garçon parlant avec une voix un peu efféminée.

L'orientation sexuelle

Très souvent, lorsqu'une personne ne se conforme pas au genre assigné par son sexe (un jeune garçon préfère jouer à la poupée plutôt qu'au soccer avec les copains, ou une jeune fille ne veut pas jouer à se maquiller avec les copines), elle devient la cible de commentaires liés à l'homosexualité[*], souvent associés à de la victimisation[230]. Bien qu'aujourd'hui, plusieurs personnes se targuent de ne pas être homophobes, la recherche scientifique montre qu'encore en 2020, les personnes qui ne se conforment pas au genre ou qui ont une orientation sexuelle différente du modèle classique peuvent être victimes de harcèlement[232,233] qui, à la longue, peut avoir d'importantes répercussions sur leur stress[234].

Les études montrent que les personnes gaies, lesbiennes ou bisexuelles sont neuf fois plus susceptibles de devenir des victimes d'intimidation que les personnes hétérosexuelles, et deux fois plus susceptibles de s'engager dans des comportements d'auto-mutilation[235]. D'autres études ont montré que cette victimisation en fonction de l'orientation sexuelle est associée à une augmentation importante du stress et de la symptomatologie dépressive[232,233].

---

[*] Alors que ce ne sont pas toutes les personnes qui ne se conforment pas au genre qui ont une orientation sexuelle différente du modèle classique.

La fluidité de genre

Bien qu'encore aujourd'hui, certains jeunes au genre non conforme (homosexuels ou non) qui s'assoient sur les bancs des écoles secondaires sont presque assurés de se faire harceler à cause de leur différence, les choses sont en train de changer.

En lisant la littérature scientifique et en jasant avec des experts dans le domaine pour écrire la nouvelle édition de ce livre, j'ai appris qu'une chose très intéressante est en train de se développer avec la notion de genre dans la nouvelle génération d'adolescents. Cette notion est en train de devenir «fluide». On parle maintenant de fluidité de genre.

La nouvelle génération refuse maintenant haut et fort toutes les attentes sociales qui sont liées au sexe et au genre. Les jeunes se donnent maintenant le droit d'être féminins un jour, masculins l'autre jour, et androgynes lorsqu'ils le désirent. Ils se donnent le droit d'être attirés par quelqu'un du même sexe ou du sexe opposé. Ils désirent être attirés par une personne, sans égard à son sexe ou son genre.

Certaines universités ont même construit des salles de bains non genrées pour être plus inclusives vis-à-vis des personnes transgenres. En effet, bien que ce soit encore un débat houleux dans la plupart des pays, ce changement permet aux personnes «trans» d'utiliser les toilettes de leur choix sans crainte de préjudice.

Vous levez les yeux au ciel en lisant ceci ? *Ah ! Mais que ne va-t-on pas encore inventer !*

Suivez-moi… Je vous amène dans le fabuleux monde de la communauté LGBTQ+. Qui sait, je parlerai peut-être du stress de votre enfant qui se demande, assis dans sa chambre pendant que vous lisez ce chapitre, s'il devrait ou non vous annoncer qu'il fait partie de cette communauté.

Et toutes ces questions le stressent énormément.

44

La communauté LGBTQ+ et le stress

Si votre réponse de stress a tendance à augmenter en lisant la nouvelle littérature scientifique sur le stress et le genre, permettez-moi de vous dire qu'il faut relaxer, car la survie de l'espèce n'est pas en danger :) Les modèles sociaux de couple et de parentalité sont en train de changer, mais l'espèce humaine est encore tout à fait capable d'assurer sa survie :)

Les jeunes d'aujourd'hui sont fabuleusement ouverts d'esprit et combattifs sur leurs perceptions de la société. C'est très efficace pour diminuer le stress, et cette approche permettra sûrement à ces jeunes de sortir du spectre de la discrimination qui hante leur communauté depuis si longtemps.

La communauté LGBTQ+

«Ahhhh! Il y a maintenant tellement de lettres pour décrire la communauté LGBT qu'on ne s'y retrouve plus!»

J'entends souvent cette phrase quand je discute avec les gens des études scientifiques portant sur le stress de la communauté LGBTQ+, et pourtant, le terme utilisé est important. En effet, différentes réponses de stress sont rapportées en fonction des groupes et des sous-groupes composant la communauté LGBTQ+[234].

J'ai peu d'expérience dans ce domaine, mais l'un de mes anciens étudiants devenu chercheur scientifique à l'Université de Montréal, Dr Robert-Paul Juster, est devenu l'expert mondial sur le stress de la communauté LGBTQ+. Dans le cadre de ses études doctorales, Robert-Paul a étudié la réponse physiologique de stress au sein de cette communauté, et il est le fondateur et directeur du Centre d'études sur le sexe*genre, l'allostasie et la résilience (CESAR). Pour bien vous décrire la recherche dans ce domaine, j'ai donc communiqué avec Robert-Paul qui, avec l'aide de son étudiant Mathias Rossi, m'a aidée à bien comprendre les subtiles différences dans les diverses terminologies utilisées quand on parle de la communauté LGBTQ+ et les résultats obtenus à ce jour.

La communauté LGBT regroupe les personnes Lesbiennes, Gaies, Bisexuelles et Trans. Les trois premières lettres (Lesbiennes, Gaies et Bisexuelles) font référence à ce que l'on appelle les « minorités sexuelles », dont l'orientation sexuelle n'est pas strictement hétérosexuelle. Le terme « trans » pour sa part est un terme parapluie regroupant ce que l'on appelle les personnes transgenres, issues de la diversité de genres.

Cisgenre et transgenre

Quand on parle de « diversité de genres », on compare souvent les « cisgenres » et les « transgenres ». Les personnes cisgenres sont celles dont l'identité de genre correspond à leur sexe assigné à la naissance. Par exemple, je m'identifie au genre féminin et à la naissance, le médecin a déterminé que mes organes génitaux étaient féminins et a lancé à ma mère « C'est une fille ! » Je suis donc une personne cisgenre. Les personnes transgenres sont celles dont l'identité de genre ne correspond pas à leur sexe assigné à la naissance. On y retrouve les hommes et les femmes trans, les personnes non binaires (qui refusent la binarité du genre et ne se définissent pas comme purement masculin ou purement féminin), les personnes au genre fluide dont l'identité varie, ou encore les personnes agenres, qui ne s'identifient à aucun genre. L'identité de genre n'est en effet pas déterminée par nos taux d'hormones ou par ce que l'on a entre les jambes, mais plutôt par ce que l'on a entre les oreilles. Cette nuance est importante, car l'identité de genre est définie par comment l'on se sent, et pour beaucoup de personnes trans, la vue de leurs attributs corporels non concordants avec leur identité est une très grande source de détresse ou de stress.

Queer

La lettre *Q* définit *queer*, qui ne réfère ni à une orientation sexuelle ni à une identité sociale. Le terme «queer» réfère aux personnes qui refusent la binarité associée au sexe et au genre. Les personnes queer se reconnaissent une différence, mais ne se sentent pas obligées de la définir en matière de sexe ou de genre. De nombreuses personnes LGBTQ+ utilisent «queer» comme terme parapluie pour référer à l'ensemble de l'arc-en-ciel représentant cette communauté. D'autres préfèrent utiliser «*gender queer*» pour parler uniquement de la pluralité des genres.

D'autres lettres sont souvent ajoutées au sigle, comme «LGBTQIA+». Ici, *Q* est pour «Questionning» ou «Queer», *I* est pour «Intersexe», et *A* pour «Asexuelle». Cela peut paraître beaucoup, mais ces différentes lettres représentent différents sous-groupes, dont les membres ont chacun leurs propres expériences et, souvent, des stresseurs distincts. Aujourd'hui, bien d'autres termes sont utilisés pour décrire la très grande diversité des genres et l'ajout du «+» permet en général de prendre en compte les autres termes actuels ou à venir.

En dépit des énormes progrès faits pour la défense des droits des personnes LGBTQ+, le stigmate envers cette communauté continue d'être associé à un stress élevé. Les adolescents et les adultes de la communauté LGBTQ+ sont de 1,5 à 4 fois plus susceptibles de rapporter une symptomatologie dépressive, des idées suicidaires, de l'abus de substances et de la victimisation[229]. Ce sont ces statistiques qui ont mené les organismes subventionnaires américains à déclarer en 2011 que la santé et le bien-être de la communauté LGBTQ+ devraient devenir des priorités de recherche pour les années à venir[236]. Voici les résultats obtenus à ce jour en ce qui a trait au stress des personnes LGBTQ+.

La réactivité au stress

On se souviendra que lorsqu'on compare le sexe biologique quant à la réponse de stress, on observe que les hommes présentent une réactivité physiologique au stress qui est trois fois supérieure à celle des femmes[198]. Mais qu'en est-il des hommes et femmes homosexuels ? Dans le but de répondre à cette question, Robert-Paul a exposé à un stresseur de laboratoire des hommes et des femmes s'identifiant comme appartenant à une minorité sexuelle. Le but était de voir si les hommes de minorités sexuelles allaient présenter une réactivité au stress similaire à celle des hommes hétérosexuels, et si les femmes de minorités sexuelles allaient présenter une réactivité similaire à celle des femmes hétérosexuelles. Les résultats ont montré l'effet inverse entre les participants de minorité sexuelle et les participants hétérosexuels[237].

Ainsi, les hommes de minorités sexuelles présentent une réactivité au stress qui est similaire à celle des femmes hétérosexuelles, alors que les femmes de minorités sexuelles présentent une réactivité au stress qui est similaire à celle des hommes hétérosexuels. Bien que l'on ne connaisse pas encore la cause de ce renversement de la réactivité au stress en fonction de facteurs liés à l'orientation sexuelle, ces résultats montrent que les conclusions tirées en utilisant le sexe d'une personne ne s'appliquent pas lorsqu'on étudie le stress en considérant l'orientation sexuelle.

Le stress chronique

Dans une autre étude, Robert-Paul a mesuré divers biomarqueurs de stress chronique chez des hommes et des femmes appartenant à une minorité sexuelle. Les résultats ont montré que les hommes de minorités sexuelles produisent en général *moins* de biomarqueurs associés au stress chronique que les hommes hétérosexuels[238]. Avec des collaborateurs de la Californie, Robert-Paul a aussi observé que ce sont les hommes bisexuels qui montrent les plus fortes concentrations de biomarqueurs de stress chronique[239]. Ceci pourrait être dû au fait que les personnes bisexuelles sont une minorité dans une minorité, et ces résultats démontrent bien les différentes réalités des différentes lettres de LGBTQ+ en ce qui concerne le stress.

Sortir du placard

Robert-Paul a par la suite montré que la diminution des biomarqueurs de stress chronique observée chez les hommes de minorités sexuelles était en grande partie associée à leur *coming out*[238]. Il a obtenu un effet similaire auprès des personnes trans[240]. Ainsi, les hommes trans qui ressentaient moins de stress en lien avec leur *coming out* et leur transition vers le sexe opposé avaient des niveaux plus faibles de cortisol.

Cela montre à nouveau que le *coming out* peut être sain pour les personnes issues de minorités sexuelles et de genre. Toutefois, cela ne peut évidemment pas être le cas dans des environnements où le *coming out* peut être une menace pour la vie de la personne (par exemple, dans certains pays). En fin de compte, une personne doit se sentir en sécurité et soutenue pour pouvoir faire son *coming out*. Voilà le message important que doivent retenir les personnes dont l'entourage fait partie de la communauté LGBTQ+.

Être qui on est

En 2016, un groupe de chercheurs a montré que les jeunes qui vivent en accord avec leur identité de genre présentent une meilleure santé mentale que ceux qui ne sont pas en mesure de le faire[241].

De plus, Robert-Paul a montré que les jeunes adultes de la communauté LGBTQ+ qui assument bien leur orientation sexuelle présentent une diminution marquée des biomarqueurs associés au stress chronique. De même, ceux qui n'hésitent pas à aller chercher du soutien social en temps de stress rapportent vivre beaucoup moins de détresse psychologique[242].

Ces résultats suggèrent que lorsqu'on se permet d'être qui on est, cela contribue à diminuer la menace à l'ego et à augmenter le sens du contrôle, deux caractéristiques qui peuvent avoir un effet notable sur la réponse de stress.

Ah! Ces jeunes!

Pour beaucoup de personnes de la jeune génération, chacun a le droit d'être qui il est et de faire l'amour avec qui il veut*.

---

* Oui, je sais… Ça rappelle Woodstock :)

Certains parents de jeunes adultes transgenres, agenres, queer ou autres liront ce chapitre, accompagnés de leur enfant qu'ils acceptent inconditionnellement.

Pour d'autres parents, il sera très difficile d'imaginer que Félix ne sera jamais un grand joueur de soccer, ou que Léa n'ira pas magasiner avec maman la plus belle robe de bal au monde. Il sera peut-être aussi difficile pour ces parents d'imaginer leur enfant amoureux d'une personne du même sexe ou de plusieurs personnes de sexes différents.

Puisque notre stress résonne en général sur ceux qu'on aime[243], ce malaise vécu face à l'identité de genre ou l'orientation sexuelle de notre enfant sera ressenti par ce dernier et contribuera à augmenter son stress. Ce faisant, on continuera d'augmenter les chiffres présentant le pourcentage de jeunes et d'adolescents qui souffrent en silence du stigmate associé à leur identité de genre ou à leur orientation sexuelle.

Alors, si vous êtes un homme très masculin ou une femme hyper féminine[*] et que vous reconnaissez votre enfant dans ce qui a été écrit ci-dessus, essayez de déposer le gant de baseball ou le tube de mascara que vous avez dans les mains et allez jaser avec votre progéniture.

Ils sont merveilleux, que je vous dis :)

---

[*] Ou toute autre variation sur le thème !

PARTIE 12

Comment combattre le stress ?

En ne le combattant pas.
Se battre contre le stress, c'est se battre contre soi-même.

45

L'arme n'est pas la menace

« Skor ! Mais qu'as-tu fait ? Comment peux-tu revenir de la chasse avec le corps de ton frère mort dans les bras ?

— Père, je ne sais pas ! Avec Miklop, j'ai attaqué le mammouth par-derrière pour le surprendre. Pour pouvoir le piquer le plus haut possible, j'ai utilisé la lance à longue pointe. Mais elle était trop mince et légère. Elle n'a pas piqué dans le cuir épais du mammouth. Il s'est retourné et a attaqué. Miklop n'a eu aucune chance. Il a été piétiné.

— Mais Skor ! La lance à longue pointe est faite pour attaquer par devant, en la pointant vers les yeux de la bête ! Sa pointe élancée pénètre aisément l'œil, l'aveugle et ceci nous permet alors d'attaquer par le flanc gauche avec la lance de Tyurp, celle qui est lourde et acérée ! Tu n'as pas su choisir la bonne arme au bon moment. C'est ce qui a tué ton frère ! Viens ! Retournons chasser, je vais te montrer comment survivre, enfant stupide.

— Bherwop ! Laisse notre fils tranquille ! Il est épuisé, ne le vois-tu pas ? Et en plus, il est blessé à la jambe. Tout ce sang par terre à ses pieds. J'ai déjà perdu un fils, je n'en perdrai pas deux. Cet enfant retournera chasser seulement quand il se sera remis de cette chasse, est-ce clair ? Skor, viens par ici. Tu vas commencer par te reposer et ensuite, je panserai ta plaie. Hunbed ! Va me chercher la pommade de crottes de lagopède. J'en enduirai la plaie après l'avoir nettoyée avec le sel de la mer jaune que j'ai filtré l'an dernier. Bherwop ! Pars et va chasser avec les autres membres du clan. Je te dirai quand notre fils sera remis de sa blessure et sera prêt à retourner chasser. Tu pourras alors lui apprendre comment chasser en flanc gauche. C'est non négociable. Allez, sors d'ici maintenant ! »

C'est parce que maman a protégé fiston dans le temps du mammouth que celui-ci a survécu à une autre chasse qui aurait pu le tuer s'il ne s'était pas remis de sa blessure avant de repartir avec le clan, une lance (celle de Tyurp, cette fois) dans les mains.

Mais c'est *aussi* parce que Bherwop a par la suite appris à son fils à chasser le mammouth de manière efficace (c'est le flanc gauche de la bête qui est le plus vulnérable) que ce dernier a survécu aux chasses suivantes et est devenu notre lointain ancêtre.

Pour survivre aux mammouths, il a fallu que nos ancêtres fassent deux choses :

- Ils ont dû apprendre à chasser le mammouth de manière efficace et sécuritaire ;
- Ils ont dû savoir comment se rétablir de leurs blessures de chasse.

Si nos ancêtres n'avaient appliqué qu'une seule de ces méthodes, ils n'auraient pas survécu.

Le meilleur chasseur de mammouths ne peut survivre s'il ne prend pas le temps de se rétablir d'une blessure de chasse. S'il repart tuer un mammouth en claudiquant, il lui sera impossible de courir rapidement pour se sauver de la bête ou l'attaquer par le flanc gauche.

De la même manière, s'il passe son temps à sa hutte à se rétablir d'une blessure de chasse, car, trop apeuré par le résultat de la dernière attaque, il est incapable de retourner chasser le mammouth, il lui sera impossible de nourrir le clan et tous les membres mourront à la longue.

C'est exactement la même chose pour le stress.

Nous souffrons de stress aujourd'hui parce que :

- nous n'avons pas appris à stresser correctement ;
- nous n'avons pas appris à nous rétablir d'une blessure de stress.

Au cours de la dernière décennie, je vous ai donné une panoplie d'outils efficaces et validés scientifiquement pour négocier et contrôler une réponse de stress. J'avais tellement de méthodes dans ma boîte à outils que j'étais certaine de vous aider à tout jamais à négocier le stress. Mes recherches allaient avoir un impact sur la vie des gens. Merveilleuse recherche scientifique !

Mais, vous avez continué de me dire que vous étiez stressé et que vous ne saviez pas comment négocier cela. Ah ! Je l'ai promené souvent mon chien en pensant à vous ! *Qu'est-ce qui ne fonctionne pas ? Pourquoi les gens ont-ils autant de difficulté à négocier le stress ?*

Pendant dix ans, je n'ai pas compris où était le problème. Comment les gens peuvent-ils continuer à souffrir autant du stress quand on leur donne tous les outils nécessaires pour combattre la bête ?

Puis un jour, j'ai compris.

Je vous ai donné les outils pour chasser le mammouth, mais je ne vous ai jamais appris *quel* outil utiliser et *quand* l'utiliser pour augmenter son efficacité. Comme Bherwop qui n'a pas appris à Skor que c'est la lance de Tyurp qu'il faut utiliser pour attaquer le mammouth par le flanc gauche, la méthode la plus efficace pour coucher la bête.

Dans cette nouvelle édition de *Par amour du stress*, j'ai donc décidé de vous proposer une manière d'utiliser les outils qui sont à votre disposition pour négocier un stress plutôt que de vous les énumérer les uns après les autres comme je l'ai fait dans la première édition du livre.

Toutefois, je ne vous donnerai pas une recette infaillible pour négocier les stresseurs de votre vie, car il n'y en a pas. Une méthode qui fonctionne pour vous peut ne pas fonctionner pour une autre personne. De plus, une méthode efficace pour vous aujourd'hui risque de ne plus l'être dans une semaine.

Le cerveau adore jouer, et j'ai souvent l'impression que c'est par la diversité des méthodes utilisées qu'on arrive le mieux à négocier les stresseurs de notre vie.

Pour cette raison, je préfère vous offrir une série de *propositions* que vous pourrez ou non mettre en place quand cela vous conviendra.

Voici la première proposition :

Cessez de combattre

Si vous allez sur internet et cherchez de l'information sur le stress, la très grande majorité des sites web que vous visiterez vous donneront de l'information sur les manières de « combattre le stress ».

Combattre, comme si le stress était votre ennemi. Comme si le stress, c'était le mammouth.

> Or, le stress n'est *pas* le mammouth. Tout est là.

C'est le stress qui nous a permis de combattre et de tuer le mammouth.

> Le stress, ce n'est *pas* la menace.
> C'est ce qui nous permet de *combattre* la menace.

La menace, c'est le mammouth. C'est parce que les gens confondent les notions de *stress* et *stresseur* qu'ils considèrent qu'il faut combattre le stress. Le stresseur, c'est la menace. Le stress, c'est l'arme qui nous permet de combattre la menace.

En d'autres mots, le stress, c'est la lance de Tyurp qui a permis à nos ancêtres de tuer efficacement le mammouth par le flanc gauche et de survivre.

> # **Le stress, c'est l'arme pour combattre la menace.**

Alors, tant et aussi longtemps que vous penserez qu'il faut *combattre le stress* pour aller mieux, vous aurez mal au ventre, car c'est vous-même que vous combattrez.

Les journalistes me demandent souvent si on est plus stressés aujourd'hui qu'en temps préhistoriques. Mais non ! Toutefois, contrairement à nous, les hommes préhistoriques ne combattaient pas le stress. Ils l'utilisaient pour survivre.

Voici ce que l'histoire de Skor aurait donné si nos ancêtres avaient *combattu le stress* au lieu de l'utiliser pour survivre :

« Skor ! Mais qu'as-tu fait ? Comment peux-tu revenir de la chasse avec le corps de ton frère mort dans les bras ?

— Père, je ne sais pas ! Quand Miklop a sorti sa lance pour attaquer le mammouth, j'ai complètement paniqué à la vue de l'arme fatale. Cette arme représentait un réel danger pour notre survie. J'ai donc sauté sur la lance de Miklop avec l'idée de sauver mon frère. Toutefois, pendant que Miklop et moi nous battions avec la lance, le mammouth est arrivé par-derrière et a piétiné Miklop ! »

Vous comprenez maintenant ?

L'arme n'est pas la menace.

Le stress (l'arme) n'est <u>pas</u> la menace (le mammouth).

On produit une réponse de stress (l'arme, la lance du chasseur de mammouths) quand le cerveau détecte une menace (le mammouth, le patron qui menace notre ego, le divorce à venir, la pandémie, etc.).

L'arme n'est pas la menace.

Combattre le stress, c'est donc se battre contre soi-même.

Et c'est complètement inefficace.

46

De jogging et de stress

À travers les dix années qui ont passé depuis la première édition de ce bouquin, j'ai compris que beaucoup de gens aiment bien l'analogie du mammouth pour comprendre le stress. C'est souvent plus facile et moins stigmatisant de parler des « mammouths qui ont cours dans notre vie » que de parler du stress qui nous assaille. C'est merveilleux, et tant mieux si les mammouths ont permis aux gens de s'exprimer sur le stress qu'ils vivent.

Toutefois, j'ai réalisé que, lorsque vient le temps de contrôler une réponse de stress, beaucoup ont de la difficulté à s'identifier au chasseur de mammouths. Cela les mène souvent à croire que, bien qu'elles aient été efficaces en temps préhistoriques, les méthodes de contrôle de la réponse de stress n'ont plus cours aujourd'hui. « On ne chasse plus les mammouths, Sonia. On négocie avec des pandémies, le trafic, les dettes, le divorce, la solitude, les conflits et j'en passe. Les méthodes qui ont permis à nos ancêtres de survivre aux mammouths ne sont plus efficaces aujourd'hui. Cela ne fonctionne tout simplement pas. »

Et pourtant, si.

Toutefois, je comprends très bien qu'il soit difficile en 2020 de s'identifier à un chasseur de mammouths quand on vit un divorce, qu'on est stigmatisé parce qu'on est gai, ou qu'on cesse de respirer devant un examen du ministère.

Je suis donc partie promener mon chien, et j'ai trouvé une manière plus contemporaine de vous apprendre à contrôler vos réponses de stress[*].

---

[*] Mais je me garde quand même quelques exemples de mammouths dans les chapitres à venir. Ça m'amuse trop :)

Allons courir ensemble.

Apprendre à courir, apprendre à stresser

Nous sommes en juin 2020, et après quatre mois de confinement dû à la pandémie de la COVID-19, Geneviève réalise qu'elle a pris un peu de poids. Elle n'a jamais vraiment eu le temps de faire de l'exercice, car elle travaillait plus de quarante heures par semaine au bureau. Mais depuis l'avènement du télétravail pour cause de confinement et de pandémie, Geneviève réalise qu'elle a plus de temps pour prendre soin de sa santé physique.

Mmmmh. Quel sport choisir ? Le jogging semble tout à fait approprié, car on peut sauter à tout moment dans ses espadrilles et aller courir. Pour augmenter sa motivation et passer à l'action, Geneviève se donne comme objectif de courir un demi-marathon (21 kilomètres) dans un an.

Avant d'entreprendre son premier jogging, elle lira quelques livres ou sites web pour apprendre la meilleure manière de courir. Comment propulser son corps vers l'avant mais pas trop pour ne pas courir du bout des pieds ? Comment placer ses bras pour aider l'élan vers l'avant ?

Si Geneviève veut pouvoir courir sans se blesser, elle doit apprendre à courir.

C'est exactement la même chose avec le stress. Il existe des moyens efficaces pour «bien stresser» et même maximiser sa réponse biologique de stress!

Le chapitre 47 intitulé «Apprendre à stresser» vous informe sur les moyens à mettre en place pour éviter de vous rendre en état de stress chronique, et même profiter de cette superbe réponse biologique de stress pour augmenter votre performance.

Reconnaître la blessure de jogging, reconnaître la blessure de stress

Une fois que Geneviève a appris comment bien courir, elle commence son entraînement. Un kilomètre, puis deux, puis quatre, puis six. Tout va pour le mieux.

Puis un jour, elle se blesse. Un muscle du pied se déchire et lui cause une douleur lancinante. Impossible d'atteindre son objectif dans ces conditions. Que devra faire Geneviève si elle veut atteindre son objectif de courir un demi-marathon dans un an?

D'abord, elle devra être apte à reconnaître qu'elle s'est blessée. Si Geneviève persiste à dire que la blessure n'est pas grave, elle continuera de mettre du poids sur le pied endolori et cela contribuera à long terme à augmenter la gravité de la déchirure musculaire.

C'est exactement la même chose avec le stress.

Quand on produit une réponse de stress depuis tellement longtemps qu'on est en stress chronique, on subit une *blessure de stress* équivalente à la blessure au pied que Geneviève a ressentie à force de trop courir. Le sentiment de pression, de mal de ventre et de tension que vous ressentez lorsque vous êtes trop stressé, c'est l'équivalent de la blessure au muscle du pied de Geneviève qui est lancinante, qui lui fait mal et qui la mène à claudiquer.

Le chapitre 48 vous montre comment *reconnaître la blessure de stress* pour éviter de vous rendre en état de stress chronique.

Guérir d'une blessure de jogging, guérir d'une blessure de stress

Quand Geneviève comprendra qu'elle ne peut plus courir dans ces conditions, elle devra mettre en place un plan de rétablissement qui permettra à son muscle de guérir.

La première chose que Geneviève fera dans le cadre de ce plan de rétablissement est de *prendre du repos* pour donner la chance à son muscle de se régénérer.

Pendant qu'elle se repose, elle tentera de *comprendre ce qui s'est passé*. Si elle ne fait pas cela, il y a un fort risque qu'elle reprenne la course en utilisant encore une mauvaise méthode et qu'elle se blesse de nouveau. Pourquoi s'est-elle blessée en courant ? Court-elle trop du talon ? Place-t-elle trop de poids à l'avant des orteils ? Possible que son bassin soit trop tendu vers la droite ? Bref, elle utilisera ce temps de repos pour évaluer ce qui s'est passé.

Enfin, quand la blessure sera guérie et qu'elle aura mieux compris ce qui l'a causée, elle *reprendra graduellement la course*. Elle ne fera pas un jogging de quinze kilomètres à sa première sortie, car elle sait très bien que ceci pourrait réactiver la blessure. Elle s'exposera plutôt graduellement à la course, en courant un ou deux kilomètres et en alternant entre la course et la marche pour quelques jours ou même quelques semaines.

Négocier une blessure de jogging

– Repos
– Comprendre ce qui s'est passé
– Exposition graduelle à la course

C'est exactement la même chose avec le stress.

Le stress est autant nécessaire à la survie que le muscle du pied de Geneviève est nécessaire à sa course. Or, lorsque Geneviève s'est blessée au pied, a-t-elle tenté de *combattre son muscle* pour s'assurer d'être apte à courir de nouveau ? Pas du tout. Elle a compris que son muscle de pied était nécessaire à la course et elle a donc décidé d'en prendre soin.

C'est exactement la même chose avec le stress. Le stress, c'est votre arme pour combattre les menaces de la vie. Il faut donc en prendre grand soin.

Donc, quand vous subissez une « blessure de stress », il est essentiel de vous reposer[*], dans le but de donner une chance à votre corps de diminuer la production d'hormones de stress. Je vous résume dans la partie 13 de ce livre l'ensemble des méthodes qui ont démontré leur efficacité pour se reposer d'une blessure de stress[†].

Pendant que vous vous reposez du stress, il est primordial que vous travailliez à *comprendre ce qui s'est passé.* Quelle est cette menace qui a provoqué une si forte réponse de stress et si longtemps ? Pourquoi avoir répondu aussi fortement à cette menace et pas à une autre ? Avez-vous, sans vous en rendre compte, contribué à garder active la menace[‡], et ce, même si elle était passée et n'existait plus ? Je vous montre dans la partie 14 du livre une méthode pour comprendre une blessure de stress et éviter qu'elle se reproduise.

Une fois que vous comprenez ce qui s'est passé et que vous vous êtes assez reposé du stress, vous vous réexposez graduellement à la menace qui vous a fait mal, de la même manière que Geneviève

---

[*] Eh oui ! On peut se reposer du stress :)

[†] Et vous n'y verrez pas de chapitre sur le yoga ou la méditation. J'ai déjà traité de ce sujet dans le livre *À chacun son stress.* J'y présente les données montrant que bien qu'efficaces pour certaines personnes, ces méthodes peuvent avoir pour effet d'augmenter l'anxiété et les symptômes dépressifs chez approximativement 25 % des gens.

[‡] Par exemple, en ruminant constamment ou en vous apitoyant sur votre sort pendant de longues périodes de temps ?

a repris graduellement la course après sa blessure au pied. Je vous présente la manière de faire cela dans la partie 15 du livre.

Négocier une blessure de stress

– Repos

– Comprendre ce qui s'est passé

– Exposition graduelle au stress

Quand vous mettez en place l'ensemble de ces actions, vous rentrez dans l'arène de la vie avec une arme beaucoup mieux affûtée qu'avant. C'est une lance de Tyurp extrêmement efficace que vous tenez maintenant dans vos mains pour chasser les mammouths !

47

Apprendre à stresser

Je dois être la seule mère au monde à qui les enfants disent les phrases suivantes :

« Maman ! Peux-tu dire à Victor que son mal de ventre est normal parce qu'il est stressé d'aller chez le dentiste ? »

« Maman ! Peux-tu dire à Élodie que c'est normal qu'elle ait les mains moites et le cœur qui bat très fort à l'idée d'aller au restaurant avec Maxime ce soir ? Elle le trouve tellllllllllement beau ! »

Mes enfants me demandent de normaliser la réponse de stress auprès de leurs amis, car depuis leur tout jeune âge, je leur dis que la réponse de stress qu'ils ressentent face à diverses situations potentiellement menaçantes est <u>normale</u> et que cette réponse existe pour les aider à les négocier. Et parce qu'ils aiment leurs amis, ils veulent les faire profiter de cette connaissance.

À votre tour maintenant ;)

Comme je l'ai déjà dit, je crois sincèrement que s'il y a autant de jeunes et d'adolescents qui présentent des états et des troubles anxieux de nos jours, c'est que jamais personne ne leur a dit que leur réponse de stress était normale lorsqu'ils ont été exposés la première fois de leur vie à une menace et qu'ils ont ressenti une réponse biologique de stress.

Alors je le dis maintenant haut et fort[*].

------

[*] Vous pouvez imprimer cette citation et la coller sur le frigo de votre maison ou à votre bureau au travail :)

Le stress, c'est cool.
C'est <u>l'arme</u> qui nous permet de combattre
les menaces de la vie.
Bien contrôlé, le stress est notre meilleur allié.
Il ne nous laissera jamais tomber.
Jamais.
C'est d'ailleurs pour cela qu'il ne s'en va… jamais !

Mais pour profiter de la réponse de stress et de ses avantages, il faut «apprendre à stresser». Apprendre à stresser, c'est accepter les choses suivantes.

Pour bien stresser, il faut accepter d'être alarmé

Comme je l'ai souligné dans les chapitres précédents, la réponse de stress sert à nous alarmer de la présence d'une menace. Sans réponse de stress, nous serions incapables de répondre aux menaces environnantes et nous n'aurions jamais pu survivre aux mammouths. L'être humain contemporain, qui vit maintenant dans un monde beaucoup plus sécuritaire que celui de son ancêtre préhistorique[244], est peu efficace pour reconnaître une menace et ne la reconnaît que lorsqu'il ressent une réponse de stress. C'est donc quand on a mal au ventre ou qu'on est tendu ou qu'on devient impatient avec l'être aimé qu'on réalise que quelque chose cloche et on se met à chercher la menace.

Tout cela est parfait et fonctionne à merveille. Toutefois, parce qu'on pense que le stress est toxique, on s'imagine que la réponse de stress que l'on ressent va nous faire du mal… et on se met à stresser encore plus !

La réponse physique de stress est le signal d'alarme qu'il y a une menace. Quand cela survient, on ne panique pas avec le stress. On ne va pas mourir, on ne va pas développer un trouble anxieux généralisé en quelques heures, et la dépression ne nous guettera pas au premier coin de rue.

On a seulement une réponse de stress normale à une situation jugée menaçante par notre cerveau, soit parce que c'est une menace réelle à notre survie (un stresseur absolu), soit parce que cette situation est un stresseur relatif et comporte une ou plusieurs des caractéristiques CINÉ.

Cette réponse physique que l'on ressent est tout à fait normale. C'est votre ami le stress qui vous dit à l'oreille : « Fais attention, il y a quelque chose de potentiellement menaçant devant toi. Mais ne t'en fais pas, je couvre tes arrières ! »

Pour bien stresser, il ne faut pas paniquer devant la menace

Dans le temps du mammouth, la menace tuait souvent. Toutefois, ce n'est plus le cas aujourd'hui, mais comme je l'ai déjà souligné, le cerveau ne semble pas avoir compris que nous sommes au 21ème siècle et souvent, il ne fait pas la différence entre un mammouth de la préhistoire et la personne qui menace notre ego à la machine à café le lundi matin au travail.

Puisque le cerveau ne fait pas la différence entre un stresseur absolu et un stresseur relatif, il va envoyer un signal d'alarme (une réponse biologique de stress) aussi importante en réponse aux deux types de menaces.

Toutefois, ce n'est pas parce que l'alarme de feu sonne un soir à la maison que cela veut dire que le feu a envahi toute la maison. L'alarme a pu se déclencher à cause d'une rôtie oubliée dans le grille-pain, ou à cause d'un enfant qui joue avec un briquet et qui a mis le feu à un morceau de papier.

Mais quand l'alarme de feu sonne, il est important d'aller vérifier l'origine de son déclenchement. Néanmoins, cela ne sert absolument à rien de paniquer devant la réponse de stress que l'on ressent en réaction au signal d'alarme. Cette réponse de stress n'est pas là pour nous faire du mal mais pour nous aider à négocier la menace. Si jamais le feu est réellement pris dans la maison, notre réponse de stress nous permettra de courir trois fois plus rapidement que d'habitude et de sortir de la demeure enflammée.

J'ai mal au ventre parce que j'ai un examen de mathématiques du ministère. Mon mal de ventre ne m'annonce pas que je suis en fin de vie ou que je vais échouer à l'examen. Mon mal de ventre me signale que cet examen est un peu menaçant pour mon ego (que diront les gens autour de moi si je coule et que je n'entre pas en Sciences naturelles au cégep ?) et que je n'ai pas l'impression d'avoir le contrôle sur la situation (quelles sont les questions qui seront posées à l'examen ?). En s'activant face à cette menace, ma réponse de stress augmente mon éveil, ce qui me rendra super alerte pour faire l'examen. Il est vrai que ce n'est pas en dormant sur ma feuille que je vais réussir à répondre à toutes les questions dans le temps qui m'est alloué :)

Pour bien stresser, il est pratique de voir la situation comme un défi

Vous vous souvenez des études de mon collègue Jeremy Jamieson qui a augmenté ou diminué la réponse de stress d'étudiants devant passer un examen, et ce, seulement en modifiant la manière dont il définissait la réponse de stress aux jeunes ? Quand il leur disait que ce qu'ils ressentaient dans leur ventre, ce n'était pas un «nœud» (*avoir un nœud dans le ventre*) mais des «papillons» (*avoir des papillons dans le ventre*), cela menait les jeunes à produire *moins* d'hormones de stress par rapport à l'examen et à avoir un score plus élevé à ce dernier[144] !

Ces études et bien d'autres effectuées par la suite ont montré que la manière dont on perçoit une situation (comme un défi ou comme un stress) peut avoir un impact très important sur l'activation (ou non) de notre réponse de stress.

La prochaine fois que vous serez devant une situation que vous considérez comme potentiellement menaçante, chuchotez la phrase suivante : *Ceci n'est pas un stress, c'est un défi.*

Vous aurez bien sûr une réponse de stress devant la menace détectée, mais cette dernière sera moins importante et cela contribuera à diminuer votre sentiment de panique.

Pour bien stresser, il faut accepter l'échec

Parfois, les chasseurs de mammouths partaient combattre la bête... et ne revenaient jamais au bercail. Ils perdaient la bataille et mouraient sous les coups du mammifère proboscidien[*].

Toutefois, ce n'est pas parce que le clan perdait un ou deux chasseurs par mois que tous décidaient de ne plus jamais aller chasser le mammouth ! Quand le clan perdait un chasseur, on pleurait le mort et on se relevait. En analysant l'accident fatal qui avait coûté la vie à notre ami, on tentait de comprendre quelle erreur avait été commise, dans le but de l'éviter lors des prochaines chasses.

Si nos ancêtres n'avaient pas accepté les échecs et, ce faisant, n'avaient pas appris de ces derniers, ils n'auraient jamais survécu aux mammouths.

C'est la même chose aujourd'hui.

Nous vivons dans une société où la méritocratie prend de plus en plus d'ampleur. Nous avons le palmarès des meilleures écoles du Québec, nous avons les programmes de sports-études dans lesquels les enfants doivent performer sur deux fronts (scolaire et sportif), et nous avons de plus en plus de compétitions de sport amateur chez les jeunes. Nous avons développé une société basée sur la méritocratie[245] et certains de mes collègues experts sur le stress suggèrent que la nouvelle épidémie d'anxiété de performance que l'on voit apparaître chez les jeunes pourrait être liée en partie à cette méritocratie[246]. On doit *mériter* sa place, on doit *mériter* un prix. Si on a un échec, c'est la fin.

Et on s'étonne que les jeunes perdent le souffle devant chaque échec rencontré.

---

[*] Nah ! Je n'ai pas un vocabulaire si développé :) J'ai trouvé ce terme sur Wikipédia !

> Quand la réussite est la seule conclusion possible d'une action, c'est l'échec qui devient la menace et qui active la réponse de stress.

On stresse donc (l'arme) pour combattre l'échec (la menace). Et c'est parce qu'on stresse... qu'on est en échec[*].

Message pour les jeunes

Alors si tu as 13 ans et que tu es au secondaire, si tu as 17 ans et que tu es au cégep, ou si tu as 23 ans et que tu es à l'université, permets-moi de t'écrire ceci :

Tu <u>dois</u> faire des erreurs si tu veux apprendre. C'est absolument nécessaire. Un cerveau qui ne fait pas d'erreurs ne peut <u>pas</u> apprendre. La meilleure manière d'apprendre, c'est d'utiliser les erreurs qu'on fait ! Après un examen, demande à revoir ta copie et travaille à comprendre où tu as fait des erreurs. Retravaille le concept mal compris et tu verras, ton stress diminuera. Mais ne rêve pas en couleurs :) Ce n'est pas parce que tu diminues ton stress que tu auras 100 % à l'autre examen. Hep ! Pas du tout. Si tu te donnes comme objectif d'avoir 100 % partout et toujours, tu te places dans une situation impossible à gérer pour ton cerveau, et il continuera donc de détecter une menace et de produire une réponse de stress chaque fois que tu fais un examen. Tout ce stress va diminuer ta capacité de comprendre et de mémoriser d'autres concepts, et ton anxiété augmentera. Sois curieux et accepte de faire des erreurs sans stresser avec cela. Donne-toi le défi d'apprendre plutôt que de réussir. Tu verras, tu auras moins mal au ventre, tu auras plus de plaisir et tu sais quoi ? Tu vas survivre !

PS Je te donne la permission de faire lire ce passage à tes parents :)

---

[*] Je discute de la manière dont le stress peut diminuer la performance dans la partie 6 du livre.

48

Reconnaître la blessure de stress

Ce n'est pas parce que Geneviève courait qu'elle s'est blessée au pied. C'est parce qu'elle courait *mal* qu'elle a subi cette blessure.

C'est la même chose avec le stress.

Ce n'est pas parce que vous avez une réponse de stress *normale* devant une situation potentiellement menaçante que vous allez subir une blessure de stress. Toutefois, si vous ne parvenez pas à freiner cette réponse normale de stress, cette dernière continuera de se déployer et, à long terme, le stress chronique s'installera. C'est la blessure de stress.

Pour beaucoup de gens, il est très difficile de savoir s'ils se trouvent à l'étape du stress aigu normal, ou s'ils sont rendus à l'étape du stress chronique.

Vous n'avez pas à attendre d'avoir développé un diabète de type 2 ou un épuisement professionnel avant de reconnaître que vous êtes dans un état de stress chronique. En effet, vous pouvez utiliser certains indices que votre corps vous envoie pour parvenir à découvrir à quel point un état de stress s'est installé en vous.

L'étape du stress aigu

Commençons par le début. Vous vivez un stress aigu au travail. Au moment de la détection de la menace (un collègue qui menace votre ego), votre corps produit des hormones de stress dans le but de mobiliser une dose massive d'énergie pour vous aider à combattre la menace ou fuir si celle-ci est trop importante. Il existe plusieurs signes très clairs que vous êtes à produire une réponse aiguë de stress. J'ai déjà décrit ces signes en détail dans le livre *À chacun son stress*, mais je vous les résume dans le tableau ci-dessous.

Signes d'une réponse de stress	À quoi ça sert
Vos pupilles se dilatent	Permet le passage de plus de lumière dans l'œil. On voit très bien dans le noir. Si le mammouth attaque à la noirceur, on pourra le combattre !
Vos poils se dressent	Cela vous fait paraître plus gros et peut faire peur au mammouth. Pensez au chat qui rencontre un chien !
Votre rythme cardiaque s'accélère	Permet d'envoyer plus de sang aux muscles. Vous devenez plus fort.
Votre respiration devient saccadée	Permet d'envoyer plus d'oxygène aux muscles. La force augmente encore.
Vos muscles deviennent tendus	Les muscles sont prêts au combat ! Vous êtes en pleine réponse de stress.
Vos glandes sudoripares s'ouvrent	Ceci vous permet de transpirer pour diminuer votre température corporelle. Sinon, c'est l'évanouissement.
Votre digestion ralentit	Puisque digérer utilise beaucoup d'énergie, votre cerveau décide d'utiliser cette énergie pour combattre ou fuir la menace. Ceci fait en sorte que la digestion ralentit, et dans certains cas, elle peut même cesser.

Votre regard se met à butiner	Vous cherchez à détecter d'autres menaces potentielles pour assurer votre survie.
Vous avez des colères spontanées	Tout ce qui interfère avec votre détection de menaces vous empêche d'y répondre adéquatement et ceci induit une colère qui se déclenche sans préavis !
Vous pensez constamment à la situation qui vous stresse	La menace devient la chose la plus pertinente au monde pour votre cerveau. C'est l'arrivée du hamster.
Vous commencez à oublier des choses	Puisque vous portez toute votre attention sur la menace, votre cerveau a de la difficulté à encoder toute autre information non liée à la menace.
Vous dormez mal	Votre hamster s'active chaque fois que vous allez au lit. Vous vous retrouvez rapidement en train de ruminer et… bye-bye dodo !

Vous voilà en période de stress aigu devant ce collègue qui menace votre ego. Vos poings sont serrés, votre cœur bat à tout rompre, votre digestion ralentit pour faire en sorte que l'énergie qui y serait nécessaire soit redirigée vers vos muscles, leur permettant d'être plus performants au combat. Le collègue quitte la salle. La réponse de stress revient à la normale. Tout est pour le mieux dans le meilleur des mondes.

L'étape Pepto-Bismol

Mais non. Votre collègue a eu beau quitter la salle, vous n'avez pas réglé cette menace et celle-ci se reproduit chaque fois que vous rencontrez le collègue. Vous réagissez donc avec une réponse de stress une seconde fois, une troisième fois, une quatrième fois et cela continue. Vous commencez à entrer dans un état de stress chronique. Votre cœur peut se permettre de continuer de battre à tout rompre sans vous faire trop de tort. Vous êtes un combattant préparé au combat. De la même manière, votre respiration peut continuer à augmenter sans vous mener à hyperventiler, car vous négociez encore la situation qui est devant vous. Vous êtes un combattant ! Toutefois, vous commencez tranquillement à souffrir de douleurs gastriques.

Voilà votre indice. J'appelle ce stade du début de l'installation d'un stress chronique l'étape *Pepto-Bismol*. Lorsque vous commencez à devoir prendre des antiacides sur une base régulière pour gérer vos troubles digestifs et vos douleurs gastriques, ceci est bien souvent le signe que vous êtes à développer un état de stress chronique.

Bien souvent, nous attribuons ces troubles de la digestion à une mauvaise alimentation. Toutefois, ces derniers peuvent aussi être induits par votre combat devant un stresseur qui ne disparaît pas. Ainsi, la prochaine fois que vous prendrez un cachet antiacide, demandez-vous si vous n'êtes pas en train de négocier un stresseur qui est à s'installer sur une base chronique. Vous pourriez être surpris de réaliser que c'est effectivement le cas.

L'étape du rhum & Coke

Vous n'avez pas négocié votre stresseur et vous prenez des cachets antiacides en vous disant que vous devez vraiment vous mettre au brocoli. Le collègue qui menace votre ego au travail persiste et signe et vous continuez à stresser à la seule idée de le rencontrer dans le corridor. Vous revenez à la maison tous les soirs en relatant à votre partenaire de vie à quel point ce collègue vous stresse. Vous ne cessez de penser à cela et chaque soir, le petit hamster dans votre tête s'active. La qualité de votre sommeil diminue et vous avez de plus en plus de colères spontanées envers votre partenaire de vie et vos enfants[*].

---

[*] Je discute en moult détails de la colère spontanée et des effets du débordement du stress parental sur les enfants dans *À chacun son stress*.

Vous vous rendez compte que vous avez du mal à vous concentrer. Vous devez relire à deux fois un même paragraphe, car vous avez tendance à oublier ce que vous avez lu dès que vos yeux atteignent la 5ᵉ ligne du texte.

De retour à la maison, le soir venu, vous ouvrez une bonne bouteille de vin pour partager le repas avec votre partenaire. Vous vous versez un verre, puis deux, puis trois, puis quatre. Voilà votre indice. J'appelle ce stade de l'installation d'un stress chronique l'étape du *rhum & Coke*. Ainsi, lorsque vous commencez à augmenter votre consommation d'alcool au-delà de votre consommation habituelle, ceci est bien souvent le signe que vous êtes à développer un état de stress chronique qui dépasse l'étape *Pepto-Bismol**.

Mais attention ici. Ce n'est pas parce que vous ne buvez pas d'alcool que vous êtes exempté de ce stade. Si vous fumez la cigarette, il se peut très bien que vous voyiez à cette étape du stress chronique une augmentation importante du nombre de cigarettes que vous fumez par jour. Si vous êtes un adepte de crème glacée, il se peut très bien que vous vous retrouviez devant la télé à manger à même le pot votre deuxième énorme portion du produit laitier† !

Lorsqu'un stress chronique s'est installé depuis déjà fort longtemps, on observe souvent une augmentation de la consommation de produits ou d'activités (shopping, loteries, etc.) qui nous apportent habituellement un réconfort. C'est comme si le cerveau, fatigué de toujours devoir faire le travail à lui seul pour nous aider à combattre nos stresseurs, décidait de se payer un extra pour se récompenser de tout ce travail abattu.

L'étape du verre d'eau

Vous n'avez pas négocié votre stresseur et vous avalez vos cachets antiacides en buvant votre rhum & Coke. La réponse de stress qui au

---

* Ici, je vous réfère au chapitre intitulé « Mollo sur le vino » dans le livre *À chacun son stress*.

† Moi, ce sont les bottes :) Si je me retrouve à acheter trois paires de bottes dans le même magasin, la même journée, c'est signe qu'il y a un mammouth quelque part !

départ était nécessaire pour vous permettre de négocier la menace commence à vous rentrer dans le corps et dans la tête.

Les conflits familiaux augmentent à la maison. Vous n'avez plus aucune patience et vous criez constamment après les enfants, qui commencent alors à éviter votre présence, question de survivre à vos colères incessantes. Votre consommation d'alcool ou de toute autre substance/chose qui vous fait du bien a considérablement augmenté. Vous vous sentez seul avec votre stress, incapable de comprendre ce qui vous arrive. Votre patron vous dit que votre performance au travail a grandement diminué. Vous êtes en train d'entrer dans un tunnel noir.

J'appelle ce stade l'étape du verre d'eau, car lorsque vous serez rendu à cette étape, vous aurez besoin d'un verre d'eau pour avaler le cachet d'antidépresseurs ou d'anxiolytiques que votre médecin vous aura prescrit.

Bien sûr, aucun individu ne veut se rendre à cette étape ultime et ceci n'est qu'une caricature d'un état qui peut prendre des années à s'installer. Toutefois, cet exemple démontre clairement que notre corps et notre cerveau ne cessent de nous envoyer des indices pour nous alerter qu'une blessure de stress est en train de se développer.

De la même manière que Geneviève aurait pu cesser de courir dès l'apparition des premières douleurs au pied (ce qui lui aurait permis d'éviter la blessure de course), vous pouvez utiliser ces indices pour reconnaître qu'une blessure de stress se développe et agir *avant* que celle-ci ne se développe jusqu'à devenir un tunnel noir.

PARTIE 13

Se reposer du stress

La joggeuse qui s'est blessée en courant devra se reposer
pour donner la chance au muscle affecté de se rétablir.

De la même manière, la personne qui a atteint
une blessure de stress devra se reposer pour donner
la chance à son cerveau de faire cesser la réponse de stress.

49

Vraiment?

Si notre joggeuse n'avait pas cessé de courir à l'apparition de sa blessure, elle aurait empiré cette dernière et ceci aurait pu compromettre à tout jamais sa capacité de poursuivre cette activité.

C'est la même chose pour le stress.

Si vous continuez de vous exposer aux situations menaçantes quand vous êtes en blessure de stress, cela contribuera à augmenter votre réponse de stress et à accélérer ses effets délétères sur votre santé physique et mentale.

Toutefois, se «reposer du stress» n'équivaut pas à «ne rien faire». Au contraire.

> «Se reposer du stress» veut dire : aider notre cerveau et notre corps à calmer notre réponse de stress.

Tant et aussi longtemps que vous continuerez de produire des hormones de stress, il vous sera impossible de négocier votre stresseur. Pourquoi? Parce que les hormones de stress que vous produisez devant les menaces ne cessent d'accéder à votre cerveau et modifient la manière dont vous interprétez les événements autour de vous. Quand ceci survient, l'information la plus pertinente au monde pour votre cerveau est la menaçante. Tout le reste devient non pertinent.

Oui mais!

Avez-vous déjà essayé de discuter avec une personne très stressée? Presque impossible! Vous lui offrez une tonne de bons conseils pour négocier le stresseur et elle ne semble pas vous écouter[*]. Vous lui

---

[*] En fait, elle ne vous écoute pas!

suggérez des actions à entreprendre et elle ne cesse de dire «oui mais...»

Vos conseils ne semblent jamais assez bons pour lui permettre de se sortir de cet état qui la fait tant souffrir. Vous finissez par vous lasser et vous dire que cette personne manque de bonne volonté et qu'elle veut demeurer prisonnière de son état de stress chronique.

Ce n'est pas le cas.

Si cette personne a cette attitude, c'est qu'elle a le cerveau rempli d'hormones de stress qui l'empêchent de penser adéquatement. Tout ce qui est pertinent pour le cerveau de cette personne, c'est ce qui est menaçant. Tout le reste est non pertinent... y compris ce que vous dites !

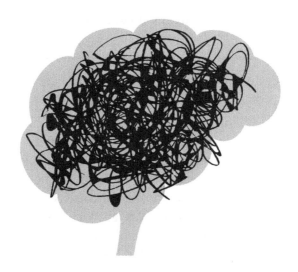

Tout comme Geneviève a dû cesser de courir et reposer son pied lorsqu'elle s'est blessée, vous devez d'abord faire *cesser* la production d'hormones de stress par votre corps si vous voulez vous sortir d'un état de stress.

Et pour faire cela, la fuite est votre meilleure option.

Éloge de la fuite

Tant et aussi longtemps que vous demeurerez devant la menace qui active votre réponse de stress, vous continuerez de produire des hormones de stress qui accéderont à votre cerveau et vous empêcheront de penser correctement. Vous serez alors incapable de comprendre ce qui vous stresse et de trouver une manière de négocier cette menace.

Il faut donc faire cesser la machine. La meilleure manière de faire cela est de fuir la menace.

Comme je le souligne dans mon second livre, *À chacun son stress*, beaucoup de gens me disent qu'il est mal vu de fuir et qu'on devrait tous être courageux devant le stress. Je leur réponds toujours que la nature leur a offert deux stratégies pour négocier une menace et que la fuite est l'une d'elles. En éliminant cette stratégie, il n'en reste qu'une : le combat.

> Continuer de combattre le stress lorsqu'on est en état de stress chronique est la meilleure manière de s'assurer une entrée spectaculaire dans un tunnel noir.

Quand je dis aux gens que la fuite est une option et qu'ils ne sont pas faibles parce qu'ils choisissent de se reposer du stress pour quelque temps, j'ai souvent droit à un grand soupir de soulagement et un beau sourire.

Cela fait souvent des mois et des années que ces personnes tentent de négocier une blessure de stress et elles sont au bout du rouleau. Elles présentent souvent tous les signes physiques et mentaux d'un stress chronique que j'ai décrits dans les chapitres précédents.

Dans mon analogie du jogging, ces gens ont continué de courir sur leur pied blessé. Ils courent chaque jour dix kilomètres en claudiquant. À force de courir sur leur blessure, celle-ci s'est étendue au bassin et aux épaules. Ils ont maintenant mal partout, mais ils continuent. Ils continuent de courir parce qu'ils veulent être courageux. Ça va sûrement passer. Un jour, ils pourront courir sans douleur.

Mais non. Ça n'arrivera pas. Arrêtez. Respirez.

La fuite est une option. Retirez-vous de cette situation qui vous stresse. Pas pour toujours! Il faudra bien un jour combattre cette menace, et vous le savez. Mais aujourd'hui, prenez une pause de stress.

Ici et maintenant:

- Refusez de tenir une conversation avec ce collègue de travail qui vous stresse;
- Retirez-vous de cette discussion avec votre partenaire qui vous parle de divorce si cela vous stresse;
- N'allez pas à cette rencontre médicale avec votre enfant malade si cela vous stresse.

Vous sursautez à la lecture de cette dernière phrase? Jamais vous ne feriez cela! Quel parent fait ce genre de choses!

Moi.

Mon fils Mattis est né avec une malformation congénitale et il a dû subir un bon nombre d'opérations majeures avant d'atteindre sa cinquième année. Très souvent, il devait subir une procédure médicale qui lui était très désagréable. Il hurlait littéralement à chacune de ces procédures. Mon cœur de mère était déchiré de douleur et des jours avant la procédure, je stressais à la seule idée qu'il devrait encore vivre cela. Avec le temps, ce stress commença à devenir insupportable et je reconnus rapidement les signes d'un stress chronique qui s'installe.

Un jour où Mattis devait subir une autre de ces procédures, j'ai regardé mon époux et lui ai dit: «Vas-y, toi. Je ne suis pas apte à négocier ce stresseur, je suis à bout. Si j'entre dans cette salle, je vais hurler mon stress aux infirmières qui ne font que leur travail et je serai complètement inefficace à calmer Mattis après la procédure. Toi, tu es calme et c'est ce dont notre fils a besoin actuellement. Pendant que tu restes avec lui dans la salle de procédures, je vais aller diminuer ma réponse de stress. Quand vous sortirez, je serai calme et je pourrai adéquatement le consoler sans lui résonner mon stress.»

Et c'est ce que j'ai fait. Je n'ai jamais regretté cette fuite.

La différence entre fuite et évitement

On dit souvent que la pire chose à faire pour une personne anxieuse est d'éviter la situation qui la stresse, et c'est vrai. En effet, à force d'éviter de faire face aux situations menaçantes, la personne anxieuse n'apprend pas à négocier les stresseurs et elle ne réalise pas qu'elle est apte à chasser le mammouth avec efficacité.

Il est donc important pour moi de vous faire comprendre qu'il y a une différence majeure entre la fuite et l'évitement. Je ne vous dis pas d'éviter les situations qui vous stressent. Non, il faudra combattre cette menace. Ce que je vous propose de faire est de fuir les situations qui vous stressent pour une courte période de temps.

<u>Le temps de faire diminuer votre production d'hormones de stress.</u>

Ainsi, vous ne fuyez pas pour aller vous enfermer dans votre chambre, caché sous votre lit pour ne pas être attaqué par la menace !

Non, vous fuyez la situation menaçante pour être en mesure d'agir et de mettre en place des actions qui feront cesser rapidement votre production d'hormones de stress[*]. Une fois que vous cesserez de produire des hormones de stress, celles-ci cesseront d'accéder à votre cerveau et vous pourrez alors penser adéquatement. Ce faisant, vous pourrez développer un plan d'attaque et partir au combat.

Fuir pour agir

Geneviève se repose et cesse de courir pour permettre à son muscle de guérir.

---

[*] Donc on fuit pour agir et combattre plus efficacement.

> On fuit une situation stressante pour nous permettre
> de mettre en place des actions qui feront cesser la production
> d'hormones de stress. C'est seulement lorsque
> nous aurons cessé de produire des hormones de stress
> que nous pourrons penser correctement.

Si vous ne faites que fuir vos stresseurs sans rien faire pour diminuer votre réponse de stress, la fuite ne fonctionnera pas. Quand vous retournerez devant la menace, vous serez au même niveau de stress chronique que lorsque vous l'avez fuie.

Il existe beaucoup de trucs hyper efficaces qui ont démontré leur efficacité pour faire cesser rapidement une réponse de stress. Votre corps est un outil diabolique pour stopper une réponse de stress en quelques minutes. Vos amis humains et poilus ont aussi des effets non négligeables sur votre réponse de stress.

J'ai rapidement résumé ces trucs hyper efficaces pour stopper une réponse de stress au premier chapitre de ce bouquin.

Je vous explique maintenant un peu plus en détail comment ces trucs fonctionnent.

Mon but? Vous convaincre de les utiliser plus souvent :)

50

Respirer par la bedaine

On ne compte plus le nombre de fois où quelqu'un nous a dit de respirer lorsqu'on est stressé. Quand on pense respiration en période de stress, on voit généralement une personne assise dans la position du lotus en train de contrôler de façon très élaborée et compliquée la fréquence et l'amplitude de sa respiration. Toutefois, cette image ne reflète pas du tout la manière dont la respiration peut vous aider à diminuer votre réponse au stress.

La meilleure façon d'utiliser la respiration pour diminuer votre réponse de stress est de faire ce que j'appelle la respiration bedaine. Le but ici est très simple. Vous devez faire entrer de l'air dans votre corps par la bouche ou le nez et lorsque vous faites entrer l'air, votre but est de créer le plus gros bedon possible. Voilà ! C'est tout. Pas de chichi, de position du lotus ou du cobra. Vous pouvez faire cet exercice au volant de votre voiture, dans une rencontre du comité de gestion, en réunion avec votre patron, à la machine à café devant la collègue qui menace votre ego, ou en donnant le bain aux enfants !

En faisant cette respiration bedaine, vous vous assurez de diminuer la concentration d'hormones de stress que vous produisez. Mais comment expliquer qu'un geste aussi anodin ait des répercussions aussi importantes sur notre système de stress ?

Mobiliser de l'énergie

Lorsque votre cerveau détecte une menace, il va mobiliser une dose massive d'énergie pour vous permettre de la combattre ou la fuir si elle est trop importante. Mais, que veut-on dire par « mobilisation d'énergie » ?

Imaginez que je vous présente un haltère de 60 kg et que je vous demande de le soulever. Ce que vous allez faire est la chose suivante :

vous allez vous approcher de l'haltère, prendre une bonne bouffée d'air, vous pencher, prendre l'haltère et le soulever tout en retenant votre souffle. Vous avez mobilisé toute votre énergie pour soulever cet haltère. Une fois l'haltère au haut de vos bras, vous allez continuer de retenir votre souffle, car sinon, vous risquez de perdre votre force et de devoir laisser tomber l'haltère. Mobiliser de l'énergie lorsqu'on est en réponse de stress, c'est exactement cela. On retient inconsciemment notre souffle pour garder notre force à l'intérieur de nous et être apte à l'utiliser au besoin. Mais ce faisant, on cesse de respirer !

Il est assez aisé de reconnaître que quelqu'un est en état de stress aigu. Vous n'avez qu'à évaluer à quel point sa parole est saccadée. La respiration saccadée de cette personne est le signe qu'elle est en grande mobilisation d'énergie et que pour ce faire, elle retient son souffle. Si vous deviez faire un exposé oral en tenant 60 kg à bout de bras, votre parole serait saccadée, car vous ne cesseriez de retenir votre souffle pour pouvoir mobiliser toute l'énergie dont vous avez besoin pour garder l'haltère bien haut au-dessus de votre tête.

Je dis souvent aux professeurs qui demandent aux élèves de faire un exposé oral[*] de donner une chance à ceux qui le font en ayant la

---

[*] Situation stressante pour beaucoup de jeunes, mais ce n'est pas une raison pour cesser d'en faire :)

parole saccadée. Ils sont en pleine réponse de stress et leur performance peut diminuer de 10 à 20 % dans ces conditions.

Freiner net la réponse de stress

Lorsque vous partez au travail le matin et que vous prenez votre voiture, vous pesez sur l'accélérateur dans le but de faire avancer la voiture. Si vous désirez vous immobiliser à un arrêt, vous avez deux choix. Vous pouvez retirer votre pied de l'accélérateur et attendre que l'élan de la voiture cesse*, ou vous pouvez peser sur le frein.

Lorsque vous mobilisez de l'énergie (et tout votre souffle) pour faire face à un stresseur et que vous ne faites rien par la suite, c'est équivalent au fait de retirer votre pied de l'accélérateur tout en espérant freiner à l'arrêt. Ce qui n'est pas toujours le cas ! Vous pouvez avoir subi un stress à 9 h, et vous vous retrouvez à 11 h, encore en train de mobiliser votre énergie en retenant inconsciemment votre respiration pour faire face à ce stresseur. Votre parole sera saccadée, vous aurez le souffle coupé. Vous n'avez pas su faire cesser cette réponse de stress.

Toutefois, si vous faites une ou deux très bonnes respirations bedaine, vous faites cesser la production d'hormones de stress et par le fait même, cette mobilisation d'énergie. Pourquoi ? Parce qu'une respiration bedaine active la réponse parasympathique, qui est l'équivalent du frein de votre voiture. Activer le système parasympathique, c'est freiner net la réponse biologique de stress.

Comment peut-on expliquer que la respiration bedaine active ce système ? Simple. Sous votre cage thoracique se cache un muscle appelé le diaphragme. Lorsque vous faites entrer beaucoup d'air dans votre corps en faisant gonfler votre ventre, ceci a pour effet de créer un effet d'extension du diaphragme. Lorsqu'un certain niveau d'extension est atteint, le diaphragme active la réponse parasympathique qui a pour effet de faire cesser la réponse de stress. Ainsi, plus le diaphragme est en extension par l'effet de l'air dans votre ventre,

---

* Et vous croiser les doigts pour que l'élan cesse à la hauteur de l'arrêt !

plus grande est la probabilité que vous activiez le système parasympathique qui fait cesser la production des hormones de stress.

Voilà ! C'est simple comme bonjour, et en plus, c'est gratuit.

Depuis quelques années, j'ai le privilège de présenter des chroniques à Radio-Canada en compagnie de Denis Fortier, physiothérapeute. Denis est un excellent vulgarisateur scientifique et il donne toujours de très bons trucs pour se débarrasser d'un mal de dos ou autre blessure — de jogging ou non :) — qui nous fait souffrir. Denis a développé une chaîne YouTube pour aider les gens à négocier les différents troubles qu'il voit souvent en clinique de physiothérapie. Je visitais l'autre jour sa chaîne YouTube, et quelle ne fut pas ma surprise de voir qu'il a fait une vidéo sur la respiration abdominale ! Alors, si vous désirez voir en action la meilleure manière de faire la respiration bedaine, je vous invite à visiter le https://editionsvasavoir.com/liens/ et à cliquer sur **Petit cours de respiration bedaine** sous l'onglet *Par amour du stress*. Vous pouvez faire cet exercice n'importe où. Au marché, au travail, à la maison. Vous pouvez aussi montrer la technique à vos enfants, qui peuvent grandement en bénéficier en période de stress.

Et parce que la nature a très bien fait les choses pour nous aider à faire cesser la réponse de stress, il existe d'autres moyens de faire de la respiration bedaine sans même s'en rendre compte !

51

Chanter

La meilleure façon de faire de la respiration bedaine sans s'en rendre compte, c'est de chanter. En effet, lorsqu'on chante, une dose importante d'air pénètre dans notre corps et mène à une extension du diaphragme. Cette extension active alors le système parasympathique, qui fait cesser la réponse de stress. Quiconque pratique le chant sur une base régulière sait que cela implique une respiration diaphragmatique.

Mon collègue suédois Dr Tores Theorell a mesuré les hormones de stress chez des gens qui participaient ou non à une activité de chant choral. Ses études ont montré que les gens qui font partie d'une chorale présentent une diminution notable de la production d'hormones de stress, un effet qui est particulièrement élevé chez les femmes[247]. Parce qu'il induit une respiration menant à une extension soutenue du diaphragme, le chant choral a pour effet d'activer le système parasympathique, qui inhibe alors la production d'hormones de stress[248]. Chanter pour déstresser, ce n'est pas mauvais comme idée[*] !

Chanter en solo fonctionne aussi

Depuis que j'ai écrit la première édition de ce livre, beaucoup d'études ont mesuré les effets du chant sur la réponse de stress.

Ces études ont montré qu'il n'est pas nécessaire d'être dans une chorale pour bénéficier des effets positifs du chant sur la réponse de stress. Une étude récente a montré que les hormones de stress diminuent avec la même amplitude, que l'on chante accompagné d'autres personnes dans une chorale ou en solo[249]. Donc, n'hésitez pas à vous laisser aller quand vous ressentez une réponse de stress et que vous avez besoin de la diminuer rapidement ! En voiture, à la maison, dans la douche, tout est possible !

---

[*] Et c'est gratuit :) Je trouve que le retour sur l'investissement est bon.

Vous n'avez aucune idée du nombre de décibels que j'ai pu sortir dans ma voiture, prise dans le trafic !

Chanter même lorsqu'on est malade

Ce n'est pas parce qu'on est malade qu'on ne peut pas profiter des effets du chant sur la réponse de stress. Des études ont montré que le chant avait des effets très bénéfiques pour aider les personnes souffrant de cancer à diminuer leur production d'hormones de stress[250]. J'ai rencontré divers groupes de soutien aux personnes vivant avec le cancer qui m'ont confirmé les effets bénéfiques du chant choral.

> N'hésitez pas à vous joindre à une chorale, et ce,
> même si vous souffrez d'une maladie qui vous affaiblit.
> Les bénéfices obtenus sur votre réponse de stress
> et le soutien social reçu seront importants.

Faire chanter les personnes âgées

Il n'y a rien que j'aime plus que de voir un groupe de personnes âgées se mettre à sourire, dodeliner de la tête et taper du pied lorsqu'un chanteur ou un groupe de musique les visite. La musique a été un fabuleux outil d'interaction sociale au début du 20e siècle, et beaucoup de personnes âgées ont grandi au son du violon qui se déchaînait pour faire danser les membres de la famille en temps de fête.

Une étude récente a mesuré les hormones de stress avant et après une activité de chant chez un groupe de participants âgés. Les résultats ont montré que non seulement le chant diminuait la production d'hormones de stress, mais il augmentait aussi l'humeur positive et diminuait la symptomatologie dépressive[251].

Alors, oui, vous pouvez apporter un beau bouquet de fleurs à votre mère ou votre grand-mère à son prochain anniversaire, mais n'hésitez pas aussi à entonner une chanson de son jeune âge en l'invitant à chanter avec vous.

Le sourire que vous recevrez après cette expérience vous ravira !

52

Prier

Une autre façon de faire de la respiration bedaine sans s'en rendre compte est de prier. Le type de prière choisi (mantra, prière religieuse, etc.) n'a pas d'importance.

Ici, je ne parle pas d'une petite prière de quelques minutes au cours de laquelle on demande à notre dieu ou au destin de nous donner une nouvelle voiture subito presto. Non. Je parle d'une longue prière qui s'étend sur une bonne période de temps.

Pourquoi? Parce que lorsqu'on prie pour une longue période de temps, notre respiration tend à s'allonger («Priez pour nous, Seignnneeeuuuurrrrr»; «Aaaaahhhuuuummmmmm»), créant ainsi une respiration diaphragmatique au même titre que le chant!

Dr Bernardi, avec son équipe de l'Université de Pavia, en Italie, est un chercheur qui a grandement contribué à l'étude des effets de la prière sur la respiration diaphragmatique et, par extension, sur la réponse de stress. Dans l'une de ses expériences les plus populaires, il a voulu déterminer si la prière est plus ou moins efficace que le mantra. Son équipe de recherche a demandé à des participants de réciter un rosaire (prière catholique) ou un mantra (récitation yogiste). Les résultats ont montré que les deux types d'activités ont augmenté de manière équivalente la synchronisation du rythme cardiaque, ce qui a contribué à diminuer la réponse de stress[252].

Les résultats obtenus à ce jour suggèrent que peu importe la pratique choisie, l'acte de prier ou de réciter des mantras (ou autre type de prière) agit en diminuant les hormones de stress parce que la récitation induit une respiration diaphragmatique[253].

J'ai déjà discuté de la littérature scientifique sur les effets[*] du yoga et de la méditation sur la réponse de stress dans le livre *À chacun son stress*. Mais au-delà des pratiques méditatives, de nouvelles études montrent non seulement que la prière traditionnelle a des effets sur la réponse de stress, mais qu'elle est aussi associée à une diminution de la symptomatologie anxieuse ou dépressive.

Dans une étude publiée en 2012, des chercheurs ont suivi pendant un an des patients souffrant d'anxiété ou de dépression. À un premier groupe, ils ont offert des séances de prière traditionnelle d'une durée d'une heure, pour une période de six semaines. L'autre groupe n'a reçu aucune intervention. Les résultats ont montré une diminution importante de la symptomatologie anxieuse ou dépressive chez le groupe de patients ayant pris part aux séances de prière. De plus, ces personnes montraient une augmentation de leur optimisme un mois et un an après l'intervention[254].

L'ensemble de ces résultats montre que, bien que la prière a des effets très rapides sur la réponse biologique de stress, l'adoption d'une pratique spirituelle a aussi des effets sur la santé mentale[255].

---

[*] Effets positifs parfois, et négatifs parfois.

53

Écouter de la musique

Lorsqu'une personne écoute de la musique, sa respiration a tendance à se synchroniser au rythme du morceau musical. Ici, le rythme (la durée des notes les unes par rapport aux autres) d'un morceau musical plus que son style (par exemple, techno *versus* disco) est le déterminant majeur de la synchronisation de la respiration.

Cet effet de synchronisation de la respiration avec le rythme musical entendu est d'ailleurs ce qui explique que certains de nos adolescents qui participent à des *raves** se retrouvent parfois à l'hôpital en confusion ou en perte de conscience[256]. Bien sûr, la confusion de nos adolescents qui visitent les fêtes *raves* peut avoir comme cause la prise de drogues qui sont populaires lors de ces fêtes, mais il y a une autre cause potentielle à ce malaise. La musique techno présentée lors de ces fêtes a un rythme endiablé, à plus de 100 battements par minute, et les jeunes dansent au rythme de cette musique endiablée pour des périodes allant de 2 à 14 heures d'affilée. Or, la respiration des jeunes va avoir tendance à se synchroniser avec ce rythme endiablé, les menant alors à respirer très rapidement, de multiples fois par minute, ce qui peut causer de l'hyperventilation et une perte de conscience chez ceux d'entre eux qui sont vulnérables à cet effet[257].

Par contre, si vous écoutez de la musique ayant un rythme plus lent, comme la musique classique, le jazz ou le blues, votre respiration aura tendance à se synchroniser à ce rythme lent, et ce faisant, ce rythme aura pour effet d'induire une respiration diaphragmatique en faisant entrer beaucoup d'air dans votre corps[257]. Quiconque aime écouter de la musique classique pour de longues périodes de temps

---

* Ou tout autre équivalent actuel qui mène les personnes à danser pendant des heures sur un rythme endiablé :)

en étant assis calmement dans un fauteuil connaît ce sentiment de bien-être qui commence à émerger après l'écoute de quelques morceaux. C'est le résultat bien sûr de la magnificence du morceau écouté, mais c'est aussi le résultat de la synchronisation de notre respiration avec le rythme lent de cette musique.

Parce qu'elle a comme action de synchroniser la respiration au rythme musical, une musique à rythme très rapide devrait avoir pour effet d'augmenter les hormones de stress, tandis qu'une musique à rythme lent devrait avoir l'effet inverse. C'est ce qui est observé.

Un groupe de chercheurs italiens a rapporté une augmentation importante de la pression sanguine, du rythme respiratoire et des concentrations de cortisol chez des jeunes de 18 ans écoutant de la musique techno[258]. Dans une autre étude que j'ai effectuée avec Dre Isabelle Peretz de l'Université de Montréal, nous avons exposé des étudiants universitaires à une situation stressante. Quand nous effectuons ce type de protocole, nous mesurons les hormones de stress à l'arrivée des participants au laboratoire, avant et après l'exposition au stresseur. À la fin de l'exposition au stresseur, on a demandé à un premier groupe de participants de se reposer en silence pendant 30 minutes, tandis qu'on a exposé le second groupe de participants à une musique relaxante. La figure ci-dessous montre les résultats que nous avons obtenus. On y voit que le niveau d'hormones de stress diminue plus rapidement chez le groupe écoutant de la musique relaxante après l'exposition au stresseur (pendant la période de récupération), lorsque comparé au groupe non exposé à de la musique relaxante[259].

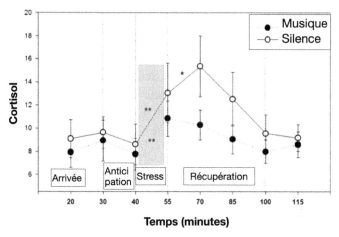

Figure originale publiée dans Khalfa, S., Dalla Bella, S., Roy, M., Peretz, I., Lupien, S.J. (1999). Effects of relaxing music on salivary cortisol level after psychological stress. Annals of the New York Academy of Science, 999 : 374-376.

Par ces résultats, on voit que la musique a des effets très puissants sur la synchronisation de notre respiration et, par extension, sur notre production d'hormones de stress.

La musique pour faire taire le hamster

Au chapitre 22, nous avons vu qu'il est très difficile pour le cerveau de faire deux tâches à la fois, surtout si ces tâches nécessitent le même type de ressources cognitives. Ainsi, il sera plus facile de conduire une voiture (ressources motrices) en discutant avec notre copine (ressources verbales), que de jaser avec notre mère (ressources verbales) en répondant à nos courriels (ressources verbales).

Nous avons aussi vu au chapitre 23 que le petit hamster qui se met à nous jaser lorsqu'on est stressé n'est rien d'autre que notre cerveau qui a détecté une menace non négociée et qui nous alarme. « Une menace est présente ! Tu dois t'en occuper ! » Et le petit hamster qui part.

Nous verrons dans la prochaine partie du livre qu'il est essentiel à un certain moment de prêter attention à ce que dit le petit hamster dans le but de contrôler notre réponse de stress. Mais parfois, le moment est mal choisi et nous sommes dans l'impossibilité de travailler notre stress ici et maintenant.

Mais le hamster continue de nous alarmer…

Une bonne manière de faire taire le hamster pour une courte période de temps est d'écouter de la musique, de préférence avec des paroles. En faisant cela, on utilise des ressources verbales de notre cerveau (on prêtera attention aux paroles des chansons). Puisqu'on sait que le cerveau a de la difficulté à faire deux tâches verbales en même temps, les paroles de la musique écoutée interféreront avec le discours du hamster[260].

Toutefois, il est important ici de savoir que le type de musique écouté est important. Une étude récente a montré que l'écoute de musique triste augmente la symptomatologie dépressive[261]. Par conséquent, quand on désire se sortir d'un épisode de rumination, il est de loin préférable de mettre toutes les chances de son côté et d'écouter de la musique avec des paroles enjouées !

Cette méthode est très efficace à court terme, par exemple avant un examen stressant ou une compétition importante. Elle sera bien sûr inefficace à long terme. Il faudra bien un jour qu'on écoute ce que le hamster nous dit pour être apte à contrôler notre réponse de stress.

Mais d'ici là, la musique sera un outil fabuleux pour faire taire notre hamster et diminuer notre réponse de stress !

54

Rire

Un matin que je promenais mon chien, je me suis posé une question assez incongrue. Vous vous souvenez que je vous ai dit précédemment que la réponse de stress débute par la détection d'une menace par le cerveau et par la production d'hormones de stress par le corps. Or, la production d'hormones de stress est le résultat d'une chaîne d'actions qui débute dans une région particulière du cerveau appelée l'hypothalamus. Je me suis alors demandé ce qui arrive lorsqu'une personne a une lésion à l'hypothalamus. Se pourrait-il qu'elle ne puisse plus souffrir de stress? Cette hypothèse, si elle était confirmée, pourrait être une bonne idée à breveter, me suis-je dit!

De retour à la maison, j'ai regardé la littérature scientifique sur le sujet et j'ai lu quelque chose de très intéressant. Des études cliniques ont montré que lorsqu'une personne est atteinte d'un hamartome hypothalamique, qui est une tumeur rare à l'hypothalamus, ceci s'accompagne de «crises épileptiques gélastiques», qui se caractérisent par des accès de rire[262].

J'ai trouvé ce résultat fascinant, car j'ai alors compris que la même région du cerveau qui peut induire une réponse de stress est aussi impliquée dans le rire.

Vous est-il déjà arrivé de revenir d'une journée très stressante au bureau et de tomber en rire fou et incontrôlable avec votre conjoint devant une farce somme toute très anodine? Je me dis parfois que c'est un court-circuit survenant entre la fonction *stress* et la fonction *rire* de l'hypothalamus!

Effets du rire spontané

Si la même région du cerveau contrôle à la fois la réponse de stress et le rire, alors on doit se demander si le rire spontané n'a pas pour effet de diminuer la production d'hormones de stress. Et c'est le cas. Dès le début des années 1990, des chercheurs américains ont mesuré les hormones de stress de participants avant et après qu'ils aient visionné un film drôle ou qu'ils soient restés calmes à ne rien faire[263]. Les résultats ont montré que seuls les participants ayant visionné le film drôle ont connu une diminution des hormones de stress.

Il n'y a pas d'âge pour rire. En effet, une autre étude a montré que les personnes âgées qui présentent une forte propension à utiliser l'humour dans leur vie présentent des concentrations plus faibles d'hormones de stress que celles n'ayant pas de tendance à l'humour[264].

Les clowns ?

On croit souvent que les clowns font rire. Des chercheurs ont donc tenté de voir si la présence de clowns en milieu médical avait des effets positifs sur le stress des enfants hospitalisés. Ils ont mesuré les hormones de stress d'enfants ayant à subir une prise de sang avec et sans la présence d'un clown. Les résultats ont montré que, bien que la présence du clown diminue l'anxiété de l'enfant, cela n'a pas contribué à diminuer les hormones de stress chez ces petits[265].

D'autres études effectuées par la suite ont montré que l'absence d'effet positif des clowns médicaux sur la production d'hormones de stress des enfants pourrait être liée au fait que les clowns ont parfois comme effet d'apeurer certains enfants[266]. Il est donc important de personnaliser cette approche auprès d'enfants qui se disent amusés par les clowns thérapeutiques.

Sourire pour être heureux ?

Est-ce que c'est parce que vous êtes heureux que vous riez, ou est-ce parce que vous riez que vous êtes heureux ?

Bien que cette question semble redondante, elle ne l'est pas. Très tôt dans l'histoire, Charles Darwin a proposé que l'expression faciale d'une personne sert à induire l'émotion[267]. En d'autres mots, on serait heureux *parce qu'*on sourit, et non l'inverse. Dans le but de prouver cette hypothèse, des chercheurs ont demandé à un premier groupe de participants de tenir un crayon dans leur bouche alors que les autres ne faisaient rien[268]. Comme vous pouvez le voir dans l'image ci-dessous, si vous tenez un crayon en bouche, directement entre vos dents, votre visage adopte naturellement une expression semblable à un sourire.

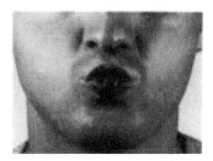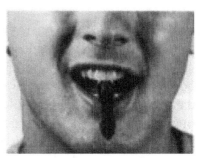

Figure tirée de l'article original de Strack F, Martin LL, Stepper S. (1988). Inhibiting and facilitating conditions of the human smile: a nonobtrusive test of the facial feedback hypothesis. *J Pers Soc Psychol*. 54(5):768-777.

Les chercheurs ont voulu savoir si l'adoption d'une expression «artificielle» de sourire pourrait augmenter le sentiment de bien-être. Ils ont donc demandé aux deux groupes de dire à quel point ils se sentaient bien et heureux après l'expérience. Les résultats ont montré que les participants tenant un crayon en bouche rapportaient ressentir plus de sentiments de bien-être que les participants du groupe contrôle.

Ce paradigme de recherche appelée le «paradigme du crayon en bouche» a mené à beaucoup de théories suggérant qu'il suffit d'adopter volontairement une expression faciale positive pour ressentir des émotions positives. Bien que cette hypothèse soit très intéressante, il est important de noter que des études récentes montrent que l'effet du crayon en bouche, bien qu'il soit réel, est trop faible pour permettre de croire que le seul fait de sourire peut augmenter le sentiment de bonheur d'une personne[269]. Comme vous vous en doutez sûrement, les choses sont plus compliquées que cela ! En effet, s'il suffisait de se promener en arborant un magnifique sourire pour être heureux à toute heure du jour, cela ferait longtemps que la majorité des humains aurait adopté cette pratique !

Effets du rire simulé

À l'inverse du rire spontané qui survient sans que l'on s'y attende et en réponse à une situation que l'on trouve drôle, le rire simulé est un exercice visant à volontairement induire un rire, dans le but d'augmenter le sentiment de bien-être.

Aussi appelé le «yoga du rire» par certains thérapeutes, le rire simulé trouve sa source dans certaines pratiques hindoues et dans les études portant sur le paradigme du crayon en bouche. Mais est-ce efficace? Contrairement au paradigme du crayon en bouche qui se fait en général seul, le rire simulé est la plupart du temps pratiqué en groupe. Or, on sait que le rire est contagieux, et très souvent, le seul fait d'entendre quelqu'un rire peut nous mener à sourire et parfois même à rire à gorge déployée.

Dans une première étude, les chercheurs ont donc comparé les effets du rire spontané et ceux du rire simulé sur la production d'hormones de stress. Un premier groupe de participants était exposé à des films drôles (rire spontané) tandis qu'un second groupe recevait un entraînement de yoga du rire (rire simulé). Les résultats ont montré que les concentrations d'hormones de stress diminuaient de façon importante dans les deux groupes[270]. Dans une seconde étude, des chercheurs ont entraîné des participants au rire simulé et les ont par la suite exposés à un stresseur. Les résultats ont montré que le fait de faire semblant de rire diminue la réactivité à un stresseur présenté après la session de rire simulé[270].

Pour moi, ces résultats sont tout simplement fascinants. En effet, ils montrent que peu importe que le rire soit spontané ou simulé, il a pour effet de diminuer la production des hormones de stress.

C'est quand même drôle, vous ne trouvez pas? :)

55

S'entourer

Un jour, l'école secondaire de mes enfants m'a demandé de faire une présentation sur le travail de chercheur scientifique dans le cadre de la journée carrières du collège. J'ai accepté avec grand plaisir. La journée de ma présentation, je suis entrée en classe et tout de go, j'ai demandé quatre volontaires. J'ai ensuite proposé aux volontaires de sortir de la classe en leur disant que j'irais les chercher dans quelques minutes. J'ai alors expliqué aux étudiants demeurant dans la classe que nous allions travailler ensemble pour exposer les volontaires à une situation stressante qu'ils vivent constamment à l'école secondaire : un exposé oral. Je suis ensuite sortie de la classe et j'ai demandé à un premier volontaire d'entrer. Une fois qu'il fut installé à l'avant de la classe, je lui ai donné cinq minutes pour préparer un exposé oral sur le sujet suivant : *En quoi un chat et un lion sont-ils similaires et en quoi sont-ils différents*[*]. Après sa courte préparation, il a fait son exposé, après quoi je lui ai demandé de me dire à quel point sa présentation l'avait stressé sur une échelle de 1 (pas du tout) à 10 (extrêmement). Sa réponse fut 8.

Ensuite, je suis sortie de la classe à nouveau et j'ai demandé aux trois autres volontaires d'entrer en classe. Une fois qu'ils furent installés à l'avant, je leur ai donné cinq minutes pour préparer un exposé oral à faire en groupe sur le même sujet, après quoi ils ont dû le donner pendant cinq minutes. Quand je leur ai demandé de me dire à quel point cette situation les avait stressés, leur réponse fut 4.

Avec cette expérience très simple, j'ai montré aux étudiants comment les chercheurs s'y prenaient pour effectuer des études sur le stress

---

[*] Vous aurez compris que, plus le sujet de l'exposé oral est insignifiant, plus la menace à l'ego est élevée et plus le sens du contrôle est faible ; recette parfaite de stress !

humain, et je leur ai démontré que lorsqu'on est exposé à une situation stressante en ayant du soutien de la part de nos amis (*on fait ça en équipe !*), la situation est toujours moins stressante que lorsqu'on est seul devant une situation stressante.

C'est l'impact très connu du soutien social sur la réponse de stress.

La force des liens

La recherche portant sur l'association entre le soutien social et la santé physique et mentale montre de façon non équivoque que les gens bénéficiant d'un bon soutien social, quel que soit leur âge, sont en meilleure santé et vivent plus longtemps que les gens n'en bénéficiant pas. Cet effet a été observé chez les jeunes adultes, les étudiants universitaires, les adultes travailleurs et les personnes âgées[212].

Le soutien social renvoie au réseau social que possède un individu, et il existe trois types de soutien social[271]. Le soutien instrumental fait référence à l'aide que les autres peuvent apporter dans les volets matériel, financier, etc. On reçoit ce type de soutien lorsque quelqu'un nous rend service ou nous donne un coup de main pour nous occuper des enfants, faire une rénovation, etc. Le soutien informationnel fait référence à l'aide qu'on peut nous donner pour gérer des situations difficiles. Par exemple, une personne qui accepte de nous aider à trouver des informations sur la maladie de notre enfant, ou quelqu'un qui nous informe sur la meilleure manière de gérer un problème. Enfin, dans le soutien émotif, on reçoit une aide sous forme de soins, d'écoute, de réassurance ou d'expression des émotions. Ce sont ces gens que nous appelons quand le besoin de ventiler se fait sentir, et qui nous écoutent tout en nous donnant des conseils.

Toutes sortes de gens peuvent nous apporter ces différents types de soutien social. Ainsi, pour un jeune adulte, le soutien instrumental peut provenir de ses parents, tandis que le soutien informationnel peut provenir d'un groupe d'amis sur internet, et le soutien émotif peut provenir d'un tout petit groupe de copains. Un individu qui jouit d'un bon soutien social dans l'une ou plusieurs de ces trois sphères est généralement bien intégré dans la vie sociale et ne souffre pas d'isolement. À l'inverse, les gens qui ne bénéficient pas d'un bon soutien social sont moins bien intégrés à la vie sociale et peuvent démontrer de l'isolement social.

Les études montrent que le soutien social est l'un des facteurs qui contribuent le plus à diminuer la production d'hormones de stress chez l'humain[272], un effet qui s'explique par plusieurs facteurs. D'abord, quand on entre en interaction avec des amis, des membres de la famille, etc., cela nous empêche de ruminer, assis tout seul dans notre salon à ressasser tous les problèmes de notre vie[212]. Ensuite, le fait de partager des moments avec d'autres personnes nous permet d'échanger sur des solutions à nos divers problèmes, ce qui nous permet bien souvent de réaliser que nous ne sommes pas seuls à vivre une problématique donnée. Enfin, il peut favoriser la demande d'aide, quand le moment est venu.

Toutefois, un large réseau de soutien social ne veut pas nécessairement dire que l'ensemble du soutien reçu est positif. En effet, plus on a d'amis, plus grande est la probabilité que l'on développe des conflits avec certaines personnes. De plus, il arrive parfois que le soutien reçu des autres soit négatif et source de critiques et de demandes. Des études ont montré que lorsque le soutien social que l'on reçoit a un caractère négatif et est associé à plus de critiques que d'encouragements, cela est associé à une augmentation de la production d'hormones de stress[273]. Dans ces cas, il est parfois préférable de se retrouver seul ou, du moins, de chercher un réseau social plus favorable.

Mais attention à une solitude trop soutenue. En effet, les études récentes montrent qu'il y a deux types de populations qui sont particulièrement vulnérables aux effets de l'isolement social. Ce sont les étudiants universitaires et les personnes âgées.

L'importance du soutien social chez les étudiants universitaires

En 2015, les étudiants de l'Université de Montréal ont demandé à la Fédération des associations étudiantes du campus de l'Université de Montréal (FAÉCUM) de fournir un état de la situation sur la santé psychologique des étudiants. Du 22 février au 28 mars 2016, 10 217 étudiants ont répondu à l'enquête et les résultats ont montré que c'est le sentiment de solitude qui est la variable systématiquement associée à la dépression, à l'épuisement professionnel, à la détresse psychologique et aux idées suicidaires chez l'ensemble des étudiants universitaires[274]. L'isolement social vécu par les étudiants universitaires trouve sa source dans le fait que très souvent, c'est à l'université qu'on quitte la maison familiale pour aller étudier au loin, là où on ne connaît personne. Un étudiant timide qui a de la difficulté à entrer en interaction avec d'autres étudiants lors des cours ou des activités pourra à la longue souffrir grandement de cet isolement social.

Toutefois, l'isolement social n'est pas le fait « d'être seul ». On peut être entouré de gens et se sentir très seul, ou on peut être seul et en être totalement heureux. Les études montrent que lorsqu'une personne sent que les gens autour d'elle sont des sources de menaces plutôt que de soutien, elle est « socialement isolée » et c'est cet isolement social qui est associé à un stress chronique et à des souffrances psychologiques[275]. Ainsi, pour aider à diminuer le stress et augmenter la santé mentale, le soutien social doit permettre à la personne de se sentir appréciée des autres.

Message aux étudiants universitaires : n'hésitez jamais à aller au-devant des autres quand vous vous sentez seul, vous pourriez être étonné de voir que beaucoup de gens cherchent comme vous à élargir leur réseau social parce qu'eux aussi ont quitté la maison et se cherchent des amis ! Et lorsque vous vous apercevez que certains membres de votre réseau social vous apportent plus de négatif que de positif, repartez à la « chasse aux amis » ou appelez ceux que vous appréciez. Vous ressentirez très rapidement les effets positifs de ce soutien social positif.

L'isolement social des personnes âgées

À cause de la perte des amis ou des occupations familiales qui occupent grandement leurs enfants, les personnes âgées ont tendance à être socialement isolées. Les études montrent que les personnes âgées qui n'ont pas beaucoup de soutien social présentent une augmentation des biomarqueurs de stress chronique lorsque comparées aux personnes âgées ayant un bon réseau social[276].

Parce qu'on sait qu'une élévation des hormones de stress peut mener à des troubles de mémoire, des chercheurs ont évalué si les personnes âgées présentant un bon réseau social montrent une meilleure performance mnésique que celles n'ayant pas un bon soutien social. C'est le cas[277]. Ces résultats sont importants, car ils suggèrent que certains troubles de mémoire rapportés chez les personnes âgées pourraient avoir pour cause, non pas un vieillissement pathologique du cerveau, mais plutôt un isolement social qui, en jouant sur la production d'hormones de stress, peut affecter de manière négative la mémoire de nos parents et grands-parents.

Alors devant les aléas de la vie qui nous empêchent souvent d'avoir le temps de visiter nos parents vieillissants, et les pandémies qui les confinent à la maison, il est important de comprendre que ce n'est pas parce que nos parents sont silencieux qu'ils sont exempts de stress.

Un appel téléphonique pour jaser ou pour chantonner une mélodie préférée peut faire un bien énorme.

56

Aider

Il y a deux types de soutien social. Celui que l'on reçoit, comme je l'ai décrit au chapitre précédent, et celui que l'on offre aux autres. La recherche scientifique montre que les comportements altruistes ont la propriété de diminuer la réactivité au stress.

La première étude entreprise pour répondre à cette question eut lieu à l'Université Harvard. Par un beau matin de printemps des années 1980, Dr David McClelland, un chercheur travaillant sur le stress, aida une vieille dame à traverser l'une des rues de l'énorme campus universitaire. Rendu de l'autre côté de la rue, il se sentit bien. Le sentiment ressenti n'était pas induit par le fait d'avoir fait une bonne action, il était tout autre. Dr McClelland réalisa qu'il se sentait *physiquement bien* après avoir aidé la vieille dame à traverser la rue.

Il décida donc de faire une étude pour vérifier l'origine du bien-être physique qu'il avait ressenti à la suite de son geste altruiste. Il recruta des étudiants d'Harvard et les sépara en deux groupes. Au premier groupe, il a présenté le film *Le pouvoir de l'axe*, film exposant les agissements d'Adolf Hitler au cours de la Deuxième Guerre mondiale. Au second groupe, il présenta un film relatant les bonnes actions de Mère Teresa en Inde. Chez les deux groupes, il mesura le taux d'une hormone qui a un effet protecteur sur notre système immunitaire. Les résultats ont montré que les gens ayant vu le film de Mère Teresa ont produit bien plus de cette hormone que ceux ayant vu le film sur Hitler[278]. Avec cette étude, Dr McClelland a démontré que la seule perception de bonté mène à une meilleure activité du système immunitaire chez l'humain. Il a appelé cet effet : *L'effet Mère Teresa.*

Le bénévolat pour briser l'isolement social

Pour briser l'isolement social, le bénévolat peut faire des miracles. En effet, les gens de tous âges qui font du bénévolat rapportent un sentiment de bien-être et le sentiment d'avoir été utile lorsqu'ils terminent leur expérience. De plus, le bénévolat permet aux gens d'entrer en interaction avec d'autres personnes qui partagent leurs goûts et leur désir d'aider, et ceci peut avoir un effet grandement bénéfique chez les personnes isolées.

Les chercheurs ont suggéré que le *high du bénévole** induit par les comportements altruistes s'explique par le fait qu'il cause une sensation de bien-être et une meilleure estime de soi, deux sentiments qui ont des effets positifs sur la réponse de stress. Cette hypothèse a été confirmée dans une étude ayant montré que lorsqu'on entraîne des gens à adopter un comportement altruiste en réaction à une situation stressante, cela contribue à diminuer la production d'hormones de stress chez ces participants[279].

L'altruisme pour survivre au traumatisme

Encore à ce jour, il y a très peu d'études portant sur l'altruisme et la réponse de stress chez l'humain, peut-être parce que nous ne possédons pas encore de très bonnes mesures de l'altruisme humain. Toutefois, Dr Dennis Charney, du National Institute of Mental Health, aux États-Unis, a étudié les facteurs qui font en sorte que quelqu'un peut développer une résilience après avoir été exposé à une expérience traumatique. Pour ce faire, il a étudié 750 hommes ayant fait la guerre du Vietnam. Tous ces hommes avaient été faits prisonniers durant la guerre, et ils avaient été gardés en captivité pour des périodes de six à huit ans. Tous avaient été torturés ou gardés en isolation pour de très longues périodes de temps. Toutefois, aucun d'entre eux n'avait développé de dépression ou de désordre d'origine post-traumatique en réponse à cette expérience hautement traumatisante. Dr Charney a interviewé ces hommes pendant des années pour tenter de mieux

---

* *Helper's High*, en anglais.

comprendre les facteurs qui avaient fait en sorte que ces sujets développent une résilience devant ce stress extrême.

À la fin de l'étude, Dr Charney fut capable de relever dix éléments critiques qui ont mené ces hommes à développer une résilience[280]. L'altruisme est l'un de ces facteurs. En effet, Dr Charney a observé que les hommes qui étaient résilients ont souvent rapporté que le fait d'aider les autres à s'en sortir leur avait permis de bien négocier leur propre stress.

Les autres facteurs décrits par Dr Charney comme étant associés au développement de la résilience sont l'optimisme, la moralité, la spiritualité, l'humour, avoir un *role model*, le soutien social, la capacité de faire face à sa peur, le fait d'avoir une mission, et l'entraînement physique. Vous remarquerez que beaucoup de ces facteurs sont décrits dans ce livre comme ayant démontré leur capacité à diminuer la production d'hormones de stress en période de stress aigu ou chronique.

Je le dis encore une fois : la nature nous a donné tout ce dont nous avons besoin pour diminuer rapidement une réponse de stress.

Il ne nous reste qu'à les utiliser :)

57

Zoothérapie

En 1929, une étude scientifique a montré que lorsqu'une personne flatte un chien, ce dernier présente une diminution de sa pression artérielle. Une soixantaine d'années plus tard, on comprit que l'individu qui entre en interaction avec un animal présente *lui aussi* une diminution de sa pression artérielle[281] et de ses hormones de stress[282].

Parler, aimer ou flatter ?

Clairement, l'interaction entre un humain et un animal de compagnie semble avoir un effet positif sur la réponse de stress de la personne et de son compagnon. Trois facteurs ont été proposés pour expliquer cela.

D'abord, on sait que la majorité des propriétaires d'animaux de compagnie ont tendance à jaser à l'animal, et ce, même s'ils savent pertinemment que ce dernier ne leur répondra pas[283]. Lorsqu'on discute avec un autre humain, même une conversation anodine peut mener à un jugement négatif à notre égard de la part de notre interlocuteur. Certains chercheurs proposent que les humains bénéficient de la présence d'un animal de compagnie, car ils peuvent lui parler sans avoir peur d'être jugés[284].

Le fait d'avoir associé l'animal à des moments de relaxation peut aussi expliquer l'effet positif de l'animal sur la réponse de stress. Il est vrai que c'est surtout lorsqu'on est relax qu'on prend le temps de flatter, jaser ou jouer avec notre animal de compagnie. Les chercheurs ont proposé que notre cerveau associe l'interaction avec notre animal de compagnie avec un moment de relaxation et qu'ainsi, chaque fois qu'on se prépare à interagir avec un animal domestique, on se place en mode relax et cela contribue à diminuer notre stress[284]. Si cette hypothèse est bonne, alors seules les personnes appréciant la compagnie des animaux devraient montrer un effet bénéfique de ces derniers sur leur réponse de stress.

Enfin, le troisième facteur qui peut expliquer l'effet positif des animaux de compagnie est le toucher. On sait que le toucher a pour effet de diminuer les hormones de stress par l'entremise d'une hormone appelée l'ocytocine[214]. Des chercheurs ont proposé que c'est le fait de flatter l'animal qui induit une production d'ocytocine, ce qui contribue à diminuer les hormones de stress.

Dans le but de vérifier laquelle de ces hypothèses explique le mieux les effets positifs des animaux de compagnie sur la réponse de stress des humains, des chercheurs ont mesuré la réponse cardiaque de participants qui appréciaient la compagnie des animaux et d'autres personnes qui étaient neutres face à ces derniers. Dans chaque groupe, ils ont mesuré la réponse de stress pendant qu'ils parlaient à l'animal ou le flattaient. Les résultats ont montré que peu importe que la personne apprécie ou non la compagnie des animaux, c'est lorsque l'humain flatte l'animal que sa réponse de stress diminue le plus fortement[281*].

Au-delà des mots

Ces résultats expliquent à mon avis les effets spectaculaires que peuvent avoir les chiens d'assistance auprès des enfants souffrant de troubles envahissants du développement et qui ne parlent pas ou très peu.

Dr Robert Viau était un chercheur non voyant qui bénéficiait du soutien d'un chien guide lui ayant été fourni par la Fondation Mira. Un jour, il se demanda si le chien pourrait avoir des effets bénéfiques pour les enfants souffrant d'un trouble envahissant du comportement. Ces enfants souffrent de différents troubles comportementaux associés à l'autisme, et une majorité d'entre eux ont des difficultés

---

* Bien que cette étude date de 1988, je considère que c'est l'une des meilleures faites à ce jour sur le sujet.

à entrer en interaction verbale avec les personnes autour d'eux. Dr Viau me contacta pour savoir si je pourrais collaborer avec lui à une étude dans laquelle des chiens d'assistance de la Fondation Mira seraient fournis à des enfants souffrant de troubles envahissants du comportement. L'idée ici était de voir si la présence du chien pouvait mener à une diminution des hormones de stress chez les enfants. Ce fut le cas[285].

Une étude ultérieure du même groupe a vérifié que la présence du chien n'a pas d'effets négatifs sur le stress des parents. Il se pourrait en effet que les parents, déjà débordés par les soins à donner à l'enfant souffrant d'un trouble envahissant du comportement, soient stressés par la présence du chien, ce qui aurait un effet négatif à long terme sur leur santé. L'étude a mesuré les hormones de stress pendant quinze semaines chez les parents et a montré que la présence du chien contribue à diminuer les hormones de stress également de ces derniers[286]. Sur la base de ces résultats, la Fondation Mira offre maintenant des chiens d'assistance aux enfants autistes.

À l'automne 2014, alors que j'étais au gym avec ma fille Jade, je vis dans le vestiaire une affiche de la campagne publicitaire de la Fondation Mira « Unis pour déjouer l'autisme ». Cette affiche annonçait que la Fondation Mira offrait désormais des chiens d'assistance aux enfants autistes. Mes yeux s'emplirent de larmes. J'étais vraiment fière d'avoir contribué à ce projet. Un exemple parfait de l'impact de la recherche scientifique sur la qualité de vie des gens.

Guette pour moi

Devant les effets positifs des animaux de compagnie sur la réponse biologique de stress des humains, d'autres études ont évalué l'impact des chiens d'assistance auprès de populations d'adultes souffrant d'un désordre d'origine post-traumatique.

Une personne qui a été exposée à une situation traumatique et qui développe ce trouble mental montre une hypervigilance qui la mène à être constamment sur le qui-vive. C'est comme si le cerveau lui disait d'être toujours en détection de menaces, au cas où quelque chose de traumatisant survienne encore. Cette hypervigilance empêche bien souvent la personne de bien dormir, car elle ne cesse de se réveiller pour vérifier qu'il n'y a aucune menace dans l'environnement.

Des études ont évalué les effets d'un chien d'assistance auprès de ces personnes et ont montré des effets très positifs. Bien sûr, ces effets peuvent être dus au toucher et à la relaxation, deux effets connus de la présence du chien. Toutefois, de nouvelles études montrent que le chien a aussi des effets très bénéfiques sur la qualité du sommeil des gens ayant vécu un traumatisme. La raison est simple : les gens savent que les chiens sont de très bons systèmes d'alarme. Si quelqu'un tente d'entrer dans la maison pendant qu'on dort, le chien jappera presque tout le temps. Cette caractéristique du chien fait en sorte que la personne traumatisée peut dormir en paix, car quelqu'un guette la menace pour elle[287,288].

Ensemble, nous vaincrons

Un enfant qui a subi de la violence ou de la négligence et qui doit aller témoigner en cour est inévitablement stressé. Beaucoup d'enfants sont incapables de témoigner adéquatement dans ces conditions, car la réponse de stress qu'ils ressentent mène souvent à une désorganisation du comportement.

De nouvelles études tentent de voir si la présence d'un chien d'assistance avant ou pendant la déposition de l'enfant peut l'aider à diminuer sa réponse de stress. À ce jour, les résultats sont très encourageants. Une étude effectuée en 2018 auprès de 51 enfants victimes de sévices sexuels et devant témoigner en cour a montré que la présence d'un chien d'accompagnement que l'enfant peut flatter et caresser avant ou pendant la déposition mène à une diminution de plusieurs marqueurs biologiques de stress[289].

Pas pour tout le monde !

L'ensemble des études effectuées à ce jour montrent donc un impact positif et important des animaux de compagnie sur la réponse de stress des humains. Mais de grâce ! Ne courez pas tout de suite au centre d'adoption chercher un animal de compagnie dans le but de diminuer votre stress. En effet, des études ont montré que, pour que les animaux de compagnie aient un effet bénéfique sur la santé de l'humain, ce dernier doit aimer l'animal et vouloir entrer en inter-action avec lui[281]. Ainsi, si vous détestez les chiens, ce n'est pas une bonne idée d'utiliser cette méthode pour vous aider à gérer le stress de votre vie. Allez relire les chapitres précédents, je suis certaine que vous trouverez d'autres méthodes qui vous conviennent !

Mais pour un enfant solitaire qui a de la difficulté à entrer en inter-action avec ses pairs, pour un adolescent souffrant d'intimidation à l'école et qui est très isolé, ou pour une personne âgée seule à la maison, l'animal de compagnie peut s'avérer un outil efficace pour gérer le stress de la vie. N'importe quel adulte lisant ce livre a déjà pu voir l'effet bénéfique d'un chat, d'un chien ou même d'une tortue sur le comportement d'un enfant ou d'un parent. Les recherches scientifiques des dernières décennies permettent de croire qu'il existe un mécanisme physiologique à la base de cet effet positif, et qu'en entrant en interaction avec un animal, l'humain peut produire moins d'hormones de stress que sans la présence de l'animal.

Altruisme pour poilus

Dans la première édition de ce livre, je racontais que j'ai souvent combiné des trucs hyper efficaces de gestion de stress pour aider mes enfants à négocier les mammouths de la vie. Je racontais ainsi que je leur ai souvent proposé de faire du bénévolat dans les refuges pour animaux, question de diminuer le stress familial qui s'accumu-lait parfois. Les petits éclataient de joie à l'idée de laver les cages de minous et de les flatter, et de faire marcher les pitous trop contents de sortir de leur cage. On combinait l'altruisme à la zoothérapie, et cela contribuait à tout coup à diminuer le stress de tous.

Quelques années après la parution du livre, j'ai reçu un courriel accompagné d'une photo. Une dame m'écrivait pour me raconter qu'elle avait lu mon livre. Depuis des années, son fils préadolescent qui était solitaire et souvent triste l'inquiétait. Elle lui proposa alors d'aller faire du bénévolat au refuge d'animaux près de chez elle, ce à quoi il acquiesça. Elle conclut en me disant qu'après trois semaines de bénévolat, elle réalisa que son fils était responsable envers les animaux et qu'il s'était fortement attaché à un chien dont il s'occupait. Je cliquai sur la photo. J'y vis le jeune adolescent entourant un gros chien brun de ses bras, un grand sourire aux lèvres et les yeux pétillants de joie.

Mère et fils l'avaient adopté.

J'adore mon travail.

58

Bouger!

Quand mes enfants étaient petits, on partait tous les trois accompagnés du vieux Jim[*] presque tous les matins de la semaine et on marchait jusqu'à l'école, située à 1,5 kilomètre de la maison. Lorsque je le pouvais, je retournais les chercher avec Jim à la fin des classes. Quand je sentais qu'un petit était trop stressé, je lui proposais de courir le plus vite possible jusqu'au bout du parc après m'avoir donné son sac à dos et sa boîte à lunch. L'enfant s'élançait toujours, très souvent suivi de son frère ou sa sœur. Je les retrouvais essoufflés et enjoués au bout du parc. Je faisais cela pour leur permettre de diminuer leur stress[†].

Pendant toutes les années où mes enfants sont allés à l'école primaire du quartier, je fus accompagnée de trois parents qui marchaient avec leurs enfants pour se rendre à l'école. La presque totalité des autres parents arrivait rapidement en voiture, débarquait les enfants, et repartait en voiture au travail. Le soir venu, ils revenaient chercher les enfants en voiture et une fois arrivés à la maison, ils préparaient le repas et continuaient la soirée à la maison. Je suspecte que beaucoup de ces parents ne marchaient pas plus de 3000 pas par jour.

J'ai revu certains d'entre eux dans des conférences publiques que je donnais. Ils me racontaient alors le stress intense qu'ils ressentaient et me disaient ne pas savoir quoi faire pour le diminuer. Je leur ai toujours proposé de bouger un peu plus. Ils étaient alors étonnés et même parfois un peu déçus de ma réponse. Aucune recette magique? Après toutes ces années de recherche scientifique, c'est la seule chose que je pouvais leur offrir comme remède à leur stress? Bouger? Vraiment?

---

[*] Le chien :)

[†] Je dois toutefois humblement avouer que cette technique a échoué lorsque mes enfants furent rendus à l'école secondaire!

Certains l'ont fait, d'autres ont choisi des méthodes différentes. Mais ceux qui ont fini par mettre cette méthode en pratique m'ont toujours rapporté les bienfaits rapides que l'activité physique a eu sur leur réponse de stress.

Perdez cette énergie mobilisée !

Comme nous l'avons vu dans les chapitres précédents, lorsque votre cerveau détecte une menace dans l'environnement, il va produire une dose importante d'hormones de stress qui ont pour but de vous permettre de mobiliser assez d'énergie pour combattre la menace ou fuir si celle-ci est trop importante.

À l'ère préhistorique, les chasseurs de mammouths perdaient cette énergie mobilisée en tuant la bête ou en partant à courir si celle-ci était trop grosse. Toutefois, l'humain contemporain ne perd généralement pas l'énergie qu'il a mobilisée lors d'une réponse de stress. On sort du bureau très stressé par un collègue de travail et cette réponse de stress nous fait mobiliser une dose massive d'énergie. Nos mains sont crispées sur le volant de la voiture, notre mâchoire est serrée, notre ventre est noué. De retour à la maison, et parce que nous n'avons pas perdu l'énergie mobilisée lors de la réponse de stress, nous perdons rapidement patience avec ceux que l'on aime et on continue de se demander comment négocier tout ce stress qui nous assaille.

Grands dieux ! Bougez !

C'est lorsqu'on est stressé qu'on devrait faire le plus d'exercice physique. Pourquoi ? Pour perdre l'énergie mobilisée par la réponse de stress. Lorsque cette énergie est utilisée, les hormones de stress diminuent.

Toutefois, si vous ne perdez pas l'énergie utilisée, les hormones de stress continuent d'augmenter pour vous préparer au combat. En bougeant, vous envoyez le message à votre cerveau que vous combattez (un bon match de tennis contre le voisin est un merveilleux combat) ou que vous fuyez (un bon jogging ressemble étrangement à la fuite devant un gros mammouth), et il cesse alors de produire des hormones de stress.

La meilleure façon de perdre l'énergie mobilisée par une réponse de stress est de pratiquer une activité qui nous essouffle un peu. Pas besoin de faire 100 kilomètres de vélo ou 10 kilomètres de jogging ! Vous pouvez tout simplement décider d'aller faire une longue promenade après un retour à la maison trop stressant. Vous verrez, ça calmera votre mal de ventre à coup sûr. Mais croyez-moi, si vous arrivez stressé à la maison et que vous ne perdez pas l'énergie mobilisée, vous vous retrouverez assis avec un quatrième verre de vin à ruminer sur l'ensemble de vos stresseurs tout en avalant des cachets antiacides pour négocier ce mal de ventre qui ne vous quitte jamais.

De nouvelles cellules cérébrales, ça vous tente ?

Au début des années 2000, les chercheurs ont montré que le cerveau est capable de générer de nouvelles cellules, un phénomène appelé la neurogenèse. Auparavant, on pensait que le cerveau était incapable de créer ces « cellules-bébés », mais les nouvelles technologies ont permis d'observer la présence de neurogenèse directement dans le cerveau de rongeurs.

Cette découverte a eu un effet monstre sur la recherche scientifique, car elle ouvrait la porte à une panoplie de nouveaux traitements. En effet, si on peut trouver une manière d'augmenter la neurogenèse, on pourrait théoriquement prévenir la dégénérescence ou la mort de certaines cellules du cerveau qui sont à l'origine de maladies comme l'Alzheimer ou la maladie de Parkinson.

Dès que la neurogenèse fut découverte, différentes équipes de recherche ont tenté de trouver un médicament qui pourrait l'induire ou la faire augmenter dans le cerveau. À ce jour, aucun n'a permis de faire cela. Toutefois, la recherche a montré que l'un des facteurs les plus efficaces pour augmenter la neurogenèse est l'exercice physique !

Dans une étude, des chercheurs ont placé des rats en cage. Un premier groupe était placé dans une cage vide, tandis qu'un deuxième groupe était placé dans une cage comprenant une roue. Bien sûr, les rats ayant accès à la roue y passèrent de nombreuses heures à courir. Après quelques semaines, les chercheurs mesurèrent la prolifération de nouvelles cellules chez les deux groupes de rats. L'image ci-dessous montre les résultats obtenus chez les rats sédentaires et les rats coureurs[290]. Les petits points noirs dans le panneau de gauche représentent les nouvelles cellules ayant vu le jour durant la période d'expérimentation. À droite, on voit directement les nouvelles cellules créées chez les rats sédentaires et les rats coureurs. Ces résultats sont phénoménaux, car ils démontrent clairement les effets de l'exercice physique sur la prolifération de nouvelles cellules dans le cerveau[291]. Quelques années plus tard, les chercheurs ont répliqué ces résultats chez l'humain[292].

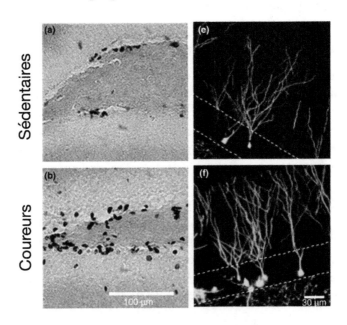

Figure tirée de l'article Lazarov O, Mattson MP, Peterson DA, Pimplikar SW, van Praag H. When neurogenesis encounters aging and disease. *Trends Neurosci*. 2010;33(12):569-579.

Beaucoup de gens qui souffrent de dépression ont tendance à cesser de bouger. Or, des études récentes ont montré que l'exercice physique, par son action sur la neurogenèse, est aussi efficace que les antidépresseurs pour traiter la dépression[293]. Nul besoin de vous inscrire à un marathon pour faire de l'exercice physique quand vous traversez un tunnel noir. Une promenade de quelques kilomètres par jour peut faire le plus grand bien et aider votre cerveau à générer de nouvelles cellules qui vous permettront de voir plus rapidement la lumière au bout du tunnel. Cela vaut la peine d'essayer !

Assis sagement à l'école

Si vous êtes professeur d'école et que vous avez trente élèves dans votre classe, il est tout à fait possible que certains d'entre eux grandissent dans un milieu familial adverse où règnent des conflits parentaux, de la négligence et même des sévices. Ces enfants mobilisent une dose massive d'énergie pour combattre ou fuir la menace sur une base quotidienne. Lorsque ces enfants arrivent à l'école, ils sont comme une bombe sur le point de sauter. Leur corps a mobilisé une tonne d'énergie, mais cette énergie n'a pas été perdue. Toutefois, on leur demande de s'asseoir sagement à un pupitre et de demeurer tranquilles pour plusieurs heures. Ces enfants n'ont bien souvent qu'une à deux heures par semaine d'éducation physique leur permettant de perdre toute l'énergie mobilisée à la maison. Et on s'étonne ensuite qu'ils soient turbulents, dérangent la classe, et présentent une obésité abdominale.

Ces enfants[*] ont absolument besoin de perdre l'énergie qu'ils ont mobilisée. En faisant cela, ils pourront rétablir des concentrations normales d'hormones de stress et ceci augmentera leur capacité attentionnelle en classe.

Dans une étude fascinante, une équipe de chercheurs a mesuré les hormones de stress et la mémoire chez deux groupes d'adolescents. Le premier groupe devait rester sagement assis durant une période de 15 minutes, tandis que le second est allé courir dehors durant la même période. Les résultats ont montré que le groupe d'adolescents qui était allé courir dehors a présenté une diminution des hormones de stress et une augmentation de leur performance à la tâche de mémoire lorsque comparé à l'autre groupe[294]. Ces résultats sont tout

---

[*] Et aussi les autres qui ne grandissent pas nécessairement dans des conditions familiales adverses.

simplement fascinants, car ils démontrent l'effet non négligeable de l'activité physique sur la réponse de stress et l'apprentissage.

Lorsque j'ai discuté de ces résultats dans la première édition de ce livre, cela a suffi à convaincre certaines écoles d'inclure des périodes de jeux extérieurs plus fréquentes entre les cours. J'ai reçu de nombreux courriels de ces établissements me relatant les effets positifs étonnants que cette perte d'énergie quotidienne avait sur l'humeur des jeunes et leur performance scolaire !

Alors, dansez maintenant !

Il y a beaucoup de situations (famille monoparentale, handicap physique, etc.) qui font en sorte qu'il est parfois difficile, voire impossible, pour une personne de faire de l'exercice physique pour perdre l'énergie mobilisée lors d'une période de stress.

Mais comme je l'ai dit précédemment, nul besoin de courir des kilomètres ou de faire quarante lancers du javelot pour perdre l'énergie mobilisée. Dans sa théorie sur l'évolution des espèces, Charles Darwin dit clairement que tout ce qui ne sert à rien finit par être éliminé. Si tel est le cas, alors on doit se demander pourquoi il y a encore de la musique. Si celle-ci existe encore de nos jours, c'est qu'elle a plusieurs fonctions[*]. L'une d'elles est de perdre l'énergie mobilisée lors d'une période de stress. Que pensez-vous que faisaient les chasseurs de mammouths le soir venu devant le feu ? Ils dansaient. Ce faisant, ils perdaient l'énergie mobilisée lors de la chasse !

Alors, si vous n'avez pas le temps de faire de l'exercice physique pour faire cesser votre réponse de stress, voici ce que je vous propose : sur votre téléphone cellulaire, votre tablette électronique ou votre ordinateur, créez un dossier des cinq meilleures chansons *dance* ou *rock* jamais créées selon vous. Ensuite, procurez-vous des écouteurs. Enfin, quand vous sentez que vous êtes particulièrement

---

[*] Si ce sujet vous intéresse, je vous réfère à l'excellent livre de Dre Isabelle Peretz intitulé *Apprendre la musique : nouvelles des neurosciences*, 2018, aux Éditions Odile Jacob.

stressé et que vous souffrez de ce stress accumulé, allez dans endroit isolé, demandez à tout le monde de vous laisser tranquille en solitaire pour une quinzaine de minutes, partez votre liste de chansons et lancez-vous dans une danse endiablée !

Je sais, je sais. Cela semble complètement fou. Et pourtant, ça fonctionne à merveille. Les gens ont souvent l'impression qu'ils doivent faire de l'exercice physique pendant des heures pour perdre l'énergie mobilisée par le stress. Pas du tout ! Il n'y avait pas de gyms au temps des mammouths et pourtant, nos ancêtres ont survécu. De 15 à 30 minutes d'exercices suffisent souvent pour faire diminuer une réponse de stress.

Et quand vous ferez votre danse endiablée seul dans votre chambre, passez devant le miroir et regardez-vous. Si vous avez un grand sourire dans le visage, vous combinez sans même vous en rendre compte le rire à la perte d'énergie mobilisée.

Et votre réponse de stress diminuera encore plus rapidement :)

59

Ne pas avoir peur du stress

Il faut absolument que nous cessions d'avoir peur du stress. C'est primordial.

Si on veut cesser de souffrir des effets du stress, il faut que les médias et les chercheurs cessent de parler exclusivement des effets négatifs et toxiques du stress sur la santé physique et mentale.

Quand nous avons peur du stress et que nous ne parlons que de ses effets négatifs, nous contribuons à créer des préconceptions négatives du stress et nous faisons en sorte que les jeunes (et les moins jeunes) paniquent avec le stress.

Je le répète : le stress, c'est l'arme qui combat la menace. Ce n'est *pas* lui la menace. Si vous allez chasser un mammouth sans lance, vous n'aurez aucune chance de survivre à la bête. Ainsi, vous avez autant besoin de la réponse de stress (la lance) pour combattre les menaces (les mammouths) que vos ancêtres ont eu besoin du stress pour survivre.

Bien sûr, il peut arriver que l'arme nous blesse. Quelques chasseurs de mammouths de la préhistoire ont dû se blesser avec leur lance en chassant la bête. Certains en sont peut-être même morts. Mais ce n'est pas parce que quelques guerriers se sont blessés ou tués avec leur lance que les chasseurs de mammouths ont cessé d'utiliser cette arme pour survivre.

C'est exactement la même chose avec le stress. Oui, il est possible que parfois, on se blesse avec le stress et qu'on développe un trouble physique ou mental en réponse à cela. Mais même quand cela survient, il faut se rappeler que la réponse de stress est là pour nous aider à survivre et que bien contrôlée, elle est très avantageuse pour notre survie.

Dans les chapitres précédents, je vous ai déjà présenté neuf trucs hyper efficaces, rapides et validés par la science pour diminuer ou contrôler une réponse de stress. À vous maintenant de décider de mettre ces techniques en application ou non.

Mais d'ici là, le seul fait de voir la prochaine situation menaçante comme étant un *défi* plutôt qu'un *stress* contribuera à diminuer votre production d'hormones de stress !

Je vous résume ci-dessous les effets positifs les mieux connus de la réponse de stress. La prochaine fois que vous aurez mal au ventre de stress, vous pourrez vous y référer pour vous rappeler que le stress, c'est l'arme, et non la menace !

Le stress donne de l'énergie

Vous êtes assis sur le sofa, bien préparé à écouter la septième saison de votre série préférée. Vous vous sentez faible et fatigué. Une bonne journée de repos devrait vous redonner votre énergie.

Soudain, vous entendez un *ding !* qui provient de votre cellulaire. C'est votre patron qui vous rappelle que vous travaillez aujourd'hui.

Ohhhh ! Vous aviez complètement oublié ! En quelques secondes seulement, vous vous levez du sofa et partez en courant vous laver les dents avant d'enfiler des vêtements et sortir de la maison pour vous rendre à votre voiture. Une fois assis dans le véhicule, vous vous rendez compte que vous êtes soudainement complètement éveillé et vos sens sont en alerte. Vous n'êtes plus fatigué ! Vous arrivez au travail dix minutes en retard mais partez tout de suite faire vos tâches. En quelques secondes seulement, un sentiment de fatigue et de lourdeur a été remplacé par une énergie accrue.

Une parfaite réponse de stress qui ne vous tuera pas... et qui vous fera même garder votre emploi :)

Le stress augmente la vigilance

Avec votre copine Frédérique, vous êtes allée à une fête. Vous deviez dormir chez la personne organisant l'événement, mais il manque de lits à la fin de la soirée. Vous décidez donc de retourner chez vous à pied.

Il est tard, et vous marchez dans la rue en vous rappelant en souriant les événements de la soirée avec vos amis. Vous êtes relaxe. Toutefois, au détour d'une rue, vous réalisez que vous êtes seule sur le boulevard. Personne aux alentours. Si quelque chose vous arrivait, personne ne serait là pour vous aider.

Soudainement, vos sens s'éveillent et votre niveau de vigilance augmente en flèche. Vous regardez au loin, puis derrière. Vous êtes parfaitement consciente de tout ce qui se passe autour de vous. Si quelqu'un se déplace autour de vous, vous le saurez en quelques millièmes de seconde. Si une personne sort d'un endroit noir pour vous attaquer, vous serez prête à courir à toutes jambes. Vous ne serez pas surprise par une attaque.

Votre vigilance sera élevée jusqu'à ce que vous arriviez chez vous. Et ce sera seulement lorsque vous aurez mis le verrou sur la porte que vous sentirez votre vigilance diminuer et la fatigue vous gagner. Une parfaite réponse de stress qui ne vous tuera pas... et qui vous aurait permis de vous défendre ou de courir à toute allure si vous aviez eu à le faire.

Le stress augmente la force physique

En 2006, tout près du centre des jeunes d'Ivujivik, un village au nord du Nunavik, au Québec, Lydia Angyiou regardait son fils et deux autres enfants jouer au hockey dans la rue. Soudain, elle aperçut un ours polaire qui s'avançait vers les enfants en se préparant à les attaquer. Mesurant 150 cm (5 pieds) et pesant 40 kg (90 livres), la femme de 41 ans s'est interposée entre l'ours de 2,4 mètres (7,8 pieds) et pesant 318 kg (700 livres) en criant aux enfants de courir à la maison. Attaquée rapidement par l'ours, elle commença à lui donner des coups de pieds et de poings. L'ours polaire répliqua en l'attaquant au visage et au dos. Lorsque la bête fut sur elle, Lydia Angyiou se défendit en donnant des coups de pieds dans le ventre de l'ours dans un mouvement de bicyclette jusqu'à ce que ce dernier soit tué par un homme du village qui arriva avec une arme. La femme se remit de ses blessures et encore à ce jour, personne au village ne comprend comment une si petite femme a pu avoir la force physique de combattre un ours polaire.

La même année à Tucson, en Arizona, Kyle Hotrust, un jeune homme de 18 ans, roulait sur son vélo à l'inverse du trafic lorsqu'il fut happé par un véhicule et se retrouva coincé sous celui-ci. Au même moment, Tom Boyle sortait d'un centre commercial avec son épouse et il réalisa qu'une personne était coincée sous une voiture. De forte stature, l'homme s'élança vers le lieu de l'accident et sans penser à quoi que ce soit, se pencha et souleva la Camaro de 1360 kg, ce qui permit de libérer le jeune homme et de lui sauver la vie. Tom Boyle ne ressentit aucune douleur sur le coup, et ce n'est qu'une fois rendu chez lui qu'il se rendit compte que huit de ses dents avaient littéralement éclaté dans sa bouche lorsqu'il avait serré la mâchoire en soulevant la voiture.

On l'aura compris : quand on a une réponse de stress, on est très fort !

Cette force musculaire décuplée peut aider la jeune fille revenant de la fête à se défendre si elle est attaquée en pleine rue ou aider votre enfant à courir à toute allure pour se sauver de l'ours déchaîné que vous combattez à mains nues.

Sans cette arme, vous risquez de ne pas être apte à vous défendre contre ces menaces.

Le stress diminue la douleur

Si vous prenez un rat et que vous le placez sur une plaque chauffante[*], il débarquera très rapidement de celle-ci, car la douleur ressentie est désagréable. Toutefois, si vous exposez le rat à un stress *avant* de le déposer sur la plaque chauffante, ce dernier demeurera sur celle-ci. Il ne ressentira pas la douleur désagréable induite par la plaque.

Ce phénomène, appelé analgésie induite par le stress[†], est bien connu en science. Lorsqu'on doit combattre une menace, ce n'est pas le temps de s'arrêter pour lécher nos plaies et se plaindre de la douleur ressentie. On doit combattre la menace devant nous. Pour nous permettre de faire cela, notre corps fait en sorte que lorsqu'on a une réponse de stress, on produit des substances (endorphines) qui ont pour effet d'analgésier notre douleur.

C'est cet effet analgésiant du stress sur la douleur qui a permis à Tom Boyle de retourner chez lui en ayant huit dents éclatées en bouche. Ce n'est qu'après quelques heures, lorsque l'effet analgésiant du stress s'est évaporé, qu'il a souffert de cette blessure. Mais sur le coup, pendant qu'il était nécessaire de soulever la voiture pour sauver le jeune homme, la douleur de Tom était analgésiée par le stress[‡].

Vous avez une compétition importante demain et vous paniquez à l'idée d'être stressé avant ce moment important ? Relaxez un peu. Ce stress vous donnera la force dont vous avez besoin pour performer, il augmentera votre vigilance, et si vous vous faites mal, le stress vous permettra de terminer la compétition avant de ressentir la douleur.

En gros, votre réponse de stress risque de vous mener à la victoire !

---

[*] Bien sûr, ce protocole étant évalué et accepté par les comités de la recherche. La plaque chauffante induit un sentiment de douleur chez le rongeur mais ne le brûle pas.

[†] En anglais : *stress-induced analgesia*.

[‡] Beaucoup de personnes présentant des douleurs chroniques vous diront que c'est lorsqu'elles sont stressées que leur douleur augmente. Cet effet du stress chronique sur la douleur est très différent des effets du stress aigu (comme sauver un jeune homme coincé sous une voiture). Pour de plus amples informations sur le lien entre stress et douleur, je vous invite à lire le numéro 20 du *Mammouth Magazine* du Centre d'études sur le stress humain portant sur ce sujet en visitant le https://editionsvasavoir.com/liens/ et en cliquant sur ***Mammouth Magazine : Stress et douleur*** sous l'onglet *Par amour du stress*.

PARTIE 14

Comprendre ce qui s'est passé

La joggeuse qui s'est blessée en courant devra
comprendre ce qui a mené à sa blessure.
Après, elle pourra reprendre la course
sans se blesser de nouveau.

La personne qui a une blessure de stress devra
comprendre ce qui l'a menée au stress chronique.
Après seulement, elle pourra se réexposer aux situations
menaçantes sans se blesser de nouveau.

60

Reconnaître la menace

Tout comme la joggeuse qui s'est blessée en courant doit se reposer pour laisser le temps au muscle touché de guérir, nous avons appris que devant une blessure de stress, nous devons adopter la même approche. On se « repose » du stress en se retirant de la situation qui nous menace, et on utilise ce temps de repos pour diminuer notre production d'hormones de stress en utilisant l'un ou plusieurs des dix trucs hyper efficaces que j'ai décrits dans les chapitres précédents. On fait cela, car on a compris que tant et aussi longtemps que l'on continue de produire des hormones de stress, celles-ci accèdent à notre cerveau et nous empêchent de penser correctement.

Dans certains cas, vous ressentirez très rapidement que ces trucs hyper efficaces diminuent votre réponse de stress. D'autres fois, et selon la gravité de la blessure de stress dont vous souffrez, il se peut que cela vous prenne plus qu'une visite au gym ou plus d'une séance de bénévolat pour ressentir les effets bénéfiques de ces trucs.

Mais une chose est certaine, ces trucs finiront par fonctionner. Ce sont ceux-là mêmes que nos ancêtres préhistoriques ont utilisés pour diminuer leur stress, et nous sommes encore ici aujourd'hui parce qu'ils ont pu survivre. Il vous suffit donc d'être patient et d'attendre que ces trucs fassent effet.

Vous saurez que vos hormones de stress ont cessé d'être produites quand :

- vous dormirez mieux ;
- vous cesserez de vous fâcher pour tout et pour rien ;
- vous serez capable de suivre une conversation sans que votre pensée s'égare ;
- votre cœur cessera de battre la chamade ;
- vous respirerez plus facilement sans avoir l'impression de manquer d'air ;
- vos muscles seront moins tendus ;
- vous cesserez d'oublier des choses plus ou moins importantes.

Vous le ressentirez, croyez-moi. Les gens autour de vous le réaliseront aussi. Votre conjoint ou votre parent, qui vous évitaient depuis des jours pour ne pas voir votre stress déborder sur eux, vous diront : «Tu me sembles aller mieux aujourd'hui ! Tu viens au resto avec moi ?»

Tous ces indices vous informeront que vous avez terminé de produire des hormones de stress et que vous pouvez donc réfléchir correctement. C'est à ce moment que vous devrez continuer votre travail. En effet, si vous cessez de négocier votre stress à ce moment-ci de l'histoire, vous aurez quelques bonnes journées de zénitude, mais très rapidement, vous retomberez en réponse de stress, car vous n'aurez pas travaillé l'origine de votre blessure de stress.

Donc… continuez de lire :)

Il est où le mammouth ?

Une fois que vous vous êtes reposé de votre stress et que votre réponse de stress a diminué, vous devez utiliser votre esprit clair pour tenter de reconnaître la menace qui a activé votre réponse de stress au départ, et ce, dans le but de comprendre ce qui s'est passé.

Quelle a été la situation qui vous a stressé ? Cela peut être une situation, une personne, un événement particulier. Beaucoup d'entre vous me disent souvent avoir de la difficulté à reconnaître la source de leur stress. Parfois aussi, vous croyez que c'est la situation X qui vous a mené en blessure de stress alors qu'en fait, c'est la situation Y.

Ne pas être capable de reconnaître la situation que notre cerveau a jugé menaçante au point de nous faire sortir l'arme du stress, c'est un peu l'équivalent du chasseur préhistorique qui annonce à sa tribu qu'il part tuer le mammouth… sans savoir où il se trouve ! Vous conviendrez avec moi qu'il est assez difficile dans ces conditions d'atteindre son objectif :)

Quand la réponse de stress diminue, notre pensée s'éclaircit, et cela suffit souvent à nous faire comprendre ce qui l'a activée. *C'est quand le patron a annoncé la fusion des deux divisions techniques que j'ai commencé à stresser.* Ou encore : *Oui, il est vrai que ton commentaire sur ma nouvelle coupe de cheveux m'a beaucoup ébranlée.*

Toutefois, il y a d'autres occasions où même un esprit clair ne suffit pas à nous aider à découvrir l'origine de notre stress. Quand cela survient, il est temps de sortir l'artillerie lourde.

L'arme fatale : le hamster

Si vous regardez les indices que je vous ai donnés pour vous aider à reconnaître que votre stress diminue, vous remarquerez que *disparition du hamster* ne s'y trouve pas. Et cela a bien du sens.

En effet, et comme je vous l'ai souligné au chapitre 23, le hamster, c'est le système d'alarme de votre cerveau qui vous informe qu'une menace non négociée a été détectée dans l'environnement. Même si vous diminuez votre réponse de stress en utilisant les trucs que je vous ai donnés précédemment, vous n'avez pas encore négocié la *source* de l'activation de votre réponse de stress. Ce n'est pas parce que vous courez dix kilomètres que le collègue qui menace votre ego chaque jour au travail a miraculeusement disparu. Il sera encore là, et ce, dès lundi matin !

Tant et aussi longtemps que vous ne négocierez pas la menace, votre hamster continuera de s'activer chaque fois que vous cesserez de stimuler votre cerveau. Et c'est merveilleux. Pourquoi? Parce que lorsque vous êtes incapable de savoir ce qui vous a stressé au point de vous blesser, vous pouvez utiliser votre hamster pour vous informer.

Qu'est-ce qui vous empêche de dormir le soir? Quelles sont ces pensées qui roulent en boucle dans votre tête? La voilà, votre menace qui active sans cesse votre réponse de stress! C'est ce que votre hamster s'évertue à vous dire! Vous ne voulez peut-être pas reconnaître que c'est bel et bien cette situation qui vous stresse, mais c'est le cas.

À travers mes années de recherche, j'ai rencontré beaucoup de gens qui m'ont dit avoir cru pendant longtemps que leur stress était induit par tel ou tel facteur, pour réaliser après avoir écouté leur hamster que la source de leur stress était complètement autre. Ils avaient cru pendant des années que la source de leur stress était le travail qu'ils détestaient alors qu'à force d'écouter leur hamster, ils ont réalisé que c'était leur mariage qui les rendait malheureux. Ou encore, ils ont cru pendant des années qu'ils stressaient à cause d'une partenaire de vie qu'ils pensaient avoir mal choisie alors qu'ils ont réalisé être homosexuels et que cela les stressait d'avoir à annoncer cela à leur conjointe et aux enfants. Des jeunes ont cru pendant des années qu'ils stressaient à cause des examens du ministère, alors qu'ils ont réalisé, en écoutant leur hamster, que c'était la pression de leurs parents qui les rendait stressés au point d'en tomber malades.

Votre hamster ne mentira jamais, car son travail est d'assurer la survie de l'espèce. S'il vous informe mal sur la source des menaces que vous devez négocier, vous risquez de combattre les mauvais mammouths et d'en mourir. Aussi fou que cela puisse paraître, votre hamster est votre meilleur allié.

Une heure par jour

Depuis trente ans, je promène mon chien deux fois par jour (chaque promenade durant approximativement trente minutes) pour trois raisons. D'abord, j'aime beaucoup les chiens, comme vous avez pu le constater, et pitou est moins fatigant quand il fait un peu d'exercice. Deuzio, en marchant avec mon chien deux fois par jour, je combine l'exercice physique à la zoothérapie pour diminuer mon stress. Cela fonctionne admirablement bien pour moi. Enfin, mon chien ne me parle pas, alors quand je marche avec lui, je n'ai aucune stimulation cérébrale*.

Vous vous souviendrez de votre lecture que c'est lorsque notre cerveau n'est pas stimulé que notre hamster s'active. Tant et aussi longtemps qu'on stimule notre cerveau avec les rencontres entre amis, les travaux à écrire à l'ordinateur, les téléséries ou la musique qu'on écoute, notre hamster se tait. Puisque l'on cesse généralement de stimuler notre cerveau essentiellement quand on se couche le soir pour dormir, c'est très souvent à ce moment que notre hamster s'active. Et quand cela arrive, nous sommes souvent déjà trop fatigués pour l'écouter. Il nous fait alors paniquer.

Puisque pitou ne me parle pas quand je marche avec lui, j'utilise ce temps pour permettre à mon cerveau de ne pas être stimulé avec les mille choses à faire dans ma journée, ce qui laisse la chance à mon hamster de s'activer s'il a quelque chose à me dire. Quand je pars promener Bob Marley[†], je n'ai aucune attente. Je ne pars pas en disant à mon entourage : « Salut tout le monde, je pars découvrir mon stress et je reviens ! » Mais non ! Je pars promener le chien, tout simplement et sans attente.

---

* Ce qui n'est pas le cas quand je marche avec une copine. Là, ça jase, mes amis !

† Le chien actuel :)

Si je n'ai aucune menace non négociée, mon hamster restera silencieux et je pourrai profiter de mes pensées vagabondes[*] pour décider si j'achète le sofa rouge ou le sofa beige pour la nouvelle décoration du salon. Toutefois, si j'ai une menace non négociée, vous pouvez être assuré que mon hamster s'activera avant même que j'atteigne le coin de la rue.

Ça m'énerve, ce déménagement qui s'en vient.
Je n'aurais pas dû dire cela à ma sœur, j'ai peur de lui avoir fait de la peine.
J'ai trop de choses à mon agenda. Je vais manquer de temps.

Quand mon hamster me sort la menace non négociée, je saute dessus! Je la prends et je tombe en mode «déconstruction» et «reconstruction» du stresseur. En d'autres termes, je pars chasser le mammouth :)

---

[*] Voir chapitre 24.

61

Déconstruire le stresseur

La deuxième chose que la joggeuse a faite après avoir reconnu s'être blessée puis s'être reposée pour donner une chance à son muscle de guérir fut de tenter de comprendre ce qui s'est passé. Court-elle trop du talon? Est-ce que son bassin est bien droit ou est-il tendu d'un côté particulier? Si notre joggeuse ne fait pas ce travail d'introspection, elle risque fort de se blesser de nouveau à la prochaine course. Mais si elle comprend ce qui s'est passé et qu'elle travaille à corriger le tir, la probabilité qu'elle se blesse de nouveau est faible.

C'est exactement la même chose avec le stress.

Quand on réalise que l'on est en blessure de stress et que l'on connaît désormais la source de la menace, on doit tenter de comprendre ce qui s'est passé, et ce, dans le but de ne pas se blesser de nouveau en retournant combattre la même menace avec les mêmes armes qui ont été inefficaces par le passé.

Toutefois, pour arriver à faire cela, vous devez accepter de réfléchir.

Je vois beaucoup de gens commencer à tenter de comprendre ce qui s'est passé pour négocier une blessure de stress et cesser après quelques heures ou jours, car c'est «trop de travail». Comme on l'a vu au chapitre 25, l'humain n'aime pas réfléchir. Et pourtant, il faudra accepter de le faire si on veut contrôler nos réponses de stress et prévenir d'autres blessures.

Pour comprendre les raisons pour lesquelles une situation a été jugée assez menaçante par notre cerveau pour le mener à produire une réponse de stress, il faut déconstruire cette situation en son CINÉ.

J'ai déjà utilisé cette technique à maintes reprises avec vous aux chapitres 3 à 7 en discutant du stress de gens de tous âges. Je vous ai aussi proposé d'utiliser cette technique au chapitre 2 pour tenter de comprendre la source du stresseur que vous aviez décrit dans mon petit questionnaire de stress en début de livre. Déconstruire son stresseur en CINÉ, c'est faire exactement cela.

On se souviendra que l'acronyme CINÉ réfère aux quatre caractéristiques d'une situation qui vont générer une réponse de stress, soit :

> **C**ontrôle faible
> **I**mprévisibilité
> **N**ouveauté
> **É**go menacé

Si une situation a activé une réponse de stress, c'est qu'elle comporte une ou plusieurs de ces caractéristiques.

Pour vous pratiquer à déconstruire en CINÉ les situations qui activent votre réponse de stress, je vous propose d'utiliser le tableau ci-dessous.

Votre stresseur	**Contrôle faible** Vous avez l'impression de ne as avoir le contrôle sur la situation	**Imprévisibilité** Quelque chose d'inattendu se produit	**Nouveauté** Quelque chose de nouveau que vous n'avez jamais expérimenté se produit	**Ego menacé** Vous avez l'impression que votre compétence et votre égo sont mis à l'épreuve

Chaque fois que vous découvrez une situation qui active votre réponse de stress, vous l'inscrivez dans la première colonne du tableau de déconstruction du stresseur. Ensuite, pour chaque situation, vous vous demandez si elle vous stresse parce que vous avez le sentiment d'avoir peu de *contrôle* sur celle-ci. Si vous répondez oui, placez un X dans la case du C associée à cette situation. Ensuite, vous vous demandez si cette situation est stressante parce qu'elle est *imprévisible*. Si la réponse est oui, vous placez un X dans la case du I. Si la réponse est non, vous laissez la case du I vide. Et vous faites cela pour les quatre caractéristiques du stresseur et pour chaque situation que vous inscrivez.

C'est ce qu'on appelle déconstruire une situation menaçante en son CINÉ.

Je déconstruis les menaces en CINÉ chaque fois que je promène mon chien. Avec l'expérience, je suis capable de déconstruire et reconstruire mon CINÉ sans l'aide d'un tableau, mais d'ici à ce que vous soyez dans les ligues majeures comme moi :) je vous propose d'utiliser ce tableau de déconstruction. Il vous sera d'une aide précieuse en période de stress ! N'hésitez pas à recréer le tableau à votre guise, à l'imprimer et à proposer à tous les membres de votre famille de le remplir pour une quelconque période de temps.

Si vous préférez utiliser une approche plus dynamique pour apprendre à déconstruire[*] vos stresseurs, vous pouvez télécharger une application d'apprentissage en ligne développée par le Centre d'études sur le stress humain appelée *Stress et Compagnie*. Ce programme d'apprentissage vous amène à mieux comprendre la nature de vos stresseurs et à bien les déconstruire et les reconstruire. Cela prend en moyenne 90 minutes pour terminer le programme, mais vous pouvez le parcourir à votre convenance en plusieurs visites. Il en coûte 12,99 $ pour avoir accès à ce programme, mais sachez que la totalité des fonds générés est réutilisée pour le financement de la recherche scientifique sur le stress. Pour accéder à *Stress et Compagnie*, cliquez sur **Programme Stress et Compagnie** sous l'onglet *Par amour du stress* au https://editionsvasavoir.com/liens/.

Peu importe le moyen que vous utiliserez, vous apprendrez plusieurs choses importantes en déconstruisant vos stresseurs.

---

[*] Et à reconstruire ; voir chapitre suivant.

Différentes situations vous stressent pour différentes raisons

D'abord, vous commencerez à comprendre que différentes situations vous stressent pour différentes raisons. L'appel du patron ce matin était stressant, car il était imprévisible, tandis que le conflit avec votre partenaire de vie était stressant, car il était menaçant pour votre ego. Puisque la source de la menace n'est pas la même pour les deux situations, il est clair que la stratégie pour combattre ces menaces sera donc très différente.

Différentes personnes réagissent au même stresseur pour des raisons différentes

Après quelques jours de cet exercice, si vous vous amusez à comparer votre tableau à ceux des membres de votre famille qui l'auront rempli aussi, vous apprendrez que deux personnes peuvent réagir au même stresseur (par exemple, la maladie de grand-papa) pour des raisons complètement différentes, comme nous l'avons vu aux chapitres 3 à 7. Il est possible que maman ait réagi au stresseur qu'est la maladie de grand-papa, car elle n'avait pas l'impression d'avoir le contrôle sur la situation, tandis que Léa, 8 ans, a réagi à ce stresseur car c'était nouveau. En comparant les CINÉ des membres de votre famille, vous commencerez à comprendre que le stress est un événement très personnel, et les raisons pour lesquelles une personne réagit à un événement peuvent être complètement différentes des raisons pour lesquelles une autre personne y réagit.

Vous êtes plus sensible à l'une des quatre caractéristiques CINÉ

Enfin, en remplissant souvent votre tableau de déconstruction en CINÉ, vous découvrirez que vous être plus sensible à l'une des quatre caractéristiques. Quand vous aurez décrit de six à dix situations stressantes dans la colonne de gauche, regardez le nombre de X inscrits sous le C, le I, le N et le É. Vous réaliserez qu'il y a presque toujours l'une des quatre caractéristiques qui est cochée. C'est à cette caractéristique particulière que vous êtes très sensible.

De plus, si vous comparez le tableau de déconstruction des différents membres de votre famille, vous découvrirez qu'ils se différencient quant à leur sensibilité à l'une des caractéristiques CINÉ. Léa est très sensible à l'imprévisibilité, tandis que papa est sensible au sens du contrôle, et Félix à la menace à l'ego. En sachant cela, vous pourrez prévenir beaucoup de réponse de stress chez les gens que vous aimez ! Si vous savez que Léa est particulièrement sensible à l'imprévisibilité, alors vous pourrez la préparer aux changements à venir bien avant qu'elle soit placée devant le fait accompli. Cela lui permettra de mieux négocier cette situation. Si Félix est sensible à la menace à l'ego, ce n'est peut-être pas une bonne idée de vous moquer de sa nouvelle coupe de cheveux devant ses amis. Cela ne contribuera qu'à lui faire produire une réponse de stress qui le rendra colérique pour la journée. Si vous êtes particulièrement sensible à l'imprévisibilité[*], c'est peut-être une bonne idée de commencer d'avance les projets qui ont une date de tombée connue, question de ne pas avoir à négocier le stress des imprévus qui surviennent inévitablement !

À quelle caractéristique du CINÉ êtes-vous le plus sensible ?

Mes étudiants et moi avons développé un questionnaire (appelé «questionnaire CINÉ») vous permettant de détecter à laquelle des quatre caractéristiques du CINÉ vous êtes le plus sensible. Le questionnaire vous propose vingt situations et pour chacune d'elles, vous devez dire à quel point cette situation vous stresserait si vous deviez avoir à y faire face. Pour remplir ce questionnaire, visitez le https://editionsvasavoir.com/liens/ et cliquez sur **Questionnaire CINÉ** sous l'onglet *Par amour du stress*.

Une fois le questionnaire terminé, le site vous donnera votre niveau de sensibilité à chacune des quatre caractéristiques CINÉ. La caractéristique qui reçoit le score le plus élevé est celle à laquelle vous êtes le plus sensible !

Déconstruire pour comprendre

Il y a tellement de réponses de stress que l'on peut éviter quand on connaît notre sensibilité au CINÉ et celle de ceux qu'on aime !

---

[*] Comme moi !

De plus, déconstruire son stresseur, c'est très puissant, car cela diminue la peur du stress. Quand on accepte de déconstruire ses stresseurs, on peut en parler ouvertement à la table sans se cacher comme si c'était de la peste qu'on souffrait. On peut même en rire, vous verrez !

J'entends encore ma fille chuchoter à son frère en pensant que je n'entendais pas : « N'arrive pas avec cette demande dernière minute à Mom. Tu sais que l'imprévisibilité la stresse et que lorsqu'elle est stressée, elle a tendance à dire non à toutes nos demandes. Alors si j'étais toi, je préparerais le terrain lontemps. » On a tous pouffé de rire lorsqu'ils ont vu mon grand sourire, fière que j'étais de les avoir démasqués dans leur stratégie de gestion du stress !

PS Et j'ai dit oui à la demande :)

62

Reconstruire le stresseur

Quand votre hamster vous a donné l'origine de votre stresseur et que vous avez déconstruit ce dernier, vous avez déjà diminué de moitié son poids sur votre corps et votre cerveau.

Mais à ce moment-ci de l'histoire, vous n'avez fait que la moitié du travail. Si vous vous arrêtez, c'est un peu l'équivalent de notre joggeuse qui comprendrait qu'elle s'est blessée, car elle courait du talon, mais qui ne fait rien pour apprendre comment corriger le tir. Ainsi, une fois que vous avez déconstruit la situation menaçante en son CINÉ, vous devez la reconstruire. Votre cerveau a détecté une menace que vous avez bien comprise en la déconstruisant, mais maintenant, vous devez aider votre cerveau à cesser de voir cette situation comme une menace.

Beaucoup de gens croient que la seule manière de se débarrasser d'un stresseur est de l'éliminer. Bonne chance ! Si c'est la pandémie de la COVID-19 qui vous cause un stress ces temps-ci, vous réalisez sûrement qu'il vous sera impossible d'éliminer cette menace.

C'est parce que les gens croient qu'il faut éliminer les stresseurs qu'ils souffrent autant. Plus de la moitié des situations qui induisent des réponses de stress chez les gens ne peuvent *pas* être éliminées par la seule force de la volonté. On ne peut pas changer la situation d'un enfant malade ni d'un parent mourant. On ne peut pas faire disparaître de la surface de la Terre la pandémie de la COVID-19. Très souvent, quand les gens réalisent qu'ils ne seront pas en mesure d'éliminer le stresseur, ils cessent de combattre, se placent en petite boule et souffrent profondément.

> Mais vous n'avez pas besoin d'éliminer le stresseur
> pour faire cesser votre réponse de stress.
> La seule chose que vous avez besoin de faire,
> c'est de donner *l'impression* à votre cerveau
> que vous êtes apte à combattre ce stresseur.

Comment faire peur à un ours ?

Très tôt l'autre matin, je faisais tranquillement mon jogging près de notre maison de campagne lorsque j'ai vu à cent mètres devant moi un ours noir. Si j'avais rencontré cet ours quelques semaines auparavant, j'aurais complètement paniqué à l'idée qu'il pourrait m'attaquer et me tuer. Toutefois, après avoir ramassé plusieurs sacs de poubelle éventrés par le baribal[*], j'avais compris qu'il se promenait dans le voisinage et j'étais allée lire sur les manières de négocier une rencontre avec celui-ci[†]. Je ne fus donc pas surprise de le rencontrer. Et j'étais préparée.

En effet, en lisant différents sites internet, j'ai appris que l'une des manières d'éloigner un ours noir est de faire du bruit et d'écarter largement nos bras et nos jambes. En adoptant cette posture, on donne l'impression à l'ours qu'on est très gros et très fort, et il s'éloigne.

Le mot «impression» est hyper important ici.

C'est parce que l'ours a *l'impression* qu'on est plus gros et plus fort que lui qu'il quitte les lieux. En réalité, l'ours peut nous déchiqueter en quelques minutes. Mais tant et aussi longtemps qu'on lui donne l'impression qu'on peut le combattre, car on est gros et fort, on peut le contrôler et le mener à s'éloigner de nous[‡].

C'est exactement la même chose avec le stress.

---

[*] Encore aucun mérite pour avoir trouvé ce joli mot. C'est Wikipédia qui me l'a donné :)

[†] J'avais donc négocié l'imprévisibilité de ce stresseur :)

[‡] Je dois humblement avouer ici que je n'ai même pas eu à faire mes simagrées pour éloigner l'ours. Dès qu'il m'a vue, il est disparu dans la forêt :)

Négocier le CINÉ pour cesser de stresser

La meilleure manière de faire cesser une réponse de stress est de donner *l'impression* à notre cerveau que nous sommes en contrôle de la situation. On ne pourra jamais contrôler toutes les situations auxquelles on fait face (par exemple, une maladie incurable ou une pandémie), mais on peut augmenter notre impression de les contrôler. La façon de faire cela est de reconstruire le CINÉ de la situation menaçante en trouvant des stratégies d'adaptation pour chacune des caractéristiques qui définit la menace.

Par exemple, si une situation vous menace, car elle est nouvelle et imprévisible, vous devez trouver des stratégies pour négocier ces deux caractéristiques. *Que puis-je faire pour que cette situation soit moins nouvelle ? Que puis-je faire pour que cette situation soit moins imprévisible ?* En développant des stratégies pour négocier chacune des caractéristiques stressantes de cette situation, vous envoyez le message à votre cerveau que vous êtes en contrôle de la menace et il cesse d'activer la réponse de stress[295].

Toutefois, trois règles importantes doivent être suivies pour devenir maître dans l'art de reconstruire un stresseur :)

Règles de reconstruction

D'abord, on doit reconstruire *chaque* caractéristique qui définit le stresseur. Si vous réalisez que vous stressez parce qu'une situation menace votre ego *et* diminue votre impression de contrôle, vous devez trouver des stratégies pour négocier <u>chacune</u> de ces caractéristiques.

- Que puis-je faire pour que cette situation menace moins mon ego ?
- Que puis-je faire pour augmenter mon impression de contrôler cette situation ?

Très souvent, les gens continuent de produire une réponse de stress parce qu'ils s'arrêtent à une seule caractéristique CINÉ qui définit une situation menaçante. Encore une fois, il faut accepter de réfléchir et travailler sur la menace pour parvenir à bien la négocier.

Ensuite, vous devez trouver un plan B pour négocier chaque caractéristique qui définit la menace.

- Que puis-je faire pour que cette situation menace moins mon ego ?
  - Plan B : Je peux parler à la personne qui menace mon ego.

- Que puis-je faire pour augmenter mon impression de contrôler cette situation ?
  - Plan B : Je peux établir un calendrier de suivi d'activités.

La troisième règle est très importante : pour chaque plan B trouvé, on doit se demander si on a *l'impression* que ce plan fonctionnerait si on le mettait en action pour négocier notre stresseur. Si la réponse est non, on doit trouver un plan C, D, E[*], et ce, jusqu'à ce qu'on ait *l'impression* que le plan suggéré pourrait fonctionner pour négocier la caractéristique CINÉ sur laquelle on travaille[†].

- Que puis-je faire pour que cette situation menace moins mon ego ?
  - Plan B : Je peux parler à la personne qui menace mon ego.
  - Ai-je l'impression que ce plan B pourrait fonctionner ?
    - Oui. Alors j'arrête de chercher.

---

[*] Je me suis moi-même déjà rendue à travailler sur un plan U pour une situation qui me stressait grandement !

[†] Vous remarquerez ici que je n'ai pas encore parlé de mettre aucun plan en action.

- Que puis-je faire pour augmenter mon impression de contrôler cette situation ?
    - Plan B : Je peux établir un calendrier de suivi d'activités.
    - Ai-je l'impression que ce plan B pourrait fonctionner ?
        - Mmmh, pas vraiment. Alors je dois chercher un plan C.

Et on fait cela pour chaque caractéristique, et ce, jusqu'à ce qu'on trouve des plans qui nous donnent *l'impression* que si on les mettait en action, ils nous permettraient de négocier le stresseur.

Voici l'information importante

Il est essentiel que vous compreniez la chose suivante : plus de 90 % des gens ne mettent jamais en action les plans B, C ou D qu'ils ont développés pour négocier leur stresseur.

Et c'est parfait. Pourquoi ? Parce que la recherche a montré que vous n'avez pas besoin de mettre en action vos plans B, C ou D pour faire diminuer votre réponse de stress. La prochaine fois que vous faites face à votre stresseur, vous n'avez qu'à activer dans votre tête le plan B, C ou D que vous avez développé et ceci envoie le message à votre cerveau que vous avez le contrôle sur la situation.

Et puisqu'il a *l'impression* que vous contrôlez maintenant la situation menaçante, il cesse de produire des hormones de stress.

C'est exactement ce que vous voulez !

N'allez plus jamais devant un stresseur sans plan B. C'est exactement la même chose que d'aller chasser le mammouth sans plan de retraite en cas de rencontre avec une bête trop féroce. Bien sûr, le chasseur de mammouths pouvait perdre le combat contre la bête et mourir durant la lutte, et ce, même s'il avait un plan de retraite en cas de nécessité de fuite. Mais le fait d'avoir ce plan B (*Si la bête attaque, on part tous vers le Nord et on grimpe la montagne. Le mammouth est trop pesant pour monter rapidement et, donc, on pourra le semer*) diminuait sa peur et lui permettait de combattre.

C'est exactement la même chose avec le stress.

La prochaine fois que vous serez dans cette réunion où ce collègue ne cesse de menacer votre ego, ramenez à votre conscience le plan B, C ou D que vous avez trouvé pour négocier cette menace à l'ego. Vous verrez.

Dès que vous ramènerez votre plan B à votre conscience (*Je pourrais parler à son supérieur de son attitude en rencontre de groupe*), votre respiration deviendra moins saccadée et vous aurez l'impression de mieux respirer.

Ce sont vos hormones de stress qui cessent d'être produites.

63

L'histoire de Jade

Très souvent, des gens dans mes conférences me disent qu'ils trouvent la méthode de déconstruction et reconstruction très compliquée et qu'ils ne voient pas comment ils peuvent aider leurs enfants à négocier les situations qui les stressent en utilisant cette technique.

Laissez-moi vous raconter l'histoire de ma fille Jade qui, un jour, s'est retrouvée devant un gros mammouth qu'elle n'arrivait pas à combattre. Je l'ai alors aidée à déconstruire et à reconstruire son stresseur, et ce, même si elle n'avait que cinq ans à l'époque. Si je peux faire cela avec une enfant de cinq ans, vous pouvez le faire pour vous-même et aider ceux que vous aimez à mettre cette technique en pratique :)

Déconstruire le stresseur de Jade

Notre famille venait de déménager dans un nouveau quartier, nous étions au mois d'août, et dans quelques semaines, Jade entrerait en classe de maternelle. Dès le début du mois d'août, elle commença à se plaindre de maux de ventre et elle avait des problèmes à s'endormir le soir. Je reconnus tout de suite les signes physiques d'une réponse de stress qui était en train de s'installer chez ma petite.

Un jour, je lui demandai de s'asseoir tranquillement avec moi pour qu'on discute de son entrée à l'école. Impossible pour moi de lui demander si elle était stressée, une enfant de cinq ans ne comprend pas assez ce concept abstrait pour offrir une réponse adéquate. Toutefois, je me mis à l'aider à déconstruire son stresseur. Je lui demandai si la situation était nouvelle pour elle et si cela l'énervait un peu. Elle me répondit oui. Voici la nouveauté qui émergeait comme facteur de stress.

Nouveauté : Tchi-tchik $\sqrt{}$

Je lui demandai ensuite si la situation était imprévisible pour elle, dans le sens où ne sachant pas ce qui arriverait à l'école, elle devenait énervée. Elle me répondit oui. Voici l'imprévisibilité qui émergeait comme facteur de stress.

Imprévisibilité : Tchi-tchik √

Ensuite, je lui demandai si cela la gênait de devoir se faire de nouveaux amis qu'elle ne connaissait pas. Elle me répondit non. Exit la menace à l'ego.

Menace à l'ego : Non.

Enfin, je lui demandai si elle avait l'impression d'avoir le contrôle sur la situation, dans le sens où elle croyait pouvoir arriver à faire ce qui lui serait demandé à l'école. Elle me répondit non. Voilà le sens du contrôle qui émergeait en tant que facteur de stress.

Sens du contrôle faible : Tchi-tchik √

Avec cette déconstruction, je venais d'apprendre que ma fille avait une réponse de stress devant l'entrée à la maternelle parce que la situation était nouvelle, imprévisible, et qu'elle n'avait pas l'impression d'avoir le contrôle sur ce qui s'en venait.

Reconstruire le stresseur de Jade

Maintenant, il fallait reconstruire. Je savais pertinemment bien que cette reconstruction serait plus efficace si les stratégies proposées venaient de Jade[*]. Je me gardai bien de trouver des plans B, C et D pour ma fille. En effet, si vous passez votre temps à trouver des stratégies d'adaptation pour votre enfant, il ne développera jamais sa résistance au stress et n'apprendra pas à déconstruire et à reconstruire son stresseur. Il est donc toujours préférable que les stratégies trouvées viennent de la personne qui subit la réponse de stress.

---

[*] Parfois c'est possible, et d'autres fois c'est impossible, comme vous le verrez dans l'exemple donné. Quand les stratégies sont difficiles à trouver pour l'enfant, on peut alors l'aider à les développer.

Je demandai donc à Jade ce qu'elle pensait que l'on devrait faire pour que la situation soit moins nouvelle et moins imprévisible pour elle. Après une période de réflexion au cours de laquelle son joli minois se crispa sous la tension d'un travail intellectuel très exigeant, elle me répondit : «Nous pourrions aller jouer au parc de l'école très souvent, comme cela, je serai plus habituée quand j'arriverai à l'école!» Fine stratège que cette enfant! Elle s'assurait du temps de qualité avec maman au parc.

Je lui dis : «As-tu l'impression que ça va t'aider à avoir moins peur de ton entrée à l'école?» Elle fit aller sa tête de haut en bas et je dus l'arrêter tellement elle était convaincue de la justesse de sa stratégie :)

J'acquiesçai tout de suite à sa stratégie. Pendant quatre jours, nous allâmes jouer au parc de l'école. C'était très intéressant de voir le système de détection de menaces que ma fille a mis en action. Pendant que nous jouions, elle regardait autour d'elle et me disait alors : «Maman, c'est par cette porte que je vais entrer le matin, hein?» Oui, ma fille. «Maman, c'est l'un de ces locaux au premier étage qui sera ma classe, hein?» Oui, ma fille. Elle évalua donc ce nouvel environnement potentiellement stressant pendant quatre jours. À la fin du quatrième jour, elle m'annonça fièrement qu'elle n'avait plus besoin de retourner au parc. Je croyais avoir réussi.

Quand il reste des bouts de mammouths

Toutefois, quelques jours après, ses maux de ventre et son trouble du sommeil réapparurent. Il restait encore quelques bouts de mammouths dans son environnement. En revérifiant le CINÉ de Jade, je compris que l'on n'avait pas reconstruit son sens du contrôle sur la situation. Elle n'avait toujours pas l'impression d'avoir le contrôle, et ceci la menait à continuer de produire une réponse de stress qui induisait ses maux de ventre[*] et ses problèmes à s'endormir le soir[†]. On devait continuer le travail et reconstruire son sens du contrôle.

---

[*] Digestion qui ralentit ou qui cesse.

[†] Petit hamster en action.

Mais comment donner du contrôle à une enfant de cinq ans qui entre à la maternelle ? En effet, on ne peut tout de même pas abandonner l'école à cinq ans ! Je devais donc trouver un moyen de lui donner *l'impression* de contrôler certains aspects liés à la rentrée scolaire. En ayant l'impression d'avoir le contrôle sur un aspect de la situation (peu importe lequel[295,296]), son cerveau pourrait alors détecter moins de menaces et produire moins d'hormones de stress.

Je tentai l'expérience suivante. Je lui dis que pour les deux premières semaines d'école, elle pourrait décider de mettre ce qu'elle voulait dans ses lunchs. Elle avait le contrôle total sur cette situation. Un grand sourire illumina son visage et elle acquiesça à ma suggestion. Ses maux de ventre et son trouble du sommeil disparurent du jour au lendemain, et la première chose qu'elle dit à ses nouveaux amis dans la cour d'école le jour de la rentrée fut : « C'est moi toute seule qui décide de mes lunchs ! »

En donnant à Jade le contrôle sur ses lunchs, j'ai donné *l'impression* à son cerveau qu'elle contrôlait une partie de la situation stressante qu'est la rentrée scolaire, et ceci fut suffisant pour diminuer sa réponse de stress.

Quel mammouth abattu !

Par cet exemple, vous voyez qu'en déconstruisant et en reconstruisant les situations qui sont menaçantes, vous pouvez aider votre cerveau à diminuer la perception de menaces dans l'environnement, et ce faisant, vous contribuez à diminuer la production de vos hormones de stress.

Si ma fille de cinq ans a pu trouver elle-même quelques solutions à son problème et en régler la moitié, vous pourrez sûrement trouver vous-même les solutions à vos stresseurs et mieux dormir le soir.

PARTIE 15

Reprise graduelle

Après une blessure, on se réexpose aux stresseurs
de la même manière que la joggeuse reprend sa course.
On accepte de s'adapter à une nouvelle façon de faire.

64

Accepter de s'adapter

Vous avez reconnu votre réponse de stress, vous avez trouvé l'origine du stresseur, puis vous l'avez déconstruit et reconstruit. Vous êtes fin prêt à retourner sur le terrain de chasse et à vous exposer de nouveau à la menace qui vous a blessé au départ ou à tout nouveau stresseur que la vie placera sur votre chemin.

Car, chers amis, il y aura bel et bien d'autres stresseurs dans votre vie. Et il y en aura plein. Tout le temps.

Cela s'appelle *la vie*.

Mais vous êtes maintenant mieux outillé pour chasser le mammouth. Toutefois, il me reste deux conseils à vous donner. Voici le premier :

> Vous devez accepter de vous adapter aux situations qui vous stressent.
>
> Sinon, le risque de retomber en blessure de stress est élevé.

Retournons dans la préhistoire pour comprendre la nécessité de l'adaptation au stress.

Vous faites partie de la tribu des Kuyteh au temps de la préhistoire. Depuis des lunes, vous chassez le mammouth sur les terres sacrées dans le pré à l'est de la quatrième montagne au nord de la vallée des Oiseaux à longs becs. Mais voilà, depuis maintenant dix lunes, vous revenez bredouille. Vous ne trouvez aucune trace de mammouths dans le pré. A-Dapth, le sorcier du clan, propose de modifier le parcours de chasse pour l'étendre plus au nord, où, croit-il, les mammouths ont pu migrer. Mais Tèthu, le chef du clan, refuse obstinément de modifier le terrain de chasse. « Cela fait des lunes qu'on chasse le mammouth dans le pré à l'est, et je ne vois pas pourquoi on changerait nos habitudes ancestrales ! » Une minorité grogne, mais la majorité de la tribu choisit de suivre Tèthu. Après quelques lunes à chasser des terres stériles, le clan s'en trouve décimé, la famine et la maladie s'installent, entraînant avec elles la mortalité dans le clan des Kuyteh. A-Dapth, qui a quitté la tribu depuis longtemps avec sa famille et quelques fidèles pour aller chasser plus au nord, se porte très bien, car le pré nordique regorge de mammouths à chasser. C'est parce qu'ils ont choisi de s'adapter à la situation (absence de mammouths dans le pré à l'est) en modifiant leurs habitudes (en allant chasser plus au nord) qu'A-Dapth et son clan ont survécu[*].

Dr Bruce McEwen, l'un des plus grands chercheurs au monde dans la science du stress avec qui j'ai eu la chance d'effectuer mes études postdoctorales à l'Université Rockefeller, à New York, a démontré à de multiples reprises que l'une des meilleures manières de diminuer une réponse de stress est *d'accepter* de s'adapter à la situation en cours[12,297].

Je l'ai dit cent fois dans ce livre : la réponse de stress existe pour assurer notre survie. Mais qu'est-ce que cela veut dire, *assurer notre survie* ? En termes simples, cela veut dire « s'adapter ». Dans l'histoire de l'humanité, ce sont les individus qui ont pu ou qui ont voulu s'adapter aux situations stressantes en cours qui ont survécu.

Et rien n'a vraiment changé aujourd'hui.

Quand vous vous réexposez aux divers stresseurs de la vie après une blessure de stress, vous devez accepter de vous adapter. Si vous retournez en arrière et que vous évaluez votre réaction au stresseur qui vous a placé en blessure de stress, vous réaliserez très souvent que vous avez refusé de vous adapter à cette situation.

---

[*] J'ai déjà présenté cette fable préhistorique dans ce billet de blogue portant sur la force de l'adaptation en temps de COVID : https://sonialupien.com/covid-19-force-adaptation/. Seul le nom de la tribu a été changé, et le reste de ce chapitre a été écrit pour ce livre :)

Un nouveau patron arrive dans votre unité et vous détestez sa méthode de gestion. Vous lui tenez tête et arrivez à la maison tous les soirs en le détestant de manière viscérale. Vous avez mal au ventre en parlant de lui à votre partenaire de vie. Ce type n'a qu'un défaut : il respire ! Vous avez tellement de ressentiment à son égard que chaque fois que vous entrez dans votre voiture pour vous rendre au travail, votre ventre se serre et le mal de tête lancinant de la veille vous reprend.

Dites-moi : vous allez faire quoi avec ce stresseur à part vous blesser à long terme avec tout ce stress qui vous assaille ?

Croyez-vous sincèrement qu'en continuant de détester viscéralement votre patron, vous allez négocier votre mal de ventre quotidien ?

Non.

La clé est dans l'adaptation. D'accord, vous avez ce nouveau patron qui a un style de gestion diamétralement opposé au vôtre. Et vous ne pouvez pas changer de patron. Vous ne voulez pas non plus quitter votre emploi.

Vous devez donc accepter de vous adapter à la situation. Vous devez *accepter* que ce patron fasse partie de votre vie pour quelques années et vous devez travailler à *contourner* ce stresseur[*].

Des blocs à contourner

Je vois souvent mes stresseurs comme de gros blocs que la vie dépose devant moi. Je vais gaiement sur le chemin du bonheur quand soudainement, boum ! La vie dépose un gros bloc devant moi. Ici, j'ai deux choix. Je peux continuer de marcher tout droit, ce qui fait en sorte que je ne cesse de me cogner le nez sur le bloc qui est maintenant en travers de mon chemin. À force de me heurter à ce bloc, je vais finir par me fâcher et stresser. Je vais pousser le bloc, crier

---

[*] Et bien sûr, on fait cela en déconstruisant et en reconstruisant son stresseur.

après, cracher sur le bloc, faire des graffitis dessus. Il ne bougera pas et je souffrirai de tout ce stress.

Mon autre choix est de reculer un peu, question de voir la grosseur du bloc qui entrave mon chemin et ensuite, de le contourner. Par la gauche ou par la droite, c'est selon. Bien sûr, le chemin sera plus long si je contourne le bloc au lieu de continuer mon chemin tout droit, mais après cette route plus longue, le bloc ne sera plus sur mon chemin !

C'est la meilleure image que j'ai trouvée pour expliquer la force de l'adaptation pour négocier les stresseurs de la vie.

La réponse de stress existe pour nous permettre de nous adapter.

Et c'est parce que les hommes préhistoriques ont réussi à s'adapter aux différentes adversités[*] de la vie que vous êtes ici en train de lire ce livre.

---

[*] Ou blocs, c'est selon :)

65

Faites attention aux espions du stress

Il me reste un dernier conseil à vous donner avant de terminer ce livre. Quand vous allez vous réexposer aux stresseurs de la vie après vous être remis d'une blessure de stress, pensez à faire attention aux espions du stress.

Les espions du stress sont des facteurs qui ont comme propriété d'induire une réponse de stress, et ce, même en l'absence d'une menace réelle. Il y a cinq espions de stress qu'il faut guetter.

Espion n°1 : La résonance de stress

Comme je l'ai décrit précédemment, des études ont montré que lorsque vous avez une réponse de stress, celle-ci a tendance à résonner avec celle des gens autour de vous[174,243]. Vous êtes stressé ? Il y a de bonnes chances que votre seule présence contribue à augmenter la réponse de stress des membres de votre famille ou de vos collègues de travail.

La résonance de stress fait en sorte qu'il est très difficile pour une personne stressée d'aider une autre personne stressée. À part faire déborder leur stress sur l'autre, il y a bien peu de choses que ces deux personnes peuvent faire.

Comme nous l'avons vu, la meilleure chose à faire quand on a une forte réponse de stress est de se retirer de la situation pour aller pratiquer un truc hyper efficace et faire cesser cette réponse de stress. C'est seulement lorsqu'on se sent moins stressé que l'on peut aider les gens autour de nous à négocier leur réponse de stress.

La résonance de stress a des implications très grandes pour les travailleurs de la santé et de l'éducation qui doivent négocier avec des populations jeunes ou adultes en période de stress. Vous devez accepter de prendre d'abord soin de vous avant d'aider les autres. Toutes les techniques énumérées dans ce livre pourront vous aider à faire cela :)

Espion n°2 : *La rumination*

Notre petit hamster a beau avoir comme fonction de nous alarmer sur les menaces non négociées de notre environnement, parfois, il est déchaîné et contribue à nous stresser. Nous avons vu au chapitre 37 sur la perspective temporelle que lorsque notre hamster nous jase d'un *passé* qui est *négatif*, cela contribue à induire des ruminations qui, à la longue, peuvent faire augmenter la réponse de stress. Il faut donc être à l'affût du discours de notre hamster. Croyez-moi, il lui arrivera souvent de vous jaser d'un passé négatif et il faudra l'écouter. Mais pas trop longtemps pour ne pas induire un cycle de rumination. On place donc une alarme dans quinze minutes et on se fait une belle séance d'apitoiement sur soi, après quoi on cesse tout et on va faire autre chose.

On se rappellera ici que la musique avec des paroles est un fabuleux outil pour fermer le clapet à un hamster sur le Red Bull :)

Espion n°3 : *Vos préconceptions du stress*

Si vous passez votre vie à vous dire que le stress est négatif et toxique, vous allez paniquer chaque fois que vous aurez une réponse de stress !

Vous n'allez pas mourir parce que vous produisez des hormones de stress, je vous le promets.

Comme j'ai tenté de vous le démontrer dans ce livre, le stress est absolument nécessaire à la vie et à la survie de l'espèce. Vous *voulez* produire une réponse de stress de temps en temps, et même souvent. La seule chose que vous ne voulez pas, c'est de garder active cette réponse de stress pour une longue période de temps parce que vous résonnez avec le stress des autres, ou que vous ruminez trop, ou que vous ne cessez de vous dire que le stress est négatif !

La prochaine fois que vous ressentirez une réponse de stress, dites-vous trois fois la phrase suivante :

Ceci n'est pas un stress, c'est un défi.
Ceci n'est pas un stress, c'est un défi.
Ceci n'est pas un stress, c'est un défi.

Et observez la réaction de votre corps. Votre cage thoracique deviendra moins tendue en quelques secondes :)

Espion n°4 : Les médias négatifs

En 2001, quelques mois après les attentats terroristes du World Trade Center à New York, une équipe de chercheurs américains a montré que plus les personnes avaient écouté les nouvelles des attentats dans les jours suivant l'événement, plus grande était la probabilité qu'elles développent des symptômes importants de stress[298]. Dans une autre étude, des chercheurs ont montré que le nombre d'heures passées à regarder les nouvelles après les événements du 11 septembre 2001 était associé à une plus grande probabilité de développer un désordre d'origine post-traumatique chez des gens n'ayant *pas* été exposés directement à l'effondrement des tours[299]. En 2012, Marie-France Marin, étudiante dans mon laboratoire qui est maintenant chercheure scientifique à l'Université du Québec à Montréal, a fait lire des nouvelles négatives ou neutres à des participants avant de les exposer à un stresseur et de mesurer leur mémoire des nouvelles quelques jours plus tard. Les résultats ont montré que les participants ayant lu les nouvelles négatives étaient plus réactifs au stress par la suite et se rappelaient un nombre plus élevé de nouvelles négatives que de nouvelles neutres. Cet effet était plus fort chez les femmes que chez les hommes[300].

Si vous regardez attentivement les nouvelles véhiculées par les médias, vous remarquerez que la très grande majorité d'entre elles sont négatives. De plus en plus de chercheurs pensent que si les médias sont si populaires auprès du public, c'est parce qu'ils présentent des informations menaçantes qui sont détectées très rapidement par le cerveau. Puisque la tâche première du cerveau est de détecter les menaces dans l'environnement, il en résulte que l'humain est de par sa nature un très grand consommateur de nouvelles négatives.

En période de stress, essayez de limiter votre consommation de nouvelles négatives. Cela pourra donner une pause à votre système ! En 2008, Laurent Imbault a fondé le site web *Global Goodness,* qui ne présente que des nouvelles positives qu'il glane à travers le monde[*].

Quand j'ai une surdose de nouvelles négatives, je visite la page web de *Global Goodness* et je fais le plein de nouvelles positives. Cela me fait le plus grand bien à chaque fois.

Espion n°5 : La tendance au négatif

Quand mon fils Mattis avait 10 ans, il a tranquillement développé de sérieux troubles du sommeil qui ont commencé à m'inquiéter. Il était tout simplement incapable de s'endormir. Il tournait, puis tournait et se retournait dans son lit sans trouver le sommeil. Fiston s'est mis à paniquer à l'idée de ne plus dormir, certain qu'il allait mourir dans quelques jours s'il ne réussissait pas à tomber dans les bras de Morphée.

Il fallait régler ce problème. J'avais déjà essayé les moutons à compter, sans succès. Je voulais éviter la médication pour un si jeune enfant. J'ai donc entrepris ma petite chasse aux mammouths. En jasant avec Mattis avant de fermer les lumières de sa chambre à l'heure du coucher, j'ai réalisé qu'une grande majorité de ce qu'il me racontait était négatif. Un problème ici, un conflit là, une peur ce matin, un nuage noir passé au-dessus de sa tête ce soir.

On a tous ces moments un peu *bof,* mais j'ai réalisé que mon fiston avait une tendance naturelle à traiter de manière préférentielle les informations négatives de sa vie. Le cerveau est un détecteur

---

[*] La page web de *Global Goodness* est : https://globalgoodness.ca.

de menaces, et mon fils était passé maître dans l'art de les détecter. Chaque fois que son cerveau détectait une menace, il produisait des hormones de stress qui augmentaient sa vigilance et diminuaient sa capacité de trouver le sommeil.

J'ai donc décidé de passer à l'action pour tester ma théorie. Un jour, j'ai annoncé à fiston qu'à partir de maintenant, j'allais m'asseoir sur son lit tous les soirs et ne quitter sa chambre *que* lorsqu'il m'aurait relaté deux événements positifs de sa journée. Il m'a regardée avec un air atterré, se demandant quelle mouche m'avait piquée.

«Ce n'est pas un jeu, fils! Je crois sincèrement que tout ce noir que tu ressasses naturellement habitue ton cerveau à ne traiter que du négatif. Et moi, eh bien j'ai décidé d'aider ton cerveau à traiter du positif! On essaie ça?»

Il a accepté en grommelant. Pendant des semaines, je me suis assise sur son lit chaque soir et lui ai demandé de me relater deux événements positifs de sa journée. Au début, il prenait un temps fou à trouver des choses à dire. Mais il s'est prêté à l'exercice.

Puis, un jour, durant le repas, il me regarda droit dans les yeux et me dit: «Mom, j'ai déjà quatre événements positifs pour ce soir! Tu vas partir rapidement de ma chambre, tu vas voir!»

Génial! Merveilleux! À force de vouloir se débarrasser de moi rapidement, fiston préparait d'avance les événements positifs à me relater, et ceci obligeait son cerveau à traiter des informations positives plus fréquemment. Puis, avec le temps, les événements positifs ont pris plus de place dans la pensée de fiston et son sommeil s'est largement amélioré[*].

Pendant le confinement du printemps 2020 pour cause de COVID-19, je suis allée faire une promenade avec Mattis, qui a maintenant 19 ans. Au détour d'une rue, il m'avoua que le confinement le stressait plus qu'il ne l'aurait imaginé et que mon truc de pensée positive

---

[*] Aujourd'hui, il dort trop, mais ça c'est une autre histoire :)

lui servait grandement pour mieux dormir le soir ou diminuer son stress de la journée. J'étais ébahie. Il utilise encore ce truc 9 ans plus tard ! Il le fait parce que pour lui, ça fonctionne admirablement bien.

Et je sais maintenant pourquoi. En 2009, un groupe de chercheurs européens a recensé la littérature scientifique portant sur le lien entre les affects positifs et la production d'hormones de stress. Ils ont démontré sans équivoque que des affects (ou pensées) positifs sont associés à une diminution de la production d'hormones de stress[301].

Je remarque que comme fiston, beaucoup de personnes présentent une tendance naturelle à traiter les informations négatives de manière plus soutenue que les positives. Cette tendance naturelle doit trouver sa source dans la nécessité que nos ancêtres avaient d'assurer la survie de l'espèce.

Mais il n'y a plus de mammouths.

La vie est plus sécuritaire qu'elle ne l'a jamais été, et ce, en dépit de ce que tous les médias de ce monde peuvent nous dire[244].

Vous pouvez donc vous permettre de traiter des informations positives sans menacer votre survie !

Et ça fait un bien fou !

Conclusion

Voilà ! Tout a été dit :)

Maintenant, mettons cela en image. Voici ci-dessous un superbe tableau récapitulatif que mon étudiante au doctorat Audrey-Ann Journault[*] a concocté pour vous. Audrey-Ann a une capacité de synthèse visuelle hors du commun, et je savais qu'en lui demandant de créer une image qui pourrait aider les gens à négocier un stress en un seul coup d'œil, elle arriverait à faire quelque chose d'intéressant.

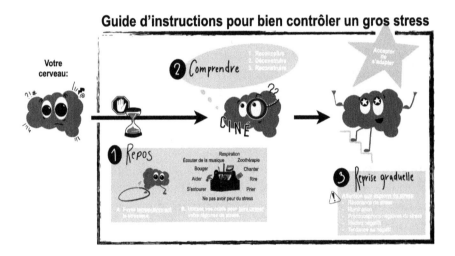

Dans cette image, vous voyez les trois étapes pour bien négocier un stress.

<u>Négocier une blessure de stress</u>

– Repos
– Comprendre ce qui s'est passé
– Exposition graduelle au stress

---

* L'artiste du labo !

Si je n'ai qu'un seul conseil à vous donner, c'est de tenter de mémoriser ces trois étapes et de vérifier votre *Guide d'instructions pour bien contrôler un gros stress* qu'Audrey-Ann vous a dessiné. À force de regarder ce tableau en période de stress, vous serez en mesure de mettre en pratique les différentes manières de négocier un stress, et ce faisant, vous pourrez faire cesser une réponse de stress bien avant qu'elle ne vous fasse du tort !

Livre de croissance personnelle ?

Vous êtes maintenant à jour sur la science du stress.

Vraiment ? Comment en être certain ?

En effet, depuis de nombreuses années, les livres de croissance personnelle traitant du stress le décrivent comme étant néfaste, un état que nous devons combattre ou éviter à tout prix. Et là, on a Sonia qui nous dit que le stress, c'est souvent génial.

Qui croire ?

La vente de livres de croissance personnelle (*self-help books*) portant sur toutes sortes de sujets tels le stress, la dépression, l'épuisement professionnel, l'anxiété, etc., constitue un marché de 8,6 milliards de dollars par année. Les gens qui consomment ce type de livres viennent de toutes les couches sociales, quoique les femmes aient tendance à consommer plus de livres de croissance personnelle que les hommes[302].

Les sociologues divisent les livres de croissance personnelle en deux grandes catégories. D'une part, on retrouve les livres qui utilisent une approche de victimisation. Ici, on vous dira que l'état dans lequel vous vous trouvez présentement n'est pas votre faute mais qu'il est dû à votre enfance, aux expériences que vous avez vécues, ou aux gens trop manipulateurs de qui vous vous entourez constamment. D'un autre côté, on retrouve les livres qui utilisent une approche d'*empowerment*. Ici, on vous dira que sommeillent en vous toutes les capacités pour devenir ce que vous désirez être, et qu'il ne vous suffit que d'utiliser telle ou telle approche (décrite dans le livre) pour y arriver. Les études montrent que lorsqu'un lecteur est friand d'une approche (par exemple, celle de la victimisation), il aura tendance à n'acheter que des livres utilisant cette dernière[303].

En 2012, mon laboratoire a publié une étude dans laquelle nous avons exposé à un stresseur de laboratoire des gens qui sont de grands consommateurs de livres de croissance personnelle et des gens qui ne consomment pas ce type de littérature. Nous avons aussi mesuré la symptomatologie dépressive des participants. Les résultats ont montré que les consommateurs de livres de croissance personnelle sont plus réactifs au stresseur et présentent plus de symptômes dépressifs que les personnes qui ne consomment pas de livres de ce type[304].

Ces résultats suggèrent que les gens consomment des livres de crois-sance personnelle car ils cherchent à mettre un nom sur leur douleur (donc à s'autodiagnostiquer un trouble mental) et à trouver une manière de négocier une souffrance dont ils ne savent que faire[305,306].

Cette constatation place donc un poids énorme sur les livres de croissance personnelle. En effet, ceux-ci doivent être très bons et aptes à aider les gens qui cherchent dans leurs pages à comprendre ce qui se passe en eux. On doit donc s'assurer que ce qui est décrit dans ces livres a une base scientifique. Sinon, laisser des gens lire des livres sans fondement scientifique est l'équivalent de les envoyer faire soigner leur mal à l'âme par quelqu'un qui n'est pas habileté à les aider.

Non. Livre de vulgarisation scientifique

Le livre que vous tenez entre vos mains n'est pas un livre de crois-sance personnelle. C'est un livre de vulgarisation scientifique.

Ce livre vous a résumé les fondements scientifiques de l'étude du stress humain. Avec vous, j'ai partagé plus de cinquante ans de recherches scientifiques sur ce fabuleux et dangereux outil que peut être la réponse de stress. Tout comme le vin doit être bu avec modé-ration pour avoir des effets bénéfiques sur notre santé, le stress doit être vécu avec modération pour nous permettre de résister aux plus gros mammouths de notre vie.

Mais le stress est nécessaire à la survie et c'est une fabuleuse réponse biologique que l'on peut utiliser à notre avantage.

Le stress est une arme dont il faut connaître le maniement pour en retirer les avantages.

Je ne saurai jamais si la connaissance sur le stress humain que vous avez développée en lisant ce bouquin aura eu des effets bénéfiques et mesurables sur votre réponse de stress. Par contre, je sais qu'avec ce livre, j'aurai résumé avec rigueur et objectivité l'état actuel des connaissances scientifiques sur le stress humain.

J'ai fait cela par respect pour vous, et par amour du stress.

Bonne chasse aux mammouths !

Sonia

Références scientifiques

1. Marks I, Nesse, R. Fear and fitness: an evolutionary analysis of anxiety disorders. *Ethology and Sociobiology.* 1994;15:247-261.
2. Lupien SJ, McEwen BS, Gunnar MR, Heim C. Effects of stress throughout the lifespan on the brain, behaviour and cognition. *Nat Rev Neurosci.* 2009;10(6):434-445.
3. Lupien SJ. *À chacun son stress*; 2019.
4. McEwen BS. Protective and damaging effects of stress mediators. *The New England Journal of Medicine.* 1998;338(3):171-179.
5. Lupien SJ, Brière, S. Stress and Memory. In: Fink G, ed. *The Encyclopedia of Stress.* San Diego: Academic Press; 2000:721-728.
6. McEwen BS. Protective and damaging effects of stress mediators: the good and bad sides of the response to stress. *Metabolism.* 2002;51(6 Suppl 1):2-4.
7. Dickerson SS, Kemeny ME. Acute stressors and cortisol reactivity: a meta-analytic review. *Psychosomatic Medicine.* 2002;54:105-123.
8. Lupien SJ, King S, Meaney MJ, McEwen BS. Can poverty get under your skin? Basal cortisol levels and cognitive function in children from low and high socioeconomic status. *Development & Psychopathology.* 2001;13:651-674.
9. Santé Omdl. "Dépression: parlons-en" déclare l'OMS, alors que cette affection arrive en tête des causes de morbidité. In: Santé Omdl, ed; 2017.
10. Schreir A, Evans, G.W. Adrenal cortisol response of young children to modern and ancient stressors. *Current Anthropology.* 2003;44:306-309.
11. Lupien SJ, Sindi, S., Wan, N. When we Test, Do We Stress? Guidelines for Health Professionals and Scientists Working with Older Adults. In: Institute MUMH, ed. *Centre for Studies on Human Stress;* Montreal; 2012:23 pages.
12. McEwen BS. Stress, adaptation, and disease. Allostasis and allostatic load. *Annals of the New York Academy of Sciences.* 1998;840:33-44.
13. McEwen BS, Wingfield JC. The concept of allostasis in biology and biomedicine. *Hormones and Behavior.* 2003;43(1):2-15.
14. McEwen BS, Stellar E. Stress and the individual. Mechanisms leading to disease. *Archives of Internal Medicine.* 1993;153(18):2093-2101.
15. Anagnostis P, Athyros VG, Tziomalos K, Karagiannis A, Mikhailidis DP. Clinical review: The pathogenetic role of cortisol in the metabolic

syndrome: a hypothesis. *J Clin Endocrinol Metab.* 2009;94(8): 2692-2701.

16. Joseph JJ, Golden SH. Cortisol dysregulation: the bidirectional link between stress, depression, and type 2 diabetes mellitus. *Ann N Y Acad Sci.* 2017;1391(1):20-34.

17. Vogelzangs N, Beekman AT, Milaneschi Y, Bandinelli S, Ferrucci L, Penninx BW. Urinary cortisol and six-year risk of all-cause and cardiovascular mortality. *J Clin Endocrinol Metab.* 2010;95(11): 4959-4964.

18. Whitworth JA, Williamson PM, Mangos G, Kelly JJ. Cardio-vascular consequences of cortisol excess. *Vasc Health Risk Manag.* 2005;1(4):291-299.

19. Lentjes EG, Griep EN, Boersma JW, Romijn FP, de Kloet ER. Glucocorticoid receptors, fibromyalgia and low back pain. *Psycho-neuroendocrinology.* 1997;22(8):603-614.

20. Riva R, Mork PJ, Westgaard RH, Ro M, Lundberg U. Fibromyalgia syndrome is associated with hypocortisolism. *Int J Behav Med.* 2010;17(3):223-233.

21. Gur A, Cevik R, Nas K, Colpan L, Sarac S. Cortisol and hypothalamic-pituitary-gonadal axis hormones in follicular-phase women with fibromyalgia and chronic fatigue syndrome and effect of depressive symptoms on these hormones. *Arthritis Res Ther.* 2004;6(3): R232-238.

22. Griep EN, Boersma JW, Lentjes EG, Prins AP, van der Korst JK, de Kloet ER. Function of the hypothalamic-pituitary-adrenal axis in patients with fibromyalgia and low back pain. *Journal of Rheumatology.* 1998;25(7):1374-1381.

23. Selye H. A syndrome produced by diverses nocuous agents. *Nature.* 1936;138.

24. Fries E, Hesse J, Hellhammer J, Hellhammer DH. A new view on hypocortisolism. *Psychoneuroendocrinology.* 2005;30(10):1010-1016.

25. Schelling G, Maximillians, L. Efficacy study of low-dose hydrocortison treatment for fibromyalgia. In: Gov RoactaCT, ed: US National Library of Medicine; 2005.

26. Dallman MF. Adaptation of the hypothalamic-pituitary-adrenal axis to chronic stress. *Trends in Endocrinology and Metabolism.* 1993;4:62:69.

27. Dallman MF, la Fleur SE, Pecoraro NC, Gomez F, Houshyar H, Akana SF. Minireview: glucocorticoids--food intake, abdominal obesity, and wealthy nations in 2004. *Endocrinology.* 2004;145(6):2633-2638.

28. Epel ES, McEwen B, Seeman T, Matthews K, Castellazzo G, Brownell KD, Bell J, Ickovics JR. Stress and body shape: stress-induced cortisol secretion is consistently greater among women with central fat. *Psychosomatic Medicine.* 2000;62(5):623-632.

29. Wallerius S, Rosmond R, Ljung T, Holm G, Bjorntorp P. Rise in morning saliva cortisol is associated with abdominal obesity in men: a preliminary report. *J Endocrinol Invest.* 2003;26(7):616-619.

30. Triposkiadis F, Xanthopoulos A, Butler J. Cardiovascular Aging and Heart Failure: JACC Review Topic of the Week. *J Am Coll Cardiol.* 2019;74(6):804-813.

31. Matthews KA, Gump BB, Block DR, Allen MT. Does background stress heighten or dampen children's cardiovascular responses to acute stress? *Psychosom Med.* 1997;59(5):488-496.

32. Lehman BJ, Taylor SE, Kiefe CI, Seeman TE. Relationship of early life stress and psychological functioning to blood pressure in the CARDIA study. *Health Psychol.* 2009;28(3):338-346.

33. Kivimaki M, Steptoe A. Effects of stress on the development and progression of cardiovascular disease. *Nat Rev Cardiol.* 2018;15(4): 215-229.

34. Cohen S, Frank E, Doyle WJ, Skoner DP, Rabin BS, Gwaltney JM, Jr. Types of stressors that increase susceptibility to the common cold in healthy adults. *Health Psychol.* 1998;17(3):214-223.

35. Coates JM, Gurnell M, Sarnyai Z. From molecule to market: steroid hormones and financial risk-taking. *Philos Trans R Soc Lond B Biol Sci.* 2010;365(1538):331-343.

36. Coates JM, Herbert J. Endogenous steroids and financial risk taking on a London trading floor. *Proc Natl Acad Sci U S A.* 2008;105(16):6167-6172.

37. Cueva C, Roberts RE, Spencer T, Rani N, Tempest M, Tobler PN, Herbert J, Rustichini A. Cortisol and testosterone increase financial risk taking and may destabilize markets. *Sci Rep.* 2015; 5:11206.

38. Moons WG, Eisenberger NI, Taylor SE. Anger and fear responses to stress have different biological profiles. *Brain Behav Immun.* 2010;24(2):215-219.

39. Merabet LB, Maguire D, Warde A, Alterescu K, Stickgold R, Pascual-Leone A. Visual hallucinations during prolonged blindfolding in sighted subjects. *J Neuroophthalmol.* 2004;24(2): 109-113.

40. Killingsworth MA, Gilbert DT. A wandering mind is an unhappy mind. *Science.* 2010;330(6006):932.

41. Smallwood J, Andrews-Hanna J. Not all minds that wander are lost: the importance of a balanced perspective on the mind-wandering state. *Front Psychol.* 2013;4:441.

42. Smallwood J, Schooler JW. The restless mind. *Psychol Bull.* 2006;132(6):946-958.

43. Zoccola PM, Dickerson SS. Assessing the relationship between rumination and cortisol: a review. *J Psychosom Res.* 2012;73(1):1-9.

44. Nesse RM. The smoke detector principle: Signal detection and optimal defense regulation. *Evol Med Public Health.* 2019;2019(1):1.

45. Wilson TD, Reinhard DA, Westgate EC, Gilbert DT, Ellerbeck N, Hahn C, Brown CL, Shaked A. Social psychology. Just think: the challenges of the disengaged mind. *Science.* 2014;345(6192):75-77.

46. Gustavson DE, du Pont A, Whisman MA, Miyake A. Evidence for Transdiagnostic Repetitive Negative Thinking and Its Association with Rumination, Worry, and Depression and Anxiety Symptoms: A Commonality Analysis. *Collabra Psychol.* 2018;4(1).

47. Lyubomirsky S, Kasri, F., Chang, O., Chung, I. Ruminative response styles and delay of seeking diagnosis for breast cancer symptoms. *Journal of Social and Clinical Psychology.* 2006;25:276-304.

48. Bohnen N, Nicolson N, Sulon J, Jolles J. Coping style, trait anxiety and cortisol reactivity during mental stress. *J Psychosom Res.* 1991;35(2-3):141-147.

49. Burke HM, Davis MC, Otte C, Mohr DC. Depression and cortisol responses to psychological stress: a meta-analysis. *Psychoneuroendocrinology.* 2005;30(9):846-856.

50. Pruessner JC, Hellhammer DH, Kirschbaum C. Burnout, perceived stress, and cortisol responses to awakening. *Psychosomatic Medicine.* 1999;61(2):197-204.

51. Yehuda R, Golier JA, Kaufman S. Circadian rhythm of salivary cortisol in Holocaust survivors with and without PTSD. *Am J Psychiatry.* 2005;162(5):998-1000.

52. de Quervain DJ. Glucocorticoid-induced reduction of traumatic memories: implications for the treatment of PTSD. *Prog Brain Res.* 2008;167:239-247.

53. Kakiashvili T, Leszek J, Rutkowski K. The medical perspective on burnout. *Int J Occup Med Environ Health.* 2013;26(3):401-412.

54. Wolkowitz OM, Reus VI. Treatment of depression with anti-glucocorticoid drugs. *Psychosom Med.* 1999;61(5):698-711.

55. Wolkowitz OM, Reus VI, Chan T, Manfredi F, Raum W, Johnson R, Canick J. Antiglucocorticoid treatment of depression: double-blind ketoconazole. *Biol Psychiatry.* 1999;45(8):1070-1074.

56. Murphy BE. Antiglucocorticoid therapies in major depression: a review. *Psychoneuroendocrinology.* 1997;22 Suppl 1:S125-132.

57. Ferrier IN, Anderson IM, Barnes J, Gallagher P, Grunze HCR, Haddad PM, House AO, Hughes T, Lloyd AJ, Mamasoula C, McColl E, Pearce S, Siddiqi N, Sinha B, Speed C, Steen N, Wainwright J, Watson S, Winter FH, McAllister-Williams RH. *Randomised controlled trial of Antiglucocorticoid augmentation (metyrapone) of antiDepressants in Depression (ADD Study).* Southampton (UK); 2015.

58. McAllister-Williams RH, Anderson IM, Finkelmeyer A, Gallagher P, Grunze HC, Haddad PM, Hughes T, Lloyd AJ, Mamasoula C, McColl E, Pearce S, Siddiqi N, Sinha BN, Steen N, Wainwright J, Winter FH, Ferrier IN, Watson S, Team ADDS. Antidepressant augmentation with metyrapone for treatment-resistant depression (the ADD study): a double-blind, randomised, placebo-controlled trial. *Lancet Psychiatry.* 2016;3(2):117-127.

59. van Santen A, Vreeburg SA, Van der Does AJ, Spinhoven P, Zitman FG, Penninx BW. Psychological traits and the cortisol awakening response: results from the Netherlands Study of Depression and Anxiety. *Psychoneuroendocrinology.* 2011;36(2):240-248.

60. Raymond C, Marin MF, Juster RP, Lupien SJ. Should we suppress or reappraise our stress?: the moderating role of reappraisal on cortisol reactivity and recovery in healthy adults. *Anxiety Stress Coping.* 2019;32(3):286-297.

61. Raymond C, Marin, M.F., Juster, R.P., Lupien, S.J. Individual differences in emotion regulation: Implications for cortisol reactivity and recovery to psychosocial stress in healthy adults. *Anxiety Stress Coping.* submitted.

62. Lee WE, Wadsworth, M.E.J., Hotopf, M. The protective role of trait anxiety: a longitudinal cohort study. *Psychological Medicine.* 2006;36:345-351.

63. Lupien SJ, Buss, C., Schramek, T., Maheu, F., Pruessner, J. Hormetic influence of glucocorticoids on human memory. *Nonlinearity in Biology, Toxicology and Medicine.* 2005;3:23-56.

64. Lupien SJ, Gillin CJ, Hauger RL. Working memory is more sensitive than declarative memory to the acute effects of corticosteroids: a dose-response study in humans. *Behavioral Neuroscience.* 1999;113(3):420-430.

65. Lupien SJ, Fiocco A, Wan N, Maheu F, Lord C, Schramek T, Tu MT. Stress hormones and human memory function across the lifespan. *Psychoneuroendocrinology.* 2005;30(3):225-242.

66. Cintineo HP, Arent SM. Anticipatory Salivary Cortisol and State Anxiety Before Competition Predict Match Outcome in Division I Collegiate Wrestlers. *J Strength Cond Res.* 2019;33(11):2905-2908.

67. Papacosta E, Nassis GP, Gleeson M. Salivary hormones and anxiety in winners and losers of an international judo competition. *J Sports Sci.* 2016;34(13):1281-1287.

68. Fredrikson M, Gunnarsson R. Psychobiology of stage fright: the effect of public performance on neuroendocrine, cardiovascular and subjective reactions. *Biol Psychol.* 1992;33(1):51-61.

69. Field AP, Purkis, H.M. Associative learning and phobias. In: Haselgrove M, Hogarth, L., ed. *Clinical applications of learning theory*: Psychology Press; 2012:49-73.

70. Horwitz AV, Wakefield, J.C. *All we have to fear.* Oxford: University Press; 2012.

71. Meuret AE, Kroll J, Ritz T. Panic Disorder Comorbidity with Medical Conditions and Treatment Implications. *Annu Rev Clin Psychol.* 2017;13:209-240.

72. Watt MC, Stewart, S.H. *Overcoming the fear of fear: How to reduce anxiety sensitivity*; 2008.

73. Naragon-Gainey K. Meta-analysis of the relations of anxiety sensitivity to the depressive and anxiety disorders. *Psychol Bull.* 2010;136(1):128-150.

74. Cassady J. Test anxiety: Contemporary theories and implications for learning. *Anxiety in schools: the causes, consequences and solutions for academic anxieties*; 2010:7-26.

75. Chapell MS, Blanding, Z.B., Silverstein, M.E., Takahashi, M., Newman, B., Gubi, A., McCann, N. Test anxiety and academic performance in undergraduate and graduate students. *Journal of Educational Psychology.* 2005;97:268-274.

76. Cassady JC, Johnson, R.E. Cognitive test anxiety and academic performance. *Contemporary Educational Psychology.* 2002;27:270-295.

77. Hart R, Casserly, M., Uzzell, R., Palacios, M., Corcoran, A., Surgeon, L. Student testing in America's Great City Schools: An inventory and preliminary analysis. *Council of the Great City Schools.* 2015.

78. Weekes N, Lewis R, Patel F, Garrison-Jakel J, Berger DE, Lupien SJ. Examination stress as an ecological inducer of cortisol and psychological responses to stress in undergraduate students. *Stress.* 2006;9(4):199-206.

79. Vogel S, Schwabe, L. Learning and memory under stress: Implications for the classroom. *NPJ Journal of Science Learning.* 2016;1:16011-16023.

80. Lopes da Cunha PRB, D., Chisari, L.B., Ballarini, F., Viola, H. Exams at classroom have bidirectional effects on the long-term memory of an unrelated graphical task. *NPJ Journal of Science Learning.* 2018;3:19-32.

81. Journault AA, Lupien, S. Mon anxiété ou ton anxiété? Association entre le stress et l'anxiété chez les élèves, leurs parents et leur enseignant(e) - Phase 1. In: recherche Jadl, ed. *Centre de recherche.* Institut universitaire en santé mentale de Montréal; 2019.

82. Meyer TJ, Miller, M.L., Metzger, R.L., Borkovec, T.D. Development and validation of the Penn State Worry Questionnaire. *Behaviour Research and Therapy.* 1990;28:487-495.

83. Brown TA, Antony MM, Barlow DH. Psychometric properties of the Penn State Worry Questionnaire in a clinical anxiety disorders sample. *Behav Res Ther.* 1992;30(1):33-37.

84. Schaefer JD, Caspi A, Belsky DW, Harrington H, Houts R, Horwood LJ, Hussong A, Ramrakha S, Poulton R, Moffitt TE. Enduring mental health: Prevalence and prediction. *J Abnorm Psychol.* 2017;126(2):212-224.

85. Canada S. *Enquête sur la santé dans les collectivités canadiennes (ESCC)* 2012.

86. Collaborators GDaIIaP. Global, regional, and national incidence, prevalence, and years lived with disability for 354 diseases and injuries for 195 countries and territories, 1990-2017: a systematic anaysis for the Global Burden of Disease Study 2017. *The Lancet.* 2018;392:1789-1858.

87. Kessler RC, Berglund P, Demler O, Jin R, Merikangas KR, Walters EE. Lifetime prevalence and age-of-onset distributions of DSM-IV disorders in the National Comorbidity Survey Replication. *Arch Gen Psychiatry.* 2005;62(6):593-602.

88. Takayanagi Y, Spira AP, Roth KB, Gallo JJ, Eaton WW, Mojtabai R. Accuracy of reports of lifetime mental and physical disorders: results from the Baltimore Epidemiological Catchment Area study. *JAMA Psychiatry.* 2014;71(3):273-280.

89. Reuben A, Schaefer, J. Mental Illness Is Far More Common Than We Knew. In: American S, ed; 2017.

90. Lupien SJ, Ouelle-Morin, I., Hupback, A., Walker, D., Tu, M.T., Buss, C., Pruessner, J., McEwen, B.S. Beyond the Stress Concept: Allostatic Load -- A Developmental Biological and Cognitive Perspective. In: Cicchetti D, ed. *Handbook Series on Developmental Psychopathology.* Wisconsin; 2006:784-809.

91. Verkuilen J, Bianchi R, Schonfeld IS, Laurent E. Burnout-Depression Overlap: Exploratory Structural Equation Modeling Bifactor Analysis and Network Analysis. *Assessment.* 2020:1073191120911095.

92. Schonfeld IS, Verkuilen J, Bianchi R. An exploratory structural equation modeling bi-factor analytic approach to uncovering what burnout, depression, and anxiety scales measure. *Psychol Assess.* 2019;31(8):1073-1079.

93. Juster RP, Sindi, S., Marin, M.F., Perna, A., Hashemi, A., Pruessner, J.C., Lupien, S.J. A clinical allostatic load index detects burnout physiology and symptomatology in health workers. *Psychoneuroendocrinology.* 2011;36.

94. van Dijk DM, van Rhenen W, Murre JMJ, Verwijk E. Cognitive functioning, sleep quality, and work performance in non-clinical burnout: The role of working memory. *PLoS One.* 2020;15(4):e0231906.

95. Barden N. Implication of the hypothalamic-pituitary-adrenal axis in the physiopathology of depression. *J Psychiatry Neurosci.* 2004;29(3):185-193.

96. Barden N, Reul JM, Holsboer F. Do antidepressants stabilize mood through actions on the hypothalamic-pituitary-adrenocortical system? *Trends Neurosci.* 1995;18(1):6-11.

97. Lupien SJ. Différencier le burnout de la dépression. *Forces Magazine.* Vol juin. Montréal : Verbatim et Média; 2006:58-61.

98. Maslach C, Leiter MP. Understanding the burnout experience: recent research and its implications for psychiatry. *World Psychiatry.* 2016;15(2):103-111.

99. Organization WH. Dans la classification internationale des maladies, le burn-out ou épuisement professionnel est considéré comme un "phénomène lié au travail". https://www.who.int/mental_health/evidence/burn-out/fr/. Accessed July 9, 2020.

100. Maslach C, Schaufeli WB, Leiter MP. Job burnout. *Annu Rev Psychol.* 2001;52:397-422.

101. Maslach C, Leiter MP. New insights into burnout and health care: Strategies for improving civility and alleviating burnout. *Med Teach.* 2017;39(2):160-163.

102. Hughes AM, Hancock GM, Marlow SL, Stowers K, Salas E. Cardiac Measures of Cognitive Workload: A Meta-Analysis. *Hum Factors.* 2019;61(3):393-414.

103. Galy E, Melan C. Effects of cognitive appraisal and mental workload factors on performance in an arithmetic task. *Appl Psychophysiol Biofeedback.* 2015;40(4):313-325.

104. Paxion J, Galy E, Berthelon C. Overload depending on driving experience and situation complexity: Which strategies faced with a pedestrian crossing? *Appl Ergon.* 2015;51:343-349.

105. Kohn L, Corrigan, L., Donaldson, M. *To err is human: building a safer health system.* Washington DC: Academy Press; 1999.

106. Makary MA, Daniel M. Medical error-the third leading cause of death in the US. *BMJ.* 2016;353:i2139.

107. Collier L. Why are student test scores down? *American Psychological Association.* 2016;27:10.

108. Sievertsen HH, Gino F, Piovesan M. Cognitive fatigue influences students' performance on standardized tests. *Proc Natl Acad Sci U S A.* 2016;113(10):2621-2624.

109. Morris AH. Human Cognitive Limitations. Broad, Consistent, Clinical Application of Physiological Principles Will Require Decision Support. *Ann Am Thorac Soc.* 2018;15(Suppl 1):S53-S56.

110. Beck A, Steer, R., Garbin, M. Psychometric properties of the Beck Depression Inventory; Twenty-five years of evaluation *Psychol Review.* 1988;8:77-100.

111. Demerouti E, Bakker, A.B., Vardakou, I., Kantas, A. The convergent validity of two burnout instruments: A multitrait-multimethod analysis. *European Journal of Psychological Assessment.* 2003;19:12-23.

112. Pollak SD, Cicchetti D, Hornung K, Reed A. Recognizing emotion in faces: developmental effects of child abuse and neglect. *Developmental Psychology.* 2000;36(5):679-688.

113. Pollak SD, Sinha P. Effects of early experience on children's recognition of facial displays of emotion. *Developmental Psychology.* 2002;38(5):784-791.

114. Pollak SD. Developmental psychopathology: Recent advances and future challenges. *World Psychiatry.* 2015;14:262-268.

115. Raymond C, Marin MF, Majeur D, Lupien S. Early child adversity and psychopathology in adulthood: HPA axis and cognitive dysregulations as potential mechanisms. *Prog Neuropsychopharmacol Biol Psychiatry.* 2018;85:152-160.

116. Cantave CY, Langevin S, Marin MF, Brendgen M, Lupien S, Ouellet-Morin I. Impact of maltreatment on depressive symptoms in young male adults: The mediating and moderating role of cortisol stress response and coping strategies. *Psychoneuroendocrinology.* 2019;103:41-48.

117. Ouellet-Morin I, Robitaille MP, Langevin S, Cantave C, Brendgen M, Lupien SJ. Enduring effect of childhood maltreatment on cortisol

and heart rate responses to stress: The moderating role of severity of experiences. *Dev Psychopathol.* 2019;31(2):497-508.

118. Nesse RM. Is depression an adaptation? *Arch Gen Psychiatry.* 2000;57(1):14-20.

119. Nesse RM, Ellsworth PC. Evolution, emotions, and emotional disorders. *Am Psychol.* 2009;64(2):129-139.

120. Endo K, Ando S, Shimodera S, Yamasaki S, Usami S, Okazaki Y, Sasaki T, Richards M, Hatch S, Nishida A. Preference for Solitude, Social Isolation, Suicidal Ideation, and Self-Harm in Adolescents. *J Adolesc Health.* 2017;61(2):187-191.

121. Cuijpers P, Sijbrandij M, Koole SL, Andersson G, Beekman AT, Reynolds CF, 3rd. The efficacy of psychotherapy and pharmacotherapy in treating depressive and anxiety disorders: a meta-analysis of direct comparisons. *World Psychiatry.* 2013;12(2):137-148.

122. Springer KS, Levy HC, Tolin DF. Remission in CBT for adult anxiety disorders: A meta-analysis. *Clin Psychol Rev.* 2018;61:1-8.

123. Driessen E, Hollon SD. Cognitive behavioral therapy for mood disorders: efficacy, moderators and mediators. *Psychiatr Clin North Am.* 2010;33(3):537-555.

124. Harris RB. *Le piège du bonheur*; 2009.

125. Twohig MP, Levin ME. Acceptance and Commitment Therapy as a Treatment for Anxiety and Depression: A Review. *Psychiatr Clin North Am.* 2017;40(4):751-770.

126. Khoury B, Lecomte T, Fortin G, Masse M, Therien P, Bouchard V, Chapleau MA, Paquin K, Hofmann SG. Mindfulness-based therapy: a comprehensive meta-analysis. *Clin Psychol Rev.* 2013;33(6): 763-771.

127. Norton AR, Abbott MJ, Norberg MM, Hunt C. A systematic review of mindfulness and acceptance-based treatments for social anxiety disorder. *J Clin Psychol.* 2015;71(4):283-301.

128. Johnson C, Burke C, Brinkman S, Wade T. Effectiveness of a school-based mindfulness program for transdiagnostic prevention in young adolescents. *Behav Res Ther.* 2016;81:1-11.

129. Selye H. Stress and distress. *Comprehensive Therapy.* 1975;1(8): 9-13.

130. Chatterton RT, Jr., Vogelsong KM, Lu YC, Hudgens GA. Hormonal responses to psychological stress in men preparing for skydiving. *J Clin Endocrinol Metab.* 1997;82(8):2503-2509.

131. Levine S. Cortisol changes following repeated experiences with parachute jumping. In: (Eds) HUSL, ed. *Psychobiology of stress: A study of coping men.* New York: Academic Press; 1978:51-56.

132. Bourne PG, Rose, R.M., Mason, J.W. 17-OHCS levels in combat. *Arch Gen Psychiatry.* 1968;19:135-140.

133. Miller RG, Rubin RT, Clark BR, Crawford WR, Arthur RJ. The stress of aircraft carrier landings. I. Corticosteroid responses in naval aviators. *Psychosom Med.* 1970;32(6):581-588.

134. Friedman SB, Chodoff P, Mason JW, Hamburg DA. Behavioral Observations on Parents Anticipating the Death of a Child. *Pediatrics.* 1963;32:610-625.

135. Friedman SB, Mason JW, Hamburg DA. Urinary 17-hydroxy-corticosteroid levels in parents of children with neoplastic disease: a study of chronic psychological stress. *Psychosom Med.* 1963;25:364-376.

136. Lupien SJ, Roy, D.C., Raymond, C., Leclaire, S., Wan, N., Labelle, R., Giguère, C.E., Ouellet-Morin, I. Stigma associated with parental depression or cancer: Impact on spouse and offspring's cortisol levels and socioemotional functioning. *Development and Psychopathology.* 2020;In press.

137. Dweck C. *Mindset*; 2017.

138. Crum AJ, Langer EJ. Mind-set matters: exercise and the placebo effect. *Psychol Sci.* 2007;18(2):165-171.

139. Sindi S, Juster RP, Wan N, Nair NP, Ying Kin N, Lupien SJ. Depressive symptoms, cortisol, and cognition during human aging: the role of negative aging perceptions. *Stress.* 2012;15(2):130-137.

140. Crum AJ, Corbin WR, Brownell KD, Salovey P. Mind over milkshakes: mindsets, not just nutrients, determine ghrelin response. *Health Psychol.* 2011;30(4):424-429; discussion 430-421.

141. Crum AJ, Salovey P, Achor S. Rethinking stress: the role of mindsets in determining the stress response. *J Pers Soc Psychol.* 2013;104(4):716-733.

142. Keller A, Litzelman K, Wisk LE, Maddox T, Cheng ER, Creswell PD, Witt WP. Does the perception that stress affects health matter? The association with health and mortality. *Health Psychol.* 2012;31(5):677-684.

143. Nabi H, Kivimaki M, Batty GD, Shipley MJ, Britton A, Brunner EJ, Vahtera J, Lemogne C, Elbaz A, Singh-Manoux A. Increased risk of coronary heart disease among individuals reporting adverse impact of stress on their health: the Whitehall II prospective cohort study. *Eur Heart J.* 2013;34(34):2697-2705.

144. Jamieson JP, Mendes WB, Blackstock E, Schmader T. Turning the knots in your stomach into bows: Reappraising arousal improves performance on the GRE. *J Exp Soc Psychol.* 2010;46(1):208-212.

145. Beltzer ML, Nock MK, Peters BJ, Jamieson JP. Rethinking butter-flies: the affective, physiological, and performance effects of reap-praising arousal during social evaluation. *Emotion.* 2014;14(4): 761-768.

146. Boyce WT, Ellis BJ. Biological sensitivity to context: I. An evolutionary-developmental theory of the origins and functions of stress reactivity. *Dev Psychopathol.* 2005;17(2):271-301.

147. Zimbardo PG, Boyd, J.N. Putting time in perspective: A valid, reliable individual-differences metric. *Journal of Personality and Social Psychology.* 1999;77:1271-1288.

148. Brosschot JF, Pieper S, Thayer JF. Expanding stress theory: prolonged activation and perseverative cognition. *Psychoneuroendo-crinology.* 2005;30(10):1043-1049.

149. Brosschot JF, Gerin W, Thayer JF. The perseverative cognition hypothesis: a review of worry, prolonged stress-related physiological activation, and health. *J Psychosom Res.* 2006;60(2):113-124.

150. Nolen-Hoeksema S, Wisco BE, Lyubomirsky S. Rethinking Rumi-nation. *Perspect Psychol Sci.* 2008;3(5):400-424.

151. Gianferante D, Thoma MV, Hanlin L, Chen X, Breines JG, Zoccola PM, Rohleder N. Post-stress rumination predicts HPA axis responses to repeated acute stress. *Psychoneuroendocrinology.* 2014;49: 244-252.

152. Zoccola PM, Dickerson SS, Lam S. Eliciting and maintaining ruminative thought: the role of social-evaluative threat. *Emotion.* 2012;12(4):673-677.

153. Holman EA, Zimbardo, P.G. The social language of time: the time perspective-social network connection. *Basic and Applied Social Psychology.* 2009;31:136-147.

154. Zimbardo PG, Boyd, J.N. *The Time Paradox*; 2008.

155. Astrom E, Ronnlund M, Adolfsson R, Grazia Carelli M. Depres-sive symptoms and time perspective in older adults: associations beyond personality and negative life events. *Aging Ment Health.* 2019;23(12):1674-1683.

156. Bourdon O, Raymond C, Marin MF, Olivera-Figueroa L, Lupien SJ, Juster RP. A time to be chronically stressed? Maladaptive time perspectives are associated with allostatic load. *Biol Psychol.* 2020;152:107871.

157. Astrom E, Seif A, Wiberg B, Carelli MG. Getting "Stuck" in the Future or the Past: Relationships between Dimensions of Time Perspective, Executive Functions, and Repetitive Negative Thinking in Anxiety. *Psychopathology.* 2018;51(6):362-370.

158. Jobin J, Wrosch C, Scheier MF. Associations between dispositional optimism and diurnal cortisol in a community sample: when stress is perceived as higher than normal. *Health Psychol.* 2014;33(4):382-391.

159. Eysenck M, Payne, S., Santos, R. Anxiety and depression: Past, present, and future events. *Cognition and Emotion.* 2006;20:274-294.

160. Olivera-Figueroa LA, Juster RP, Morin-Major JK, Marin MF, Lupien SJ. A time to be stressed? Time perspectives and cortisol dynamics among healthy adults. *Biol Psychol.* 2015;111:90-99.

161. Ronnlund M, Carelli MG. Time Perspective Biases Are Associated With Poor Sleep Quality, Daytime Sleepiness, and Lower Levels of Subjective Well-Being Among Older Adults. *Front Psychol.* 2018;9:1356.

162. Poerio GL, Totterdell P, Miles E. Mind-wandering and negative mood: does one thing really lead to another? *Conscious Cogn.* 2013;22(4):1412-1421.

163. Wooley CF. Osler, cardiac disease, and students of medicine-Columbus, OH: December 1899. *Am Heart Hosp J.* 2006;4(4): 273-278.

164. Friedman M, Rosenman RH. Association of specific overt behavior pattern with blood and cardiovascular findings; blood cholesterol level, blood clotting time, incidence of arcus senilis, and clinical coronary artery disease. *J Am Med Assoc.* 1959;169(12):1286-1296.

165. Trigo M, Silva D, Rocha E. Psychosocial risk factors in coronary heart disease: beyond type A behavior. *Rev Port Cardiol.* 2005;24(2): 261-281.

166. Heilbrun AB, Jr., Friedberg EB. Type A personality, self-control, and vulnerability to stress. *J Pers Assess.* 1988;52(3):420-433.

167. Chida Y, Steptoe A. The association of anger and hostility with future coronary heart disease: a meta-analytic review of prospective evidence. *J Am Coll Cardiol.* 2009;53(11):936-946.

168. Burns JW, Evon D, Strain-Saloum C. Repressed anger and patterns of cardiovascular, self-report and behavioral responses: effects of harassment. *J Psychosom Res.* 1999;47(6):569-581.

169. Burns JW, Higdon LJ, Mullen JT, Lansky D, Wei JM. Relationships among patient hostility, anger expression, depression, and the working alliance in a work hardening program. *Ann Behav Med.* 1999;21(1):77-82.

170. Chida Y, Hamer M. Chronic psychosocial factors and acute physiological responses to laboratory-induced stress in healthy populations: a quantitative review of 30 years of investigations. *Psychol Bull.* 2008;134(6):829-885.

171. Pope MK, Smith TW. Cortisol excretion in high and low cynically hostile men. *Psychosom Med.* 1991;53(4):386-392.

172. Suarez EC, Kuhn CM, Schanberg SM, Williams RB, Jr., Zimmermann EA. Neuroendocrine, cardiovascular, and emotional responses of hostile men: the role of interpersonal challenge. *Psychosom Med.* 1998;60(1):78-88.

173. Malarkey WB, Kiecolt-Glaser JK, Pearl D, Glaser R. Hostile behavior during marital conflict alters pituitary and adrenal hormones. *Psychosom Med.* 1994;56(1):41-51.

174. Engert V, Ragsdale AM, Singer T. Cortisol stress resonance in the laboratory is associated with inter-couple diurnal cortisol covariation in daily life. *Horm Behav.* 2018;98:183-190.

175. Darwin C. *The origin of species*; 1859.

176. Sapolsky R. *Behave: The biology of humans at our best and worst*; 2018.

177. Pruessner JC, Baldwin MW, Dedovic K, Renwick R, Mahani NK, Lord C, Meaney M, Lupien S. Self-esteem, locus of control, hippocampal volume, and cortisol regulation in young and old adulthood. *Neuroimage.* 2005;28(4):815-826.

178. Kirschbaum C, Prussner JC, Stone AA, Federenko I, Gaab J, Lintz D, Schommer N, Hellhammer DH. Persistent high cortisol responses to repeated psychological stress in a subpopulation of healthy men. *Psychosomatic Medicine.* 1995;57(5):468-474.

179. Pruessner JC, Lord C, Meaney M, Lupien S. Effects of self-esteem on age-related changes in cognition and the regulation of the hypothalamic-pituitary-adrenal axis. *Ann N Y Acad Sci.* 2004;1032: 186-194.

180. Mecca AM, Smelser, N.J., Vasconcellos, J. *The social importance of self-esteem*. Berkeley, California; 1989.

181. Sax LJH, S., Lindhold, J.A., Astin,A.W., Korn, W.S., Mahoney, K.M. *The American Freshman: National Norms for Fall 2004*. Los Angeles 2004.

182. Kirkpatrick LA, Waugh CE, Valencia A, Webster GD. The functional domain specificity of self-esteem and the differential prediction of aggression. *J Pers Soc Psychol.* 2002;82(5):756-767.

183. von Soest T, Wichstrom L, Kvalem IL. The development of global and domain-specific self-esteem from age 13 to 31. *J Pers Soc Psychol.* 2016;110(4):592-608.

184. Dweck CS. *Changez d'état d'esprit*; 2016.

185. Rockliff H, Gilbert, P., McEwan, K., Lightman, S., Glover, D. A pilot exploration of heart rate variability and salivary cortisol responses to

compassion-focused imagery. *Clinical Neuropsychiatry: Journal of Treatment Evaluation.* 2008;5:132-139.

186. Neff KD. Self-compassion, self-esteem, and well-being. *Social and Personality Psychology Compass.* 2011;5:1-12.

187. Van Dam NT, Sheppard SC, Forsyth JP, Earleywine M. Self-compassion is a better predictor than mindfulness of symptom severity and quality of life in mixed anxiety and depression. *J Anxiety Disord.* 2011;25(1):123-130.

188. MacBeth A, Gumley A. Exploring compassion: a meta-analysis of the association between self-compassion and psychopathology. *Clin Psychol Rev.* 2012;32(6):545-552.

189. Sirois FM, Hirsch, J.K. Self-compassion and adherence in five medical samples: the role of stress. *Mindfulness.* 2019;10:46-54.

190. Charmaz K. The social construction of self-pity in the chronicalluy ill. *Studies in Symbolic Interactions.* 1980;3:123-145.

191. Wilson SJ. The self-pity response. A reconsideration. In: Goldberg A, ed. *Progress in self-psychology.* New York: Guilford Press; 1985:178-190.

192. Steptoe A, Owen N, Kunz-Ebrecht SR, Brydon L. Loneliness and neuroendocrine, cardiovascular, and inflammatory stress responses in middle-aged men and women. *Psychoneuroendocrinology.* 2004;29(5):593-611.

193. Teppers E, Luyckx K, T AK, Goossens L. Loneliness and Facebook motives in adolescence: a longitudinal inquiry into directionality of effect. *J Adolesc.* 2014;37(5):691-699.

194. Stanton SJ, Mullette-Gillman OA, Huettel SA. Seasonal variation of salivary testosterone in men, normally cycling women, and women using hormonal contraceptives. *Physiol Behav.* 2011;104(5): 804-808.

195. Cannon W. The wisdom of the body. *Physiological Review.* 1929;9:399-431.

196. Whitley HP, Lindsey, W. Sex-based differences in drug activity. *American Family Physician.* 2009;80:1254-1258.

197. Kudielka BM, Buske-Kirschbaum A, Hellhammer DH, Kirschbaum C. HPA axis responses to laboratory psychosocial stress in healthy elderly adults, younger adults, and children: impact of age and gender. *Psychoneuroendocrinology.* 2004;29(1):83-98.

198. Kirschbaum C, Wust S, Hellhammer D. Consistent sex differences in cortisol responses to psychological stress. *Psychosomatic Medicine.* 1992;54(6):648-657.

199. Wolk SI, Weissman, M.M. Women and depression: an update. In: Oldham J, Riba, M., ed. *American Psychiatric Ress Review of*

Psychiatry. Vol 14. Washington, DC: American Psychiatric Press; 1995:227-259.

200. Weekes NY, MacLean, J. Sex, stress and health: Does stress predict health symptoms differently for the two sexes? *Health Psychol.* 2005;34:342-355.

201. Xu X, Bao H, Strait K, Spertus JA, Lichtman JH, D'Onofrio G, Spatz E, Bucholz EM, Geda M, Lorenze NP, Bueno H, Beltrame JF, Krumholz HM. Sex differences in perceived stress and early recovery in young and middle-aged patients with acute myocardial infarction. *Circulation.* 2015;131(7):614-623.

202. Majeur D, Lupien, S.J. *Différences inter-sexe dans la réactivité au stress: Le rôle des préconceptions du stress* 2016.

203. Kirschbaum C, Kudielka BM, Gaab J, Schommer NC, Hellhammer DH. Impact of gender, menstrual cycle phase, and oral contraceptives on the activity of the hypothalamus-pituitary-adrenal axis. *Psychosomatic Medicine.* 1999;61(2):154-162.

204. Vigod SN, Frey BN, Soares CN, Steiner M. Approach to premenstrual dysphoria for the mental health practitioner. *Psychiatr Clin North Am.* 2010;33(2):257-272.

205. Huang Y, Zhou R, Wu M, Wang Q, Zhao Y. Premenstrual syndrome is associated with blunted cortisol reactivity to the TSST. *Stress.* 2015;18(2):160-168.

206. Skovlund CW, Morch LS, Kessing LV, Lidegaard O. Association of Hormonal Contraception With Depression. *JAMA Psychiatry.* 2016;73(11):1154-1162.

207. Raymond C, Marin MF, Juster RP, Leclaire S, Bourdon O, Cayer-Falardeau S, Lupien SJ. Increased frequency of mind wandering in healthy women using oral contraceptives. *Psychoneuroendocrinology.* 2019;101:121-127.

208. Taylor SE, Klein LC, Lewis BP, Gruenewald TL, Gurung RA, Updegraff JA. Biobehavioral responses to stress in females: tend-and-befriend, not fight-or-flight. *Psychol Rev.* 2000;107(3):411-429.

209. Stroud LR, Salovey P, Epel ES. Sex differences in stress responses: social rejection versus achievement stress. *Biol Psychiatry.* 2002;52(4):318-327.

210. Kirschbaum C, Klauer T, Filipp SH, Hellhammer DH. Sex-specific effects of social support on cortisol and subjective responses to acute psychological stress. *Psychosomatic Medicine.* 1995;57(1):23-31.

211. Smith AM, Loving TJ, Crockett EE, Campbell L. What's closeness got to do with it? Men's and women's cortisol responses when providing and receiving support. *Psychosom Med.* 2009;71(8):843-851.

212. Abu Sadat Nurullah MA. Received and provided social support: A review of current evidence and future directions. *American Journal of Health Studies.* 2012;27:173-188.

213. Roberts MH, Klatzkin RR, Mechlin B. Social Support Attenuates Physiological Stress Responses and Experimental Pain Sensitivity to Cold Pressor Pain. *Ann Behav Med.* 2015;49(4):557-569.

214. Ditzen B, Neumann ID, Bodenmann G, von Dawans B, Turner RA, Ehlert U, Heinrichs M. Effects of different kinds of couple interaction on cortisol and heart rate responses to stress in women. *Psychoneuroendocrinology.* 2007;32(5):565-574.

215. Brody S. Blood pressure reactivity to stress is better for people who recently had penile-vaginal intercourse than for people who had other or no sexual activity. *Biol Psychol.* 2006;71(2):214-222.

216. Anderson-Hunt M, Dennerstein, L. Increased female sexual response after oxytocin. *British Medical Journal.* 1994;309:929-934.

217. Heinrichs M, Baumgartner T, Kirschbaum C, Ehlert U. Social support and oxytocin interact to suppress cortisol and subjective responses to psychosocial stress. *Biol Psychiatry.* 2003;54(12): 1389-1398.

218. Altemus M, Deuster PA, Galliven E, Carter CS, Gold PW. Suppression of hypothalmic-pituitary-adrenal axis responses to stress in lactating women. *The Journal of Clinical Endocrinology and Metabolism.* 1995;80(10):2954-2959.

219. Doom JR, Doyle CM, Gunnar MR. Social stress buffering by friends in childhood and adolescence: Effects on HPA and oxytocin activity. *Soc Neurosci.* 2017;12(1):8-21.

220. Health CIoGa. *Shaping science for a healthier world.* Ottawa: Canadian Institutes of Health Research; 2017.

221. Juster RP, Almeida D, Cardoso C, Raymond C, Johnson PJ, Pfaus JG, Mendrek A, Duchesne A, Pruessner JC, Lupien SJ. Gonads and strife: Sex hormones vary according to sexual orientation for women and stress indices for both sexes. *Psychoneuroendocrinology.* 2016;72:119-130.

222. Hoffman RM, Borders LD. Twenty-five years after the Bem Sex-Role Inventory: A reassessment and new issues regarding classification variability. *Measurement and Evaluation in Counseling and Development.* 2001;34(1):39-55.

223. Eagerley AH, Wood, W. Feminism and evolutionary psychology: Moving forward. *Sex Roles* 2013;69:549-556.

224. Spence JT. Gender-related traits and gender ideology: evidence for a multifactorial theory. *J Pers Soc Psychol.* 1993;64(4):624-635.

225. Alanko K, Santtila P, Witting K, Varjonen M, Jern P, Johansson A, von der Pahlen B, Kenneth Sandnabba N. Psychiatric symptoms and same-sex sexual attraction and behavior in light of childhood gender atypical behavior and parental relationships. *J Sex Res.* 2009;46(5):494-504.

226. Ploderl M, Fartacek R. Childhood gender nonconformity and harassment as predictors of suicidality among gay, lesbian, bisexual, and heterosexual Austrians. *Arch Sex Behav.* 2009;38(3):400-410.

227. Kochel KP, Ladd GW, Rudolph KD. Longitudinal associations among youth depressive symptoms, peer victimization, and low peer acceptance: an interpersonal process perspective. *Child Dev.* 2012;83(2):637-650.

228. Kochel KP, Miller CF, Updegraff KA, Ladd GW, Kochenderfer-Ladd B. Associations between fifth graders' gender atypical problem behavior and peer relationships: a short-term longitudinal study. *J Youth Adolesc.* 2012;41(8):1022-1034.

229. Bradley SJ, Zucker KJ. Gender identity disorder: a review of the past 10 years. *J Am Acad Child Adolesc Psychiatry.* 1997;36(7):872-880.

230. Wyss SE. "This was my hell": The violence experienced by gender nonconforming youth in US high schools. *International Journal of Qualitative Studies in Education.* 2004;17:709-730.

231. Levy GD, Taylor MG, Gelman SA. Traditional and evaluative aspects of flexibility in gender roles, social conventions, moral rules, and physical laws. *Child Dev.* 1995;66(2):515-531.

232. D'Augelli AR, Grossman AH, Starks MT. Childhood gender atypicality, victimization, and PTSD among lesbian, gay, and bisexual youth. *J Interpers Violence.* 2006;21(11):1462-1482.

233. Grossman AH, D'Augelli AR. Transgender youth: invisible and vulnerable. *J Homosex.* 2006;51(1):111-128.

234. Juster RP, Ouellet E, Lefebvre-Louis JP, Sindi S, Johnson PJ, Smith NG, Lupien SJ. Retrospective coping strategies during sexual identity formation and current biopsychosocial stress. *Anxiety Stress Coping.* 2016;29(2):119-138.

235. Felix ED, Furlong MJ, Austin G. A cluster analytic investigation of school violence victimization among diverse students. *J Interpers Violence.* 2009;24(10):1673-1695.

236. Committtee on Lesbian G, Bisexual, and Transgender Health Issues and Research Gaps and Opportunities. *The Health of Lesbian, Gay, Bisexual, and Transgendr People: Building a Foundation for Better Understanding.* Washington, DC: The National Academies Press; 2011.

237. Juster RP, Hatzenbuehler ML, Mendrek A, Pfaus JG, Smith NG, Johnson PJ, Lefebvre-Louis JP, Raymond C, Marin MF, Sindi S, Lupien SJ, Pruessner JC. Sexual orientation modulates endocrine stress reactivity. *Biol Psychiatry.* 2015;77(7):668-676.

238. Juster RP, Smith NG, Ouellet E, Sindi S, Lupien SJ. Sexual orientation and disclosure in relation to psychiatric symptoms, diurnal cortisol, and allostatic load. *Psychosom Med.* 2013;75(2):103-116.

239. Mays VM, Juster RP, Williamson TJ, Seeman TE, Cochran SD. Chronic Physiologic Effects of Stress Among Lesbian, Gay, and Bisexual Adults: Results From the National Health and Nutrition Examination Survey. *Psychosom Med.* 2018;80(6):551-563.

240. DuBois LZ, Powers S, Everett BG, Juster RP. Stigma and diurnal cortisol among transitioning transgender men. *Psychoneuroendocrinology.* 2017;82:59-66.

241. Saewyc E, Veale, J. *Being safe, being me: Results of the Canadian Trans youth health survey.* University of British Columbia: School of Nursing; 2016.

242. Juster RP, Ouellet E, Lefebvre-Louis JP, Sindi S, Johnson PJ, Smith NG, Lupien SJ. Retrospective coping strategies during sexual identity formation and current biopsychosocial stress. *Anxiety Stress Coping.* 2015:1-20.

243. Engert V, Plessow F, Miller R, Kirschbaum C, Singer T. Cortisol increase in empathic stress is modulated by emotional closeness and observation modality. *Psychoneuroendocrinology.* 2014;45:192-201.

244. Pinker S. *The better angels of our nature: Why violence has declined*; 2012.

245. Gillies V. Raising the "meritocracy": Parenting and the individualization of social class. *Sociology.* 2005;39:835-853.

246. Cucchiara M. Are we doing damage? Choosing an urban public school in an era of parental anxiety. *Anthropology & Education Quarterly.* 2013;44:75-93.

247. Grape C, Sandgren M, Hansson LO, Ericson M, Theorell T. Does singing promote well-being?: An empirical study of professional and amateur singers during a singing lesson. *Integr Physiol Behav Sci.* 2003;38(1):65-74.

248. Kreutz G, Bongard S, Rohrmann S, Hodapp V, Grebe D. Effects of choir singing or listening on secretory immunoglobulin A, cortisol, and emotional state. *J Behav Med.* 2004;27(6):623-635.

249. Schladt TM, Nordmann GC, Emilius R, Kudielka BM, de Jong TR, Neumann ID. Choir versus Solo Singing: Effects on Mood, and Salivary Oxytocin and Cortisol Concentrations. *Front Hum Neurosci.* 2017;11:430.

250. Fancourt D, Williamon A, Carvalho LA, Steptoe A, Dow R, Lewis I. Singing modulates mood, stress, cortisol, cytokine and neuropeptide activity in cancer patients and carers. *Ecancermedicalscience.* 2016;10:631.

251. Sakano K, Ryo K, Tamaki Y, Nakayama R, Hasaka A, Takahashi A, Ebihara S, Tozuka K, Saito I. Possible benefits of singing to the mental and physical condition of the elderly. *Biopsychosoc Med.* 2014;8:11.

252. Bernardi L, Sleight P, Bandinelli G, Cencetti S, Fattorini L, Wdowczyc-Szulc J, Lagi A. Effect of rosary prayer and yoga mantras on autonomic cardiovascular rhythms: comparative study. *BMJ.* 2001; 323(7327):1446-1449.

253. Bernardi L, Porta C, Casucci G, Balsamo R, Bernardi NF, Fogari R, Sleight P. Dynamic interactions between musical, cardiovascular, and cerebral rhythms in humans. *Circulation.* 2009;119(25): 3171-3180.

254. Boelens PA, Reeves RR, Replogle WH, Koenig HG. The effect of prayer on depression and anxiety: maintenance of positive influence one year after prayer intervention. *Int J Psychiatry Med.* 2012;43(1):85-98.

255. Dedert EA, Studts JL, Weissbecker I, Salmon PG, Banis PL, Sephton SE. Religiosity may help preserve the cortisol rhythm in women with stress-related illness. *Int J Psychiatry Med.* 2004;34(1):61-77.

256. Krul J, Girbes AR. Experience of health-related problems during house parties in the Netherlands: nine years of experience and three million visitors. *Prehosp Disaster Med.* 2009;24(2):133-139.

257. Hans-Joachim T. The effects of music on the cardiovascular system and cardiovascular health. *Heart.* 2010;96:1868-1871.

258. Gerra G, Zaimovic A, Franchini D, Palladino M, Giucastro G, Reali N, Maestri D, Caccavari R, Delsignore R, Brambilla F. Neuroendocrine responses of healthy volunteers to "techno-music": relationships with personality traits and emotional state. *Int J Psychophysiol.* 1998;28(1):99-111.

259. Khalfa S, Bella SD, Roy M, Peretz I, Lupien SJ. Effects of relaxing music on salivary cortisol level after psychological stress. *Ann N Y Acad Sci.* 2003;999:374-376.

260. Carlson E, Saarikallio S, Toiviainen P, Bogert B, Kliuchko M, Brattico E. Maladaptive and adaptive emotion regulation through music: a behavioral and neuroimaging study of males and females. *Front Hum Neurosci.* 2015;9:466.

261. Garrido S, Eerola T, McFerran K. Group Rumination: Social Interactions Around Music in People with Depression. *Front Psychol.* 2017;8:490.

262. Beckwith NL, Khil JC, Teng J, Liow KK, Smith A, Luna J. Inappropriate Laughter and Behaviours: How, What, and Why? Case of an Adult with Undiagnosed Gelastic Seizure with Hypothalamic Hamartoma. *Hawaii J Med Public Health.* 2018;77(12):319-324.

263. Berk LS, Tan SA, Fry WF, Napier BJ, Lee JW, Hubbard RW, Lewis JE, Eby WC. Neuroendocrine and stress hormone changes during mirthful laughter. *Am J Med Sci.* 1989;298(6):390-396.

264. Lai JC, Chong AM, Siu OT, Evans P, Chan CL, Ho RT. Humor attenuates the cortisol awakening response in healthy older men. *Biol Psychol.* 2010;84(2):375-380.

265. Rimon A, Shalom S, Wolyniez I, Gruber A, Schachter-Davidov A, Glatstein M. Medical Clowns and Cortisol levels in Children Undergoing Venipuncture in the Emergency Department: A Pilot Study. *Isr Med Assoc J.* 2016;18(11):680-683.

266. Sridharan K, Sivaramakrishnan G. Therapeutic clowns in pediatrics: a systematic review and meta-analysis of randomized controlled trials-corrigendum. *Eur J Pediatr.* 2017;176(2):289.

267. Darwin C. *The expression of the emotions in man and animals*; 1872.

268. Strack F, Martin LL, Stepper S. Inhibiting and facilitating conditions of the human smile: a nonobtrusive test of the facial feedback hypothesis. *J Pers Soc Psychol.* 1988;54(5):768-777.

269. Coles N, March D, Ramos F, Arinze N, Ndukaihe I, Özdoğru A, Aczel B, Hajdu N, Nagy T, Som B, Basnight-Brown D, Zambrano D, Alvarez D, Foroni F, Willis M, Pfuhl G, Kaminski G, Ehrengarth T, Ijzerman H, Liuzza MT. *A Multi-Lab Test of the Facial Feedback Hypothesis by The Many Smiles Collaboration*; 2020.

270. Fujisawa a. Effect of laughter yoga on salivary cortisol and dehydroepiandrosterone among healthy university students: A randomized controlled trial. *Randomized Controlled Trial: Complement Ther Clin Pract.* 2018;32:6-11.

271. Cohen S. Social relationships and health. *American Psychologist.* 2004;59:676-684.

272. Seeman TE. Social ties and health: the benefits of social integration. *Annals of Epidemiology.* 1996;6(5):442-451.

273. Iob E, Kirschbaum C, Steptoe A. Positive and negative social support and HPA-axis hyperactivity: Evidence from glucocorticoids in human hair. *Psychoneuroendocrinology.* 2018;96:100-108.

274. FAECUM. Enquête sur la santé psychologique des étudiants. http://www.faecum.qc.ca/ressources/avis-memoires-recherches-et-positions-1/enquete-sur-la-sante-psychologique-etudiante, 2019.

275. Cacioppo JT, Hawkley LC. Perceived social isolation and cognition. *Trends Cogn Sci.* 2009;13(10):447-454.

276. Seeman TE, Crimmins E. Social environment effects on health and aging: Integrating epidemiologic and demographic approaches and perspectives. *Annals of the New York Academy of Sciences.* 2001;954:88-117.

277. Seeman TE, Lusignolo TM, Albert M, Berkman L. Social relationships, social support, and patterns of cognitive aging in healthy, high-functioning older adults: MacArthur studies of successful aging. *Health Psychology.* 2001;20(4):243-255.

278. McClelland DC, Kirshnit, C. The effect of motivational arousal through films on salivary immunoglobulin A. *Psychology and Health.* 1988;2:31-52.

279. Abelson JL, Erickson TM, Mayer SE, Crocker J, Briggs H, Lopez-Duran NL, Liberzon I. Brief cognitive intervention can modulate neuroendocrine stress responses to the Trier Social Stress Test: buffering effects of a compassionate goal orientation. *Psychoneuroendocrinology.* 2014;44:60-70.

280. Charney DC. Psychobiological mechanisms of resilience and vulnerability: Implications for successful adaptation to extreme stress. *American Journal of Psychiatry.* 2004;161:195-216.

281. Vormbrock JK, Grossberg, J.M. Cardiovascular effects of human-pet dog interactions. *Journal of Behavioral Medicine.* 1988;11:509-517.

282. Odendaal JS, Meintjes RA. Neurophysiological correlates of affiliative behaviour between humans and dogs. *Vet J.* 2003;165(3):296-301.

283. Andics A, Gabor A, Gacsi M, Farago T, Szabo D, Miklosi A. Neural mechanisms for lexical processing in dogs. *Science.* 2016;353(6303):1030-1032.

284. Katcher AH. Interactions between people and their pets: Form and function. In: Fogle E, ed. *Interrelatoins between people and pets.* Springfield, Illinois: Charles C. Thomas; 1981.

285. Viau R, Arsenault-Lapierre G, Fecteau S, Champagne N, Walker CD, Lupien S. Effect of service dogs on salivary cortisol secretion in autistic children. *Psychoneuroendocrinology.* 2010;35(8): 1187-1193.

286. Fecteau SM, Boivin L, Trudel M, Corbett BA, Harrell FE, Jr., Viau R, Champagne N, Picard F. Parenting stress and salivary cortisol in parents of children with autism spectrum disorder: Longitudinal

variations in the context of a service dog's presence in the family. *Biol Psychol.* 2017;123:187-195.

287. O'Haire ME, Rodriguez KE. Preliminary efficacy of service dogs as a complementary treatment for posttraumatic stress disorder in military members and veterans. *J Consult Clin Psychol.* 2018;86(2):179-188.

288. Rodriguez KE, Bryce CI, Granger DA, O'Haire ME. The effect of a service dog on salivary cortisol awakening response in a military population with posttraumatic stress disorder (PTSD). *Psychoneuroendocrinology.* 2018;98:202-210.

289. Krause-Parello CA, Thames M, Ray CM, Kolassa J. Examining the Effects of a Service-Trained Facility Dog on Stress in Children Undergoing Forensic Interview for Allegations of Child Sexual Abuse. *J Child Sex Abus.* 2018;27(3):305-320.

290. Kobilo Tea. Neurogenesis and exercise. In: Koob GF, et al., ed. *Encyclopedia of Behavioral Neursocience.* Oxford: Academic Press; 2010:400-409.

291. Lazarov O, Mattson MP, Peterson DA, Pimplikar SW, van Praag H. When neurogenesis encounters aging and disease. *Trends Neurosci.* 2010;33(12):569-579.

292. Curtis MA, Kam, M., Faull, R.L.M.q. Neurogenesis in humans. *European Journal of Neuroscience.* 2011;33:1170-1174.

293. Micheli L, Ceccarelli M, D'Andrea G, Tirone F. Depression and adult neurogenesis: Positive effects of the antidepressant fluoxetine and of physical exercise. *Brain Res Bull.* 2018;143:181-193.

294. Budde H, Voelcker-Rehage C, Pietrassyk-Kendziorra S, Machado S, Ribeiro P, Arafat AM. Steroid hormones in the saliva of adolescents after different exercise intensities and their influence on working memory in a school setting. *Psychoneuroendocrinology.* 2010;35(3):382-391.

295. Abelson JL, Khan S, Liberzon I, Erickson TM, Young EA. Effects of perceived control and cognitive coping on endocrine stress responses to pharmacological activation. *Biol Psychiatry.* 2008;64(8):701-707.

296. Abelson JL, Khan S, Young EA, Liberzon I. Cognitive modulation of endocrine responses to CRH stimulation in healthy subjects. *Psychoneuroendocrinology.*35(3):451-459.

297. McEwen BS, Brinton RE. Neuroendocrine aspects of adaptation. *Prog Brain Res.* 1987;72:11-26.

298. Schuster MA, Stein BD, Jaycox L, Collins RL, Marshall GN, Elliott MN, Zhou AJ, Kanouse DE, Morrison JL, Berry SH. A national survey of stress reactions after the September 11, 2001, terrorist attacks. *N Engl J Med.* 2001;345(20):1507-1512.

299. Schlenger WE, Caddell JM, Ebert L, Jordan BK, Rourke KM, Wilson D, Thalji L, Dennis JM, Fairbank JA, Kulka RA. Psychological reactions to terrorist attacks: findings from the National Study of Americans' Reactions to September 11. *JAMA*. 2002;288(5): 581-588.

300. Marin MF, Morin-Major JK, Schramek TE, Beaupre A, Perna A, Juster RP, Lupien SJ. There is no news like bad news: women are more remembering and stress reactive after reading real negative news than men. *PLoS One*. 2012;7(10):e47189.

301. Steptoe A, Dockray S, Wardle J. Positive affect and psychobiological processes relevant to health. *J Pers*. 2009;77(6):1747-1776.

302. Salerno S. *SHAM: How the self-help movement made America Helpless*. New York: Crown Publishers; 2005.

303. Saper Z, Forest, J. Personality variables and interest in self-help books. *Psychol Rep*. 1987;60:563-566.

304. Raymond C, Marin MF, Hand A, Sindi S, Juster RP, Lupien SJ. Salivary Cortisol Levels and Depressive Symptomatology in Consumers and Nonconsumers of Self-Help Books: A Pilot Study. *Neural Plast*. 2016;2016:3136743.

305. Forest JJ. Exploring more on the effects of psychological self-help paperbacks. *Psychol Rep*. 1988;63:891-894.

306. Hanson K, Webb, T.L., Sheeran, P., Turpin, G. Attitudes and preferences towards self-help treatments for depression in comparison to psychotherapy and antidepressant medication. *Behav Cogn Psychother*. 2015;20:1-11.

**Si vous désirez en
savoir plus sur le stress
et le cerveau humain,**
vous pouvez suivre Sonia Lupien
sur la page Facebook
« Sonia Lupien chercheure en
neurosciences » et visiter la page
www.sonialupien.com

**Pour en connaître
davantage sur la recherche
sur le stress humain,**
n'hésitez pas à visiter la page web
du Centre d'études
sur le stress humain au
www.stresshumain.ca

**Vous pourrez aussi télécharger
le magazine officiel du
Centre d'études sur le stress humain,
le « Mammouth Magazine »,**
qui offre une panoplie d'informations
sur les nouvelles découvertes
scientifiques sur le stress.

**À paraître prochainement
aux Éditions Va Savoir :**
Le nouveau livre de Sonia Lupien
sur le stress au travail et d'autres essais
sur la science du cerveau par des
chercheurs et cliniciens chevronnés